人文之蘊

北京城的空間記憶

劉鳳雲　江曉成　張一弛 ———— 著

前言

北京，是一個永遠說不完的故事。

北京的人文，是一座永遠挖不完的寶藏。

近年，隨著人們對中華文明的關注，北京文化及其歷史的發掘與研究也越來越受到人們追捧，而北京的活力就在於它承載了深厚的人文底蘊。

城市，本是現代文明的投影，是被人們賦予現代性理念最多的地域空間，但不可否認的是，作為城市的重要要素和基本構成的城市建築，在歷史發展的長河中承擔了保留住長時段歷史信息的作用，是城市留給我們的帶有塵封味道的記憶。而正是歷史與現代性在城市的記憶與現實中的不斷重構，使城市成為連接傳統與現代的空間，使得城市的人文話題得以綿延。

中國是一個有著悠久歷史的文明古國，人們對「人文」的認識也一如我國古老的文明一樣悠久。「人文」作為一種文化現象，是人類一個民族或者一個群體共同具有的價值觀及其規範，而通過聚焦城市中的建築，我們可以在城市中發現歷史的軌跡，這其中蘊含著城居者的思想理念和價值判斷，是一個時代人文文化的集中表現。

一、中國歷史語境中的「人文」思想

近年，人們對「人文」概念的話語形構，多以「人文精神」作為其概括，並於 1993—1995 年間開展了以尋求「人文精神」為主題的大討論。這場討論雖然是人文知識分子基於對在市場化過程中人文精神是否失落等問題的擔憂，進而表達對道德價值重建的訴求，卻也正是在對「人文精神」重塑的呼籲中，對其概念的思想內涵有了進一步的梳理。諸如，有學者指出：「人文精神是一種普遍的人類自我關懷，表現為對人的尊嚴、價值、命運的維護、追求和關切，對人類遺留下來的各種精神文化現象的珍視，對一種全面發展的理想人格的肯定和塑造」[1]，明顯強調了「人文精神」中的「人道」、「人本」內涵及其對所有精神文化的包羅。張汝倫認為：「實際上人文精神是一切人文學術的內在基礎和根據」[2]，強調這一概念中的中國內涵及其活力。但是，何為「人文精神」？它與歐洲啟蒙運動中的「人文主義」又是怎樣的關係？誠如張頤武所言，「人文精神」的概念在眾多的討論中並沒有得到過明確的表述。[3]

近年，頗為流行的現代新儒學認為，「人文精神」就是中國文化的精神，亦即儒家的精神。其代表人物徐復觀提出，儒家的「內在的道德性之沉潛陶鑄的工夫，下開宋明的理學心學，以形成中國『道德性的人文主義』的基點」[4]。同時認為，如果從中國文化中找其本源，相對於西方人文主義的「範圍狹而特性易見」的特點，被賦予儒家精神內核的中國人文主義不僅

1　韓星·儒家人文精神·西安：陝西人民出版社，2012：2·

2　張汝倫·人文精神是否可能與如何可能？// 羅崗，倪文尖·90 年代思想文選：第 1 卷·南寧：廣西人民出版社，2000：317-318·

3　張頤武·人文精神：最後的神話 // 羅崗，倪文尖·90 年代思想文選：第 1 卷·南寧：廣西人民出版社，2000：350·

4　徐復觀·中國人文主義精神之闡揚·北京：中國廣播電視出版社，1996：201·

範圍廣泛，且內容也不易舉全。

　　對於多數學者而言，在對「人文精神」的溯源中，則是接受並認同了西方文藝復興乃至古希臘時期的「人文主義」。[1] 但由於人文的話語在中國可以追溯到先秦儒家經典《易經》，故中國的人文話語不可避免地有儒學與人文主義、啟蒙以及現代性等問題的碰撞與牽纏。也就是說，人文、人道、人本雖是西方的現代概念，卻也是中國的古老詞彙。學界對「人文精神」定義的模糊與遊移，恰恰說明人們對人文概念的把握中不僅融入了西方的現代性，而且也將中國古代的思想納入現代的「人文精神」中。

　　這裏，我們嘗試使用「人文」一詞去敘述並解讀北京的歷史故事，只是要把人文概念作為一種思想資源，而不欲作理論與邏輯上的探討。因此我們對人文話語的把握偏重於對中國文化的應用。為了敘述方便並自成邏輯，這裏將從中國古代的典籍開始敘釋，並作四點說明，也可視為我們對中國古代人文內涵之包容性的一點認識。

　　其一，「人文」一詞最早不僅見於儒家經典《易經》，而且也被儒家置於「禮」的解釋介紹中。《易經》有曰：「剛柔交錯，天文也。文明以止，人文也。觀乎『天文』，以察時變；觀乎『人文』，以化成天下。」[2] 這裏十分清楚地闡明了天文與人文、人文與文明之間的關係，文明即是人文，而人文的作用則是教化天下。至於何為人文？唐代大儒孔穎達在《周易正義》中說：「言聖人觀察人文，則《詩》、《書》、《禮》、

---

1 「人文主義」來源於英文 humanism，英文的這一詞匯來自德語 humanismus，係尼采於 1808 年討論教育問題時所創，其源頭來自古羅馬哲學家西塞羅，有「人受到的文科教育」之意。半個世紀後，歷史學家喬治‧伏伊格特於 1859 年出版其《人文主義的第一個世紀》一書，首次將人文主義用於文藝復興，翌年，瑞士歷史學家雅各布‧布克哈特的《意大利文藝復興時期的文化》，確定了文藝復興與人文主義的同一性。此後，人文主義廣泛流行，儘管解釋稍有不同，但以人文主義肯定人性和人的價值，充分發揮人的個性為核心的觀點，成為大多數人的共識。

2 周易正義：卷 3‧王弼，注‧孔穎達，疏‧北京：北京大學出版社，2000：124‧

《樂》之謂，當法此教而化成天下也」[1]，明確提出了「詩」、「書」、「禮」、「樂」四者為人文的元素，並將其視為可以規範天下秩序的思想。宋代理學家程頤進一步闡釋曰：「天文，天之理也；人文，人之道也。天文謂日月星辰之錯列，寒暑陰陽之代變。觀其運行，以察四時之速改也；人文，人理之倫序，觀人文以教化天下，天下成其禮俗，乃聖人用賁之道也。」[2]

這裏進一步明確了「天文」關乎自然，是自然界的秩序，而「人文」則是人理，是人類社會的倫序、禮俗。

毋庸置疑，在儒家的眼裏，「人文」是服務於政治的，是「道」，也是「禮」，故孔子主張「克己復禮」，就是意在克制自我的欲望，遵從周王所製定的「禮制」。孔子的所謂「非禮勿視，非禮勿聽，非禮勿言，非禮勿動」，都是以約束限制個人意志為前提的。而自漢代董仲舒的「獨尊儒術」思想被漢武帝用於國家意識形態後，儒家的「禮」又被昇華為表達國家秩序及皇帝權力的思想文化，宋代理學家尤為明確了個人面對禮的位置。朱熹有「學者須是革盡人欲，復盡天理，方始是學」[3]的說教，完全剝奪了人的基本要求和意志。

那麼，能否將這種禁錮個人自由、有精神枷鎖作用的文化視為「人文精神」呢？當然，這不是具有現代性的「人文精神」，但卻是中國古代士大夫的「人文」世界，他們的「人文精神」就體現在「道統」上。「道統」決定了他們的思考是建立在如何締造人順乎天的社會秩序上的。他們是古代中國人文思想的一個組成部分。

其二，中國古代的「人文」與西方的「人文主義」確有異曲同工之妙。

1　周易正義：卷 3．王弼，注．孔穎達，疏．北京：北京大學出版社，2000：124．

2　程顥，程頤．二程集．周易程氏傳：卷 2．王孝魚，點校．北京：中華書局，1981：808．

3　黎清德．朱子語類：卷 13．王星賢，點校．北京：中華書局，1986：225．

諸如，在孔子強調的以「禮」和「仁」為核心的思想體系中，包括了倫理觀與道德觀。即孔子的「仁」，包含著「修身」與「事親」，他所謂「仁」的基本含義就是「愛人」，這種「愛人」是基於自身修養並發自於人的內心的，是符合人的本性的。而且，他強調了人的主體地位，不再唯天命是從，又將仁與人之自然天性聯繫起來，即不僅重視禮的形式方面，更強調了對禮的自覺。這應該被視為古代思想家們有關「人文」的理解的重要內容。這種思想與西方強調的「人本」，即「以人為本」，以及「人道」提倡的以人為中心的自由、平等、博愛等價值觀，不能不說是何其相似乃爾。

此外，在孔子的「禮」中，還有對人與人之間關係的觀照。正所謂「禮之用，和為貴」。又說：「博學於文，約之以禮，亦可以弗畔矣夫。」這是要求人們習禮以養成以「和」為價值標準的社會倫理道德。理學家朱熹也強調：「修身以上，明明德之事也。」並把作為內聖的「修身」置於「齊家」、「治國」、「平天下」的「外王」之先。這不難說明，在中國傳統文化的廣博龐雜的體系中，實則有著與近代「人文主義」相近的文化內涵，儘管世界各個國家的歷史道路不同，但是人類文明的腳步、文化的歷程卻有著某些相似性。

其三，在古代文人對「人文」的認識中，有將「人文」視為文化總彙或文化淵藪的思考。如南北朝時期文學理論批評家劉勰在其《文心雕龍・原道》中說：「人文之元，肇自太極。」太極及其八卦，是基於文化發源之角度的考慮，同時也將道家文化攬入其中。唐代大詩人白居易說：「夫文尚矣！三才各有文，天之文，三光首之；地之文，五材首之；人之文，六經首之。」[1]詩人所說的人文又是泛指文章、典籍，當為文化之屬，但是他同時認同儒家的經典當居人文之首。至清朝，康熙年間的內閣學士徐秉

1　白居易・白居易集：第 3 冊・北京：中華書局，1979：960・

義曾言：「我皇上纘承丕基，重熙累洽，典謨風雅之篇。故老名儒之說，循環乙夜。而熟講於經筵，念終始典於學，以觀人文之化成。」[1] 這裏則是將人文視為古代政治文化的總彙。故而，可以說中國歷史上對「人文」的解讀是有差異性的。

其四，在 17—18 世紀的中國，人性、人倫、人道亦同樣受到士大夫的關注和倡導。當西方的文藝復興運動直接排除了中世紀上帝創造世界的神的意志，使人重新成為歷史的主角時，中國的士大夫亦有對於「人」的個性解放的心靈吶喊。例如，被譽為明末傑出思想家的李贄有言：「夫私者人之心也，人必有私而後其心乃見，若無私則無心矣。」[2]「雖大聖人不能無勢利之心。」[3] 在《答周二魯》中，李贄表達了對人格、人性的認識，他說：「士貴為己，務自適。如不自適而適人之道，雖伯夷、叔齊同為淫僻；不知為己，惟務為人，雖堯、舜同為塵垢粃糠。」[4] 他針對朱熹「存天理，滅人欲」的說教，提出了「穿衣吃飯，即是人倫物理；除卻穿衣吃飯，無倫物矣」的平等思想。[5] 此外，同一時期的流行小說《三言二拍》，在內容上是以情感為線索突出了人的欲望與人的價值的，表達了作者馮夢龍對人的本質的認識與理解。

到了清代，在各種社會因素的推動下，人文、人本的思潮更加四溢。在文學界，蒲松齡所寫的《聊齋志異》、吳敬梓所作的《儒林外史》、曹雪芹所著的《紅樓夢》等，都可被視為強調人性的人文之作。而同類代表人物還有風流才子袁枚、考據大師戴震等。

尤其是袁枚，他承襲晚明啟蒙思想之遺風，尊孔而疑孔，入俗又超

1　徐秉義 · 內府藏書記 // 賀長齡，魏源 · 清經世文編：卷 56 · 北京：中華書局，1984：1425 ·

2　李贄 · 藏書 · 北京：中華書局，1959：544 ·

3　李贄 · 道古錄：卷上 · // 張建業 · 李贄文集：第七卷 · 北京：社會科學文獻出版社，2000：358 ·

4　李贄 · 焚書 · 續焚書校釋 · 陳其仁，校釋 · 長沙：岳麓書社，2011：442 ·

5　李贄 · 焚書 · 續焚書校釋 · 陳其仁，校釋 · 長沙：岳麓書社，2011：543 ·

俗，是傳統社會中思想叛逆的代表人物。他在詩壇中提倡「性靈說」，主張直抒胸臆，寫出個性和個人的「性情遭際」，其核心便是重情，即重視人的自然情感。他提出「人欲當處，即是天理」[1]，承認人的正當欲求。為追求這種個人的自由，他棄官不做，構園野居，悠遊其間。而且，他公開承認自己「好味」、「好色」、「好貨」。

　　與袁枚相較，戴震是另一類型的倡導「人道」與「人本」的學者。在他的一部重要著作《孟子字義疏證》中，戴震通過訓詁字義和注經的方式，明確提出「體民之情，遂民之欲」的社會理想，闡述其「人本」的主張。在批判禁欲主義的同時，戴震還倡導情感哲學。他說：「理也者，情之不爽失也，未有情不得而理得者也。」[2]「生養之道，存乎欲者也；感通之道，存乎情者也；二者自然之符，天下之事舉矣。」[3]梁啟超在《清代學術概論》中評論戴震說：「《疏證》一書，字字精粹」，「與歐洲文藝復興時代思潮之本質絕相類」，「其志願確欲為中國文化轉一新方向。其哲學之立腳點，真可稱二千年一大翻案。其論尊卑順逆一段，實以平等精神，作倫理學上一大革命，其斥宋儒之糅合儒佛，雖辭帶含蓄，而意極嚴正，隨處發揮科學家求真求是之精神，實三百年間最有價值之奇書也」[4]。

二、北京古都的「人文史跡」

　　揆諸人類歷史，不難發現城市化和城市現代化的歷史一直是同人類的進步以及「人文」的不斷積累聯繫在一起的，任何一座城市都無法割斷它

1　袁枚．再答彭尺木進士書 // 小倉山房文集：卷 19．南京：江蘇古籍出版社，1993：340．

2　戴震．孟子字義疏證：卷上 // 張岱年．戴震全書（六），合肥：黃山書社，1995：152．

3　戴震．原善：卷上 // 張岱年．戴震全書（六），合肥：黃山書社，1995：10．

4　梁啟超．清代學術概論．上海：上海古籍出版社，1998：41-42．

自身的歷史和古老文明的聯繫，而古今中外的城市發展史都在證明，城市
的魅力是以其「人文化」的程度為權衡的。

在今日的北京，不難看到高樓大廈林立，劇院、博物館、音樂廳、咖
啡廳等文化及休閒設施應有盡有，並新建了西單金融街、建國門商務圈、
鳥巢奧運場館等。但是，它們都屬於現代文明，而非一個古都的「人文」
建築。誠然，北京同時也加強了對歷史文化的保護，大力實施「民居修繕
工程」、「胡同整治工程」，積極推進「四合院修繕整治工程」和「名人故
居會館的保護修繕和開發利用」，有效保護了北京的歷史風貌，也在努力
彰顯古都的人文底蘊。但在加大公共文化投入的同時，更要注意挖掘古都
自身悠久而醇厚的歷史文化，也即城市自身的人文文化，這樣方能保持城
市自身的個性，特別是要突出城市精神的元素，如此這個城市才能夠擁有
永久的魅力。

從歷史路徑來看，一個城市的品格，既來自歷史進程中的自然積累，
也來自時代的需求和人的培育。而在今後城市的發展中，將傳統「人
文」的精華注入城市建築及城居者的素質培育上，當是一件最值得重視的
事情。

那麼，如何更徹底、更精準地清理和發掘歷史賦予北京的城市品格和
特質呢？與其從書本上、從對國外現代化建築的參照上來進行這項工作，
不如回到北京城市的自身。為此，我們將以敘史的方式，復活文物古跡的
歷史精神，從中闡發作為現代城市要素的人文意識，使建築古跡不再只是
一個存在著的物體，而是展現歷史場景並與時人共建城市文化生態的人文
場域。為此，本書所言之「人文」是廣義的，囊括了中國傳統文化的所有
「思想資源」，在一定意義上超出了前文所述學界對「人文思想」的涵蓋與
界定。但就研究選材而言，本書將關注以下幾個話題：

一是，城市佈局凸顯了「禮」制下的權力序列。北京作為一個歷經千

年之久的古都[1]，有著悠久的文明和燦爛的文化，積聚了中國傳統城市的人文精髓，同時其城市樣貌又是由遼朝的契丹、金朝的女真、元朝的蒙古、明朝的漢、清朝的滿等諸多民族匯集、交融形成。可以說北京城的每一寸土地都散發著中華民族的人文氣息。但是，值得關注的是，這個由不同北方少數民族與漢族建造的都城，幾乎無一例外地注重儒家的「禮」制，並在「禮」的規範下打造了城市的空間。即便是今日已不復存在的遼、金、元的都城遺址，同樣可以從中依稀辨別出儒家文化的印跡，其已經形成規制的「方形城」儼然是一個模板，而自宮城、皇城，到內外城（包括子城）的空間等級序列，正是「禮」對權力及其等級序列的賦予。這既是中華多民族統一國家的文化交融的象徵，也是中國人文思想中「道統」的體現。

二是，城市的坊巷街區所體現的空間秩序。儘管代表傳統城市特徵的城牆與護城河在北京已經風光不再，但是，棋盤式的街道、縱橫交錯的胡同等，大多以舊有的風貌和形式承載著人文的內容。

街道佈局一向是城市規劃的重點，也是構成城市整體空間佈局的關鍵。所謂「平治道路，王者所先」，可以考諸歷史資料的元大都就是按照《周禮·考工記》為藍本構建的城市。在街道規劃上，元朝的蒙古人遵照了「國中九經九緯，經塗九軌」的設計，形成了縱橫交錯各九條大街的格局。在此基礎上，明朝在修建北京時增加至十六條大街，南北縱橫，構成了城市交通網絡的幹道。而清承明制，在城市道路規劃上未作改動。

此外，北京城還有許多的「胡同」經緯交錯。這些胡同同樣也形成於元朝。《析津志》中記載，元大都有「三百八十四火巷、二十九衖通」。它告訴我們，元朝時「衖通（胡同）」有 29 條，而明人張爵於《京師五城坊巷衖衚集》中列舉的近 1200 條街巷中，稱「衚衕」（胡同）者有 464 條，

1　本書認為，北京作為首都的時間應從遼朝 938 年在此建燕京開始計算。詳述見本書第一章。

相對於元朝已多出 15 倍。可見，明朝沿襲了元朝的街道建設風格，進一步增建胡同。進入清代，稱「衚衕」者又較明朝增加一倍多，為 1121 條。這些胡同多東西走向，寬度在 4～7 米之間。

這足以表明，在北京城的規劃及建設中有著多民族人文元素的存在，並有民族文化之間的交融。但最重要的還是這些胡同的名字，它既是歷史上的一個符號，也是人文在地域空間的印記，是家戶屋宇之外的公共空間，充滿了生活的氣息。所以，每一條胡同都是一部完整的日常生活史。特別是那些有著「故事」的胡同，它們無疑已成為北京城人文記憶的一個部分。

此外，在北京的西城還有一個最能代表傳統「人文」精華的社區，即「宣南」社區。這個社區以「琉璃廠」商業文化街為中心，清代時周圍聚居著在京旅居的眾多漢人士大夫。因位於宣武門以南，故稱「宣南」，又因這裏文人薈萃，是創造傳統「人文精神」的一個重要場所，又有「宣南文化」之稱。而「宣南文化」已然成為清朝「人文精神」的象徵。

三是，商業空間的伸展進而對城市格局及文明產生了影響。明清時期，北京城不僅是一個政治、文化中心，也是一個商業發達的城市。悠久的歷史，繁盛的人口，諸多的旅人，都令這座城市蘊含了相當龐大的商業潛力。而北京當地的物產亦頗多著稱於世者，進一步催生了本地的商業文化。商業在這座城市中，一直不僅僅是一種獲取利益的手段，它受到了以人文特質為核心的城市文化的影響，進而被改造、被納入到了北京文化的體系中。這種改造的洪流異常強力，使得北京城在商業上成了海納百川的城市，這在歷史上不難找到相關的例證。

諸如北京有許多耳熟能詳的「老字號」，「同仁堂」藥舖是浙江人所開，「瑞蚨祥」綢布店是山東人所開，錢莊票號是山西人的專利，「北京的漆舖大半都是山西買賣」，「翎子這行買賣，向來是山西人所作」。而在

飲食方面，北京的傳統飲食也是來自四面八方，烤鴨來自山東，薩其馬源於東北，火鍋的走熱也與滿人有著密切的關係。但這些都不妨礙它們冠名北京，被納入北京的文化之中並成為北京城市的人文特色。

雖然在明清歷史上，北京城市的商業活動出現過許多新的現象，處於不斷變動的狀態中，但是人文思想始終與商業活動之間存在密切的相互作用。其最終結果是，城市商業活動一直在城市的文化軸線附近遊走，構成了城市文明的一部分。商業空間影響著人們在城市中的文化體驗，其中廟市就是一個鮮活的範例。在中國，商業與文化在廟市中並非是彼此孤立的，商業活動為文化活動吸引了城市居民的關注，令文化因素更方便地介入到城市居民的生活中去。

但北京商業空間的興盛，從根本上說還是與北京城市中「王朝首都」、「天下中心」的文化特徵緊密結合起來的。工商業的興旺，表現在商業網點對城市社區（街巷胡同）的滲透，而且商業場域還擴大到了北京城的周邊，諸如通州城就切實表現出一個為首都服務的商業城鎮的功能和性質。

四是，政治權力與政治體制對古代城市的影響無處不在，而這一點又與出入廟堂的文人官僚有著直接的關係。作為人文層面上的意識，歷史文化的底蘊同群體的歷史記憶與傳承密不可分，而歷史記憶、對歷史文化的認知，則同歷史文化的沉澱與再闡發有著密切的聯繫。那麼，能夠對這種記憶進行認知並闡發的人，無疑是那些掌握文化知識並具有一定話語權的文人官僚以及士大夫群體。在古代中國，士大夫群體包括那些入仕成為官僚的文人，他們在文化活動中歷來都承擔著重要的使命，包括政治使命。而在文化的傳承中，他們尤其起到了核心的作用，甚至構成了文化的主體。

對於士大夫而言，考論經史、吟詩作賦，是其文化活動的基本形式。而當這些基本的文化活動以北京城市風貌為對象時，北京的歷史文化便開

始被闡發、被建構、被積澱了。因此，士大夫不僅是人文文化的主體，也是人文精神的闡發者。而「闡發」在歷史記憶的過程中佔據非常重要的位置，它令處於散落狀態的、片面的、僅作為普通生活經驗而存在的知識昇華到文化的層面上，而利用這些零散的意識滋養共同記憶，是一個地域群體的人文文化形成的重要途徑。

也就是說，一個城市的歷史遺跡從來不曾自己言說，它們的故事有賴於歷史上的人來為其表達，從而使城市的物質進入到文化意識的範疇。而講述人的特質，則對歷史遺跡的文化意義有著重要的影響。明清時期的北京士大夫正是利用了他們自身的文化意識，賦予了北京這座城市人文情懷的想象。在他們的筆下，北京擁有了皇室的典雅，有了儒者的禮敬，有了智識的傳承，有了盎然的古意，也有了生態的和諧。這些人文情懷，最終進入了北京文化，成為這座城市人文思想積澱的重要組成部分。

五是，構屋與安居中的人本觀念。在中國傳統文化中，住宅的選址及營建被賦予了厚重的人文內涵。其中，與傳統文化有著直接關係的「堪輿」與擇居的個性化乃至安全訴求聯繫到了一起。許慎在《說文解字》中對「堪輿」作了如下解釋：「堪，天道也；輿，地道也。」可以看出，「堪輿」的原意本來是有關天道與地道的，是人類對於天和地的認識，講的是地上的人與代表自然界的天的關係。它雖然被排斥在正統儒家學說之外，被視為「江湖」道理，但其理論根源卻可在儒學的《易經》中找到歸屬。漢代的訓詁著作《釋名》中有這樣的解釋：宅，擇也，擇吉處而營之。顯然，堪輿的觀念源自於初民擇吉避凶的樸素經驗，也可說是人們以趨吉避凶為目的選擇陽宅陰基的技藝和理論，是基於人本的考慮。

而剔除風水中的神秘性，我們仍可看到人們在造屋與擇居上表現出的人文情懷。這就是，人居空間講究親近自然，追求人與自然的和諧，在選址方面注重周邊的人文與自然環境，在佈局方面善於因勢借景、崇尚天

然，從而不僅趨吉避凶，而且將住所與周圍的自然環境融為一體。這具體可表現在高高的院牆、寬敞的庭院與錯落的平房之間的搭配，由此打造出一個注重隱私與安全的獨立空間，一種祥和安寧的氛圍，讓居住者感到放鬆、自如和舒適。

院牆是中國傳統建築的一大特色，有道是「牆乃居室之表，有內外之分、親疏之別，為宅之最重者，可以禦奸，可以壯觀」[1]。明清時期北京城的居所大都保持了這種風格。乾隆五十八年（1793 年）來華的英國使團成員斯當東即觀察到院牆在住宅中的普遍存在。他們在進入北京城後，看見皇城以東「不顯眼的普通人家的住宅，每一所房屋前面都有一面牆或一幅門簾，為的是不使街上來往行人看到房子裏院」[2]。

此外，在高牆以內，便是由院與房組合的庭院式住宅，而這種住宅的典型莫過於遍佈北京城的四合院。數百年來，四合院成為北京城一代又一代人的生活空間。在四合院自成體系的民居建築中，處處都可以看到傳統文化的巨大影響，方方正正的井字格局，隱含著居中與四面的方位意識。方正、對稱，又是儒家平和、中正的中庸思想的具體體現，而中軸、軸線的對稱和排列的有序性，則是封建倫理綱常長幼有序、上下尊卑的社會關係與家庭關係的完美體現。所以，四合院的民居，是以儒家的禮法為標準，融入了陰陽五行學說的價值判別，而在使用與分配上的等級劃分，則是對傳統倫理道德的奉行與恪守。說明自周公制禮作樂，經孔子「齊之以禮」，最終形成傳統文化系統而嚴密的典制，它以政治規範和道德規範作用於人們的思想和行為，由此建立起嚴格的空間等級序列。

同時，四合院又可呈現出一幅四季咸宜的家居畫卷和生活場景。四合院的庭院即是一家一戶的私人小花園。在這片私有的「領地」上，既有觀

---

1 張宗法．三農紀校釋．鄒介正，等，校釋．北京：農業出版社，1989：647．

2 斯當東．英使謁見乾隆紀實．葉篤義譯．北京：群言出版社，2014：348．引文略有改動。

賞性的各種鮮花和常青樹，也有梨樹、棗樹、山楂、海棠等可供品嚐的果樹，甚至還有應季的蔬菜，所以老舍先生形容北京是「花多菜多果子多」，這些花草樹木增添了家庭生活的情趣，是人居個性化及其滿足於「自我」的空間。

六是，京城士大夫官僚的園居生活，反映了他們嚮往「世外桃源」的精神世界以及對個性生活空間的追求。中國傳統園林藝術，秉承了崇尚自然、效法自然的理念，融入古代文人寄情於山水之間的浪漫情懷，是一種獨特的人工造園的設計理念和方法。在幾畝大的私家園林中濃縮大千景象，盡把秀麗山川、江河湖海納入方寸之地。

北京的私家名園，大都在疊山理水、鑿池壘石上表現出一種合乎自然的景觀組合，在以適應自然為原則的構園過程中，園林的佈局以樸實、自然、含蓄、淡雅為格調，它成為時人追求的一種人文精神境界。從他們的遊園詩中不難看出，園林中山石、花木、澗泉、樓台，渾然天成，幽邃、古樸，且富於山野的自然氣息。園中錯落有致的亭台樓閣，水榭池塘，是為了滿足主人的旨趣與其追求的精神世界，他們蕩漾在「春有百花秋有月，夏有涼風冬有雪」的「自然」中，已將自身融入了「一花一世界，一葉一如來」的詩情畫境。所以，士人們一旦置身於園林中，便會有回歸自然的感受。可以說，正由於古代傳統文化注重的是人與自然的和諧統一，追求的是人在自然中返璞歸真的精神享受，才能夠最終形成一種淡泊、高遠、幽雅而又古樸的人文精神和以自然為本的價值觀念。

同時，園居也是古人淡泊名利、清心寡欲、物我兩忘、柔弱守中的意境寫照。欲在無爭、無為、無欲中修身養性，清淨如空。對於園居生活的感受，道光時的大學士阮元在其《蝶夢園記》中稱，自以為「在城中為佳

境矣」,「花晨月夕,不知門外有緇塵也」[1]。與阮元同時的文人錢詠在談到京城圓明園東南隅的澄懷園時,也謂園中「真仙境也」。於內「讀畫評書,徵歌度曲,殊不知有春明門外十丈紅塵也」[2]。可見,園居使士大夫乃至官僚可以從中感受到那份擺脫世俗的超脫和輕鬆,是一種追求安貧樂道的心理情境。

此外,園居還是士人官僚們於自然中修心養性、陶冶情操、舒展情趣的地域空間。清代文人張潮曰:「藝花可以邀蝶,壘石可以邀雲,栽松可以邀風,儲水可以邀萍,築台可以邀月,種蕉可以邀雨,植柳可以邀蟬。」[3]將人與自然的關係作了最美的描述。此外,園林還是追求個性、展示個性的空間場域,是以植花邀蝶為趣,還是壘石成山為旨,是欲栽松鑿池,還是要築台建閣,完全取決於主人的意向,這與四合院的模式化有著根本性的區別,所以,園林也是散發個性化人文氣息的地方。

可以這樣認為,在人文思想的寶庫中,記憶與傳統是一個永久充滿魅力的話題,城市的歷史是現代性的一部分,在有著自覺意識的現代城市中,傳統和歷史都是現代城市的遺產。同時,也是一個城市的人文精神的積澱。

---

1 震鈞‧天咫偶聞:卷5‧北京:北京古籍出版社,1982:103-104‧
2 錢詠‧履園叢話:卷20‧北京:中華書局,1979:519‧
3 張潮‧幽夢影:卷上‧海口:三環出版社,1991:9‧

目錄

第一章

北京城營建中的「禮」：權力與秩序

《禮記》：「樂者，天地之和也；禮者，天地之序也。」

孔子曰：「克己復禮。」

　　在中國傳統文化中，「人文」所強調的「人之道」，首先是「禮」，「禮」始終處於核心的地位。《禮記》曰：「樂者，天地之和也；禮者，天地之序也。」它不僅可以「教化天下」，且天地萬物無不在「禮」所營造的秩序中。自先秦孔子的「齊之以禮」，到宋儒程頤的「天下成其禮俗」，闡述的都是同一認識。而我們對人文北京的闡述，也將從一個「禮」字開始，因為北京城的建造就是一個「禮」的思想在現實空間的複製。

　　北京，作為中國歷史上的一個古都，經歷了漫長的文明歷程，早在十六國及北朝時期，就相繼有匈奴、鮮卑、羯等多個少數民族以此地為治所。五代時期，沙陀人又在此相繼建立起後唐、後晉、後漢三個政權。在北方長期戰亂中，它始終處於歷史文明的旋渦中，將中華文化的多元因素卷入其中。明人劉侗、于奕正說：「（北京）地從石晉割後，不隸中土六百餘年，而遼、金、元遞都之，故奇跡異聞，事多三史。編中為表舊事，不盡刪削，退夷進夏，深用憮然。」[1] 清人周家楣、繆荃孫在《順天府志》中亦有相同的認識，曰「溯遼、金肇都，猶沿唐藩鎮舊城。元、明以降，規體增廓」[2]。至清代又有修補，所謂「明築清修」即是也。

　　值得注意的是，在上述活躍在北京這塊土地上的多個王朝中，除了明

1　劉侗，于奕正·帝京景物略·北京：北京古籍出版社，1980：6·
2　周家楣，繆荃孫，等·光緒順天府志：第1冊·北京：北京古籍出版社，1987：1·

王朝為漢人建立外，其他王朝的統治者多為北方少數民族。而且，經宋、遼、金、元的政權對峙與宋、元、明、清的朝代更迭，燕京的地位急劇上升，由少數民族政權的陪都和都城變為了全國的政治、經濟、文化中心。

因此，通過對北京城建設過程中的歷史文化的考察，我們將不難發現，歷史上的動盪多變與邊緣地位，造就了北京這一地域文化的包容性，特別是在融入了契丹、女真、蒙古、滿族以及漢族等多個民族的文化元素之後，北京已成為南北各民族文化交流融合乃至開始接受外來文化的中心，凝聚了獨特而厚重的歷史文化。

不過，有一點尚需指出，在北京城體現的多層次多內容的文化中，儘管各個民族的差異性依然存在，但同一性卻是主流，即北京城體現的仍然是中國傳統儒家文化的精髓，其人文內涵追逐的是儒家文化的根本精神。對於今日的北京城而言，儘管代表傳統城市特徵的城牆與護城河已經風光不再，而棋盤式的街道、縱橫交錯的胡同、青磚灰瓦的四合院、盡顯自然風光的園林，以及茶館、會館、祠廟、鐘鼓樓、牌樓、牌坊等，都依然展示著它們已經物化的人文內涵，依然訴說著綿延不盡的歷史故事。而我們的敘述也將從儒家文化的「禮」展開。

方形城市的奠基：
遼、金、元遵從「漢禮」

在中國古代社會，圓形的天與方形的地，構成人們最基本的形態觀念，因此有了祭天的圓形天壇祈年殿，又有了祭地的方形地壇。而與地相關的，還有方形的井田、方形的房屋、方形的城池。可見這種方塊形狀的土地形態，就是人們最理想的居住空間，而形成此觀念的源頭則來自儒學的周禮。《周禮・考工記》有云：「匠人營國，方九里，旁三門，國中九經九緯，經塗九軌，左祖右社，面朝後市，市朝一夫。」對照周禮中的營國元素，這種方形城市的形態不僅常見於漢人建立的王朝，也同樣為古代中國北邊的少數民族王朝所接受並遵循著。

今天，我們講到北京城建都的歷史，通常總要從 1153 年金朝肇建中都說起，由此，北京城作為都城的時間便有了 860 餘年的說法。但這對於對北京城有著重要貢獻的契丹遼人來說，明顯有失公允。事實上，遼人不僅先於女真人半個世紀就已經建都幽州（北京），而且其城建工程已然成為金朝建都的藍本。而在元、明、清三朝中，有關北京城建的敘事，也無不從遼朝開始。

○ 遼朝燕京城

在契丹遼人建都之前，北京曾以古城幽州聞名，而幽州自古就是一個

軍事要地。有記載曰：「幽州在渤、碣之間。」「其地負山帶海，其民執干戈，奮武衛，風氣剛勁，自古為用武之地。」[1] 早在漢代幽州就有州刺史派駐，唐朝時其依然為軍事重鎮，曾經是盧龍節度使的管轄區，有過昔日的輝煌。五代時，後晉高祖石敬瑭藉助契丹人的軍事力量建立起自己的割據政權，而為了鞏固自己的統治，石敬瑭不惜以割地稱臣為代價，將幽州在內的「燕雲十六州」一同割給了契丹人。於是，遼朝擁有了幽州。

據《遼史・地理志》、《金史・地理志》以及《析津志輯佚》等文獻記載，會同元年（938 年）冬月，遼主耶律德光升幽州為「南京」，又曰「燕京」，府曰幽都。這一年當是遼朝奠都幽州的開始，也是北京成為都城最早的年份記載。而後 70 餘年，遼聖宗開泰元年（1012 年），契丹人改幽州府為永安析津府，幽州城修建的歷史也始於這一時期。因此，正是在這一意義上，北京作為都城的歷史當始於遼朝，即從 938 年算起，或者可以說，北京作為都城至今已歷經千餘年。雖然，遼朝在幽州所建的南京城不過是遼國五個都城中的一個，但遼朝在幽州建城的奠基作用是不容忽視，更不容抹殺的。

在史籍的記載中，遼人雖為契丹族，注重保持其固有的民族習俗，但卻始終把黃帝、炎帝視為本民族的祖先，在文化上也追求並踐行著「學唐比宋」的方針，尤其表現在以中原文化命名城市和規劃城市上。其南京析津府就是依照漢俗儒風，「取古人以星土辨分野的辦法，以為燕分野旅寅，為析木之津」[2]。而且，在遼朝設置的五個京城中以南京析津府最大，其城址在今北京市西南。

遼朝都城的遺址今天已不復存在，但遼的析津府是建在古城幽州的基址上的，在今北京城的西南。據《遼史》云，城中東北隅有燕角樓，此即

1　脫脫・遼史・卷 37・北京：中華書局，1974：487・

2　熊夢祥・析津志輯佚・北京圖書館善本組，輯・北京：北京古籍出版社，1983：1・

今廣寧門內之南北煙閣胡同。以地勢言之，則遼城即唐城也。[1] 茲採集清人的各種相關考證及記載，羅列如下：

遼之故城即因唐藩鎮城之舊，其地在今城西，偏及郊外地，今琉璃廠在正陽門外，而乾隆間得李內貞墓誌，稱其地為燕京東門外之海王村。又今黑窰廠在永定門內慈悲庵，而今存遼壽昌慈智大師石幢，亦稱為東京。北盟彙編：郭藥師襲遼，由固安渡盧水，奪迎春門，陳於憫忠寺前。是遼東門在憫忠寺之東，慈悲庵之西，界址規模，略可想見，若後人所謂蕭太后城，即遼之故城，並非別有一城也。[2]

唐采師倫《重藏舍利記》謂：智泉寺，在子城東門東百餘步，大衢之北面。景福《重藏舍利記》曰：大燕城內地東南隅，有憫忠寺，門臨康衢。而金人記土地廟，在北門內道旁路西。以此度之，則今外城之西南，乃金代內城之東北也。蓋金代內城在今西南，元人別建北城，南城當時即毀。故元遺山詩注云：大安殿基改為賣酒樓，今則益不可問矣。然如宣武門外有所謂老牆根者，正在土地廟之北，或是金西城北面故基。而爛面胡同近金城東面，其西南二面則在城外。《呆齋集》所謂梁氏園，在京城西南五六里，其外有舊城，號為蕭太后城者，即是也。余嘗徘徊於天寧寺左近，以大路考之，則昔日街衢之跡，猶有可驗。又廣渠門內外土中，古磚累累。元瓷片隨鍤而出，琢為帶板、畫軸頭等物，至今未已。且多琉璃瓦，疑是殿基也。

乾隆中，琉璃廠窰內得遼李內貞墓誌，知廠地在遼名海王村。按：海王村亦名海王莊，見《金史·后妃列傳》，在城東三里。[3]

觀王秋潤《復隍謠》云：煬城咫尺不劃去，適足囊奸養狐魃。又云：

1 震鈞·天咫偶聞：卷 10·北京：北京古籍出版社，1982：222·

2 周家楣，繆荃孫，等·光緒順天府志：第 1 冊·北京：北京古籍出版社，1987：4·

3 震鈞·天咫偶聞：卷 7·北京：北京古籍出版社，1982：172-173·

禁軍指顧舊築空，郊遂坦夷無壅隔。夫曰煬城，則其為海陵之城明矣。秋澗此作，在至元二十五年。其後大德八年，虞伯生《遊長春宮記》猶云：燕京故城。又云：長春宮，壓城西北隅。是足為遼城猶存之證。若金城則長春宮居其正北矣。又明徐中山令指揮葉國珍計度南城，南城至明初尚在，則是遼城未全毀之一證。又明人記梁家園外有廢城者，亦即此城也。故今宣武門外迤西，有地名老牆根，此亦即遼城之基之東北隅也。[1]

清人的多方考證都旨在證明，遼朝的南京城是建在古幽州的基址上的。所謂蕭太后城，即遼之故城。遼之故城即因唐藩鎮城之舊，其地在正陽門外、城西的琉璃廠一帶。另外，又有劉定之遊梁園記曰：

梁氏園，在今京師西南五六里，其外有舊城。舊城者，唐藩鎮、遼、金別都之城也。

並記載，由於元朝遷都稍東向，舊城東半部入於朝市間而全無蹤跡：

而西半猶存，號為蕭太后城，即梁氏園所在也。其城僅存土。[2]

而且，清人同時考證出，遼人建的南京析津府要比幽州城大些，「幽州城周二十五里」，而遼的南京城「城方三十六里」[3]。這在說明遼朝建立的南京析津府是一個標準的方形城市的同時，也佐證了古城幽州也是一個方形城。

此外，南京析津府的城市空間自內而外由宮城（大內）、皇城、內城、子城四部分構成，其樣態有這樣的記載：

城方三十六里，崇三丈，衡廣一丈五尺。敵樓、戰櫓具。八門：東曰安東、迎春，南曰開陽、丹鳳，西曰顯西、清晉，北曰通天、拱辰。大內

1　震鈞·天咫偶聞·卷10·北京：北京古籍出版社，1982：223·

2　孫承澤·春明夢餘錄·卷3·北京：北京古籍出版社，1992：21·

3　吳長元·宸垣識略·卷1·北京：北京古籍出版社，1981：8；周家楣，繆荃孫，等·光緒順天府志：第1冊·北京：北京古籍出版社，1987：429·

在西南隅。皇城內有景宗、聖宗御容殿二，東曰宣和，南曰大內。內門曰宣教，改元和；外三門曰南端、左掖、右掖。左掖改萬春，右掖改千秋。門有樓閣，球場在其南，東為永平館。皇城西門曰顯西，設而不開；北曰子北。西城巔有涼殿，東北隅有燕角樓。坊市、廨舍、寺觀，蓋不勝書。其外，有居庸、松亭、榆林之關，古北之口，桑乾河、高梁河、石子河、大安山、燕山——中有瑤嶼。府曰幽都，軍號盧龍，開泰元年落軍額。統州六、縣十一。[1]

根據上述記載，遼燕京城的城牆高三丈，寬一丈五尺，有八個城門。在方三十六里的空間內，不僅建有大內（宮城），其宮室各有匾額，曰永興、曰積慶、曰延昌、曰彰潛、曰長寧、曰崇德、曰興聖、曰敦睦、曰延慶、曰長春、曰太和、曰延和等，而且還有坊市、廨舍、寺觀。

但是關於遼的南京城還有另外一種記載。

遼人宮闕，於內城外築四城，每城各三里，前後各一門，樓櫓池塹一如邊城。[2]

這裏所說的「內城」應該是指「城方三十六里」之城，而外築之四城，當為拱衛內城之「子城」。「子城」空間不大，「各三里」，卻「樓櫓池塹一如邊城」，足見「子城」的戰略防禦功能，其「前後各一門」則進一步說明了「子城」在護衛城市中的作用。

此外，值得強調的還有城中的社區，即城中設坊。遼代「城中凡二十六坊，坊有門樓，大署其額，有闐賓、肅慎、盧龍等坊，並唐時舊坊名也。居民棋佈，巷端直，列肆者百室」，「南京戶口三十萬，大內壯麗，城北有市，陸海百貨聚於其中。僧居佛寺冠於北方」，「至夕，六街燈火

1　脫脫・遼史：卷 40・北京：中華書局，1974：494・
2　于敏中，等・日下舊聞考：卷 37・北京：北京古籍出版社，1985：588・

圖 1-1　天寧寺塔（清末）

圖片來源：三本贊七郎的攝影作品《北京》（1906）。

如畫，士庶嬉遊」。[1] 繁華之象依稀可見。這些坊區分佈在皇城周圍，從文
獻中可以確定方位的有歸厚、顯中、棠陰、甘泉、時和、仙露、敬客、銅
馬、奉先等九坊。坊內的一些寺觀一直留存到今日，如現在的法源寺即當
時的憫忠寺，現在的天寧寺塔即是當時天王寺內之塔。

　　總之，在遼人留下的不甚清晰的記載中，我們依稀能夠看到的是，契

1　江少虞．宋朝事實類苑：卷 77．上海：上海古籍出版社，1980：1011；于敏中，等．日下舊聞考：
　　卷 5．北京：北京古籍出版社，1985：69；脫脫．遼史：卷 17．北京：中華書局，1974：198．

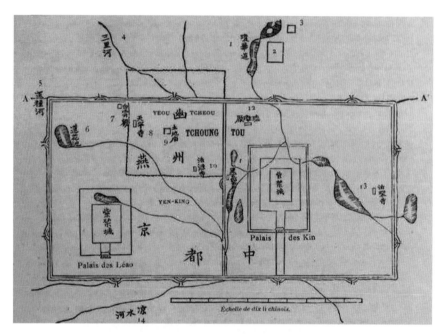

圖 1-2　北京城市變遷圖（先秦—元代）

圖片來源：Alphonse Favier. Péking. histoire et description. 1897: 3.

丹人在幽州城的舊址上建立的是一個漢制的都城，方形形態、宮室建制、坊市廟宇，以及 30 萬人口聚居在坊內，其空間形態將一個漢文化的都城要素淋漓盡致地展現了出來。

〇　金中都城

金王朝為女真族所建，最初的都城在會寧府（今黑龍江省阿城縣南白城子）。公元 1125 年，金朝在政治及軍事上取代遼朝後，其社會的文明推進卻遠不及其軍事征服來得迅猛，至其第三代皇帝熙宗時，國家對城市的建設仍然沒有重視起來，國無城郭，民且星散而居。

金志：國初無城郭，星散而居，呼曰皇帝寨、國相寨、太子莊。後升

皇帝寨曰會寧府，建為上京，遼上京改作北京。城邑、宮室，與中原州縣廨宇制度，極草創。居民往來無間，自前朝門至後朝門，皆出入之路，無禁。孟春，擊土牛，士庶老幼咸觀於殿側。[1]

金朝的這種狀況，在海陵王時得到改變。海陵王名迪古乃，字元功，漢名完顏亮，為金太祖完顏阿骨打庶長孫，完顏宗幹次子，母大氏。皇統九年（1149 年）十二月，完顏亮弒熙宗登上帝位，十二年後，在南征途中又在內亂中被部下殺死。他以殘暴、嗜殺、荒淫而聞名後世，死後又被貶為庶人。但在金朝歷史上，完顏亮卻是一位有著「撼搖霹靂震山河」氣魄的皇帝。他的作為不僅體現在嚴肅吏治、完善中央集權等改革方面，更值得稱道的是，他對北京城的建設。

天德三年（1151 年），完顏亮以上京闢在一隅，而燕京乃天地之中為由，下令遷居燕京。兩年後，即海陵貞元元年（1153 年），以「燕」乃列國之名，不當用為京師名為由，改燕京為中都，府曰大興，改汴京為南京，中京為北京。大興府領節鎮三，刺郡九，縣四十九[2]，並開始擴建中都城。

完顏亮是個漢文化功底甚深的女真人，他能詩善文，經常儒服雅歌，喜好與遼宋名士品茶弈棋，一道談古論今。他仰慕中原的文化制度，在政治上大批起用渤海人、契丹人、漢人，以延攬人才，擴大政權的基礎。而他在漢化上邁出的最大一步，就是將諸宗室親族及其所屬諸猛安[3]盡數遷至中都。與此同時，他仿漢制擴建中都城，更是在中國城市建設史上留下了重重的一筆。

1 熊夢祥．析津志輯佚．北京圖書館善本組，輯．北京：北京古籍出版社，1983：112．
2 脫脫．金史：卷 5．北京：中華書局，1975：115；脫脫．金史：卷 24．北京：中華書局，1975：572．
3 猛安，是金朝軍政合一的社會基層組織編制單位及其主官名稱之一。

金中都城址建於遼燕京之上，在元代尚可找見其遺址。[1]而且，元朝將金中都稱作南城。但是，隨著明朝外城（南城）在嘉靖年間的修建，金中都遺址亦不見於今日。而元朝將金中都遺址稱作南城，也間接地告訴了我們，遼金都城在元大都的南面。對此，清人朱彝尊、于敏中等根據諸多前人志集、文集、碑刻所記，並以當時尚且存在的地面建築遺跡參稽互證，考證出，元朝稱為「南城」境內的憫忠寺、昊天寺在今宣武門之南，與廣寧門相近。當時城外的白雲觀西南的廣恩寺，是遼金時的奉福寺，距西便門尚遠。而根據金人的碑記，這些寺都在中都城內。還有，在正陽門外的琉璃廠，可以在遼人的墓碑中找到其歸屬的位置，其地當為燕京東門外之海王村。對此，清人孫承澤的考辨尤其清晰。他說：

若夫金城，今惟八里莊西，地名十里河東岸有廢城，以準望計之，此為海陵故城，正與圍七十五里之廣輪相准。此外，永定門外舊有九龍岡，土岡回環，此金城東南隅也。蓋金之城，其西北直包今釣魚台（金名同樂園），東北包今西苑（金名萬安宮），而西南包今豐台，東南抵南苑矣。若元城，其東西與今城同，北則抵今北頂，包黃、黑寺於內；南則止及今兩長安街而止。至徐中山改縮其北面，永樂又展其南面，是為今城。自朱氏《日下舊聞》及吳氏《宸垣識略》，皆不能詳指遼、金、元故城所在。故考古者，遂茫無頭緒，直等諸殿土芒芒而已。余嘗於暇日走都城西南，遍搜遺跡，歸而發書證之，如是者非一日矣。一旦天啟其衷，恍有所悟，亟援筆而成。是圖推之於遼、金、元、明四史，旁及諸家之說，廣徵博考，無不悉合。今而後如出喉鯁，大快人意，亟登之此書，以資佐證。[2]

代表官方的《日下舊聞考》亦曰：「遼金故都在今外城迆西，以至郊

1　金末，蒙古軍攻佔中都城，金中都被毀，經考古發掘，得金水關遺址，並認定此水關應該毀於元代中晚期。水關遺址曾在 1990 年被評為十大考古新發現之一。

2　震鈞．天咫偶聞：卷 10．北京：北京古籍出版社，1982：223．

外之地。其東北隅約當與今都城西南隅相接。」元朝的所謂「南城」即在明清北京城的西南，為「唐幽州藩鎮城及遼金故都城也」[1]。這也可以視為金中都建在遼燕京舊址之上的明確記載。

對於中都修建事宜，完顏亮十分重視，先是命人繪製京師宮室圖，交予左丞相張浩等按圖增廣燕城。張浩為遼陽渤海人，在遼太宗時曾奉命提點修繕東京大內，入金後，再次受命於海陵王完顏亮。從文獻記載看，張浩修建中都城，是在原「燕京舊城周圍二十七里」的基礎上改造並擴建的，這應該就是內城。而除了張浩之外，受命修城的還有左右丞相張通古、蔡松年等。從他們修築的中都城中可以看到這樣幾個特點：

首先，中都城繼續沿襲了方形城池，以及在內城中修建宮城，內城外建子城、外城的空間格局。

清人根據《元一統志》考證說：「金蓋因遼舊城展拓其東北隅，當與今（清朝）都城西南隅相接。」此為一說。又根據《金史》蔡珪、劉頠二傳，「海陵築城時，於遼故城之東南二面，皆大為增廣」[2]。此又一說。而宋金的文獻也大都證實了清人的考證，所謂「金天德三年展築三里，見析津志所引金蔡珪大覺寺記」[3]。金中都共周三十里，樓台高四十尺，樓計九百一十座，池塹三重，此為金中都城內城。城門「十二，每一面分三門，一正兩偏焉。其正門四旁皆又設兩門，正門常不開，惟車駕出入，餘悉由旁兩門焉」[4]。

由此可知，金人在修建中都城內城時，以受阻河道之故向東面擴展是可以確定的，擴展三里許也是可以接受的。只是無法確定擴展的方向是向

1　于敏中，等，日下舊聞考：卷 37，北京：北京古籍出版社，1985：589，590。

2　周家楣，繆荃孫，等，光緒順天府志：第 1 冊，北京：北京古籍出版社，1987：6。

3　吳長元，宸垣識略：卷 1，北京：北京古籍出版社，1981：9。

4　徐夢莘，三朝北盟彙編：卷 244，上海：上海古籍出版社，1987：1750。

東南還是向東北。

金人營建宮室，則取真定府潭園材木。「宮城四圍凡九里三十步」，內殿凡九重，殿三十有六。[1] 諸如壽康宮、大安殿、朵殿，以及常朝之所仁政殿等。「宮城之前廊，東西各二百餘間……將至宮城，東西轉各有廊百許間，馳道兩傍植柳，廊脊覆碧瓦，宮闕殿門則純用碧瓦。」[2] 如此浩繁的工程，需要往返於北京與真定之間取材，所需之人力之眾可想而知。

此外，金中都保留了遼南京的四個子城建築，而且是在海陵王定都中都之前。四子城建在內城與外城之間，用於內外城之間的連接。建子城，主要是為了滿足軍事守備的需求。「至大金國志所稱城周七十五里者，則指外郛而言，猶今外城之制也。」[3] 據文獻記載：

金太祖天會三年（此處有誤，應該是太宗天會元年，1123 年），宗望取燕山府，因遼人宮闕，於內外城築四城，每城各三里，前後各一門，樓櫓壕塹，悉如邊城。每城之內立倉廒甲仗庫，各穿復道，與內城通。

其子城有四，皆在大城內，如完顏律明請守大城用章希古，曰：大城汗漫，凡七十餘里，如何去守！設或不利，必皆走入小城。所謂小城，即此四城也。觀於大軍攻內城，四城兵皆迭至，自城上擊之，則知此四城原為護內城之用，而金主亮復築外城以包之。今外城遺址已失，而四城地界方位，更無從辨矣。[4]

由上述記載可以基本斷定，金中都城由宮城、皇城、內城、子城、外城五部分構成。但仍有一個問題沒有解決，那就是金中都城的周長究竟是多少里？在相關記載中，有「幽州城周二十五里」之說，契丹人在此基礎

1 于敏中，等．日下舊聞考：卷 29．北京：北京古籍出版社，1985：409．
2 脫脫，等．金史：卷 24．北京：中華書局，1975：572-573．
3 于敏中，等．日下舊聞考：卷 29．北京：北京古籍出版社，1985：589．
4 周家楣，繆荃孫，等．光緒順天府志：第 1 冊．北京古籍出版社，1987：5-6．

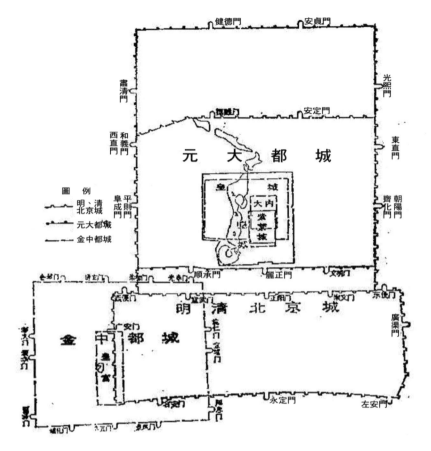

圖 1-3　金中都、元大都與明清北京城位置示意圖

圖片來源：楊寬‧中國古代都城制度史研究‧上海：上海古籍出版社，1993：524‧

上將燕京建成「城方三十六里」的城市。[1]那麼為什麼金朝在重建中都時，就變成「燕京舊城周圍二十七里」了呢？而金朝最後建成的中都城，據稱「周三十里」。但在穆鴻利的研究中，金中都周長 18690 米，折合 37 華里，全部為夯土板築而成。[2]鑒於資料的缺失，這一疑問暫時無解。

1　吳長元‧宸垣識略：卷 1‧北京：北京古籍出版社，1981：8；周家楣，繆荃孫，等‧光緒順天府志：第 1 冊‧北京：北京古籍出版社，1987：429‧

2　穆鴻利‧大金國走向盛世的歷史搖籃 —— 金中都 // 朱明德，梅寧華‧薊門集‧北京：北京燕山出版社，2005‧根據《日下舊聞考》記載，金中都舊基，周圍凡五千三百二十八丈。據此計算金中都周長約為一萬七千七百餘米。

其次，金朝內城中除了皇城、宮城外，亦設置坊區，但坊的數量已增至 62 個。西南、西北隅有 42 坊，東南、東北隅有 20 坊，其坊名俱載於《元一統志》。清人根據《析津志輯佚》、《元一統志》、《京師五城坊巷胡同集》參酌考證，其中可考的有：時和坊、奉先坊、延慶坊、仙路坊、棠陰坊、顯忠坊、北開遠坊等，「大約皆在宣武、廣寧二門之間，其餘則多不可考矣」[1]。《金史·地理志》記載，貞元元年，「戶二十二萬五千五百九十二」[2]。其戶數人口與遼南京的 30 萬戶口相比略有縮減。

此外，金中都還有學校的建制。據記載，「遼太祖時立南京太學，而規制不可考」。但在金海陵王天德三年，「始置國子監，定制詞賦經意生百人，小學生百人，以宗室及外戚皇后大功以上親、諸功臣及三品以上官凡兄弟子孫年十五以上者入學，不及十五，則取有物力家子弟年十三以上、二十以下者充。凡會課，三日作論策一道，季月私試，如漢生制」[3]。

由此可見，金中都城不僅依然保留了方形城的形態，其規制均效仿北宋都城汴梁，且其坊制、皇城、宮城亦效仿漢制。也就是說，金中都城的修建，是女真進入中原接受並遵從漢文化的標誌。關於這一點，清人多有評價：

金本無宗廟，不修祭祀。自平遼後，所用執政大臣多漢人，往往說天子之孝在尊祖，尊祖在建宗廟，金主方開悟。遂築室於內之東南隅。廟貌雖具，制極簡略。迨亮徙燕，乃築巨闕於南城之南，千步廊之東，曰太廟。標名曰衍慶之宮。[4]

金自天德（海陵王立）以後，始有南北郊之制。大定、明昌，其禮寢

---

1 于敏中，等．日下舊聞考：卷 37．北京：北京古籍出版社，1985：593．

2 脫脫，等．金史：卷 24．北京：中華書局，1975：573．

3 孫承澤．天府廣記：卷 3．北京：北京古籍出版社，1982：34．

4 于敏中，等．日下舊聞考：卷 29．北京：北京古籍出版社，1985：410．

備。南郊壇在豐宜門外……北郊方丘在通玄門外……朝日壇曰大明，在施仁門外之東南……夕月壇曰夜明，在彰義門外之西北。[1]

及海陵立，有志都燕，而一時上書者爭言燕京形勝，梁漢臣曰：燕京自古霸國，虎視中原，為萬世之基。何卜年曰：燕京地廣堅，人物蕃息，乃禮義之所。[2]

上述文字表達了兩個主要意思：一是在金朝的高層統治中用了許多漢人，且為「執政大臣」，他們以自身的思想理念及文化素養影響著金朝的政治決策。在海陵王遷都並修建中都城的過程中，得到了他們當中相當一部分人的支持，這對於改變此前金朝的村寨式的星散居住狀態，擺脫無城無郭的遊牧社會性質起到重要的作用。二是海陵王完顏亮定都中都後，金朝的禮制發生了很大的變化，所謂「始有南北郊之制」。而在中國的禮制中，南北郊的祭天與祭地，均屬於國家的大祀。說明，對於金朝的女真人而言，進入北京城後，是其向中原文化邁進的一個關鍵步驟。換言之，奠都中都，對金朝而言，意義重大。

有關金朝的漢化，劉浦江有一經典的評價，他說：

女真人建立的大金帝國是一個典型的漢化王朝，但它對漢文明的接受畢竟有一個過程。太祖、太宗時代，金朝的政治制度基本沿襲女真舊制，部族傳統根深蒂固。當時女真人對於漢文化傳統中的京師制度還懵懂無知，完全不理解一國之都的政治意義，因此在建國多年之後，前朝舊都竟然仍被稱為上京，而作為本國政治中心的金上京卻長期沒有州府名稱和京師名號，姑且稱之為「御寨」而已。金朝政治制度全面轉向漢化，是熙宗即位以後的事情。熙宗朝的漢制改革，從天會末年至皇統初年，大約持續了八九年之久。改革所涉及的內容極為廣泛，包括中央職官制度、地方行

1　于敏中，等．日下舊聞考：卷 29．北京：北京古籍出版社，1985：593-594．

2　周家楣，繆荃孫，等．光緒順天府志：第 1 冊．北京：北京古籍出版社，1987：5．

政制度、法律制度、禮制、儀制、服制、曆法、宗廟制度、都城制度等等。[1]

但在上文中，劉浦江並未提到海陵王修建中都的意義。而這一點，我們可以從時人的認識中找到答案。

據稱，在海陵王之後，金世宗有遷都金蓮川[2]之意，卻被諫止。金世宗將幸金蓮川，梁襄上疏極諫曰：

臣聞高牆峻池，深居邃禁，帝王之藩籬也。行宮非有高殿廣宇，城池之固，是廢其藩籬也。燕都地處雄要，北倚山險，南壓區夏，若坐堂隍，俯視庭宇。本地所生，人馬勇健。亡遼雖小，止以得燕，故能控制南北，坐致宋弊。燕蓋京都之首選也。況今又有宮闕井邑之繁麗，倉府武庫之充實，百官家屬皆處其內，非同曩日之陪京也。[3]

正因為修建中都「止以得燕，故能控制南北，坐致宋弊」，意義重大，故金人投入的人力物力都遠遠超過了遼人，僅從這一點，也可看出金人對營建中都的重視程度。《金史》：

營南京（燕京）宮殿，運一木之費至二千萬，牽一車之力至五百人。宮殿之飾，遍傅黃金而後間以五采，金屑飛空如落雪。一殿之費以億萬計，成而復毀，務極華麗。[4]

《順天府志·金故城考》記載：

人置一筐，左右手排立定，自涿至燕京傳遞，空筐出，實筐入，人止土一番，不日成之。[5]

1　劉浦江·金朝初葉的國都問題——從部族體制向帝制王朝轉型中的特殊政治生態·中國社會科學，2013（3）：161-179、207·

2　金蓮川，原名曷里滸東川，位於河北省北部塞外沽源縣老掌溝境內，是白河支流黑河的源頭，是遼、金、元三代帝王的避暑勝地。金大定八年（1168年），金世宗策馬來此，正值金蓮花盛開之際，他從「蓮者連也」取金枝玉葉相連之意，遂將此地更名為「金蓮川」。金朝在這裏建離宮，元代建陪都於此，稱元上都。

3　于敏中，等·日下舊聞考·卷5·北京：北京古籍出版社，1985：75·

4　脫脫，等·金史·卷5·北京：中華書局，1975：117·

5　周家楣，繆荃孫，等·光緒順天府志·第1冊·北京：北京古籍出版社，1987：5·

《天府廣記》曰：

煬王亮經營北都，規模出於孔彥舟，役民八十萬，兵夫四十萬，作治數年，死者不可勝計。金世宗謂宰臣曰：宮殿制度苟務華飾，必不堅固。今仁政殿遼時所建，全無華飾。但見他處歲歲修完，惟此殿如舊。以此見虛華無實者不能經久也。[1]

此外，金人還在宮闕北部累土積石堆起一座「萬歲山」。萬歲山位於子城東北的玄武門外，周二里許，高百餘丈，由金人積土所成，為大內之鎮山。對此，清人孫承澤考證說：「當蒙古初時臣服於金，其境內有一山，石皆玲瓏，勢皆秀峭。金人望氣者謂此山有王氣，謀欲壓勝之，使人言欲得此山以鎮壓我土，蒙古許之。金人乃大發卒鑿掘，輦運至幽州城北，積累成山。因開挑海子，栽植花木，營構宮殿以為遊幸之所。」[2]及元人滅金，遷都於燕，並營建大都，此山適在元大都的禁中，遂賜名「萬歲山」。

通常，人們認為海陵王遷都意味著他同舊勢力的決裂，但深層次上還可以說，他是義無反顧地接受了漢文化，是對漢文化的認同。而「萬歲山」所表達的金人對堪輿、讖緯等神秘力量的崇拜，也在說明金人自身文化與漢文化有著許多相同的價值認同。

〇 元大都

崛起於漠北的蒙古族相繼滅金滅宋後，於 1264 年建立元朝，改元至元。至元四年（1267 年），由金中都城向東北建新城並遷都於此。九年，改名「大都」，史稱「元大都」。但元朝雖建有大都新城，卻仍然保留了原來的上京，實行兩京制度。而元朝對大都的改建規模卻相當大。

1　孫承澤·天府廣記：卷 5·北京：北京古籍出版社，1982：49·
2　孫承澤·天府廣記：卷 37·北京：北京古籍出版社，1982：554·

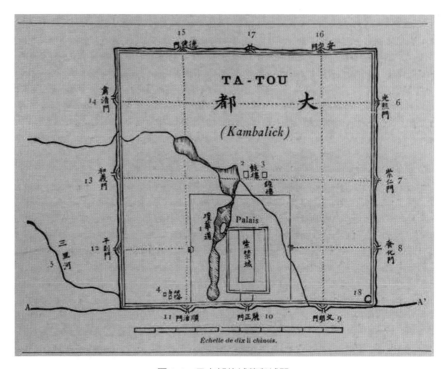

圖 1-4　元大都的城牆與城門

圖片來源：Alphonse Favier · Péking · histoire et description · 1897：5 ·

　　首先在城址上，元朝沒有選擇遼金的舊城址，而是從金中都內城東北三里處向北拓地建新城，新城只將金中都外城東面的瓊島、液池圈進城內，並以此作為元朝大內的營建地。

　　有關元朝遷都建都的過程，《元史・地理志》有比較詳細的記載：

　　元太祖十年，克燕，初為燕京路，總管大興府。太宗七年，置版籍。世祖至元元年，中書省臣言：「開平府闕庭所在，加號上都，燕京分立省部，亦乞正名。」遂改中都，其大興府仍舊。四年，始於中都之東北置今城而遷都焉。京城右擁太行，左挹滄海，枕居庸，莫朔方。城方六十里，十一門：正南曰麗正，南之右曰順承，南之左曰文明，北之東

曰安貞，北之西曰健德，正東曰崇仁，東之右曰齊化，東之左曰光熙，正西曰和義，西之右曰肅清，西之左曰平則。海子在皇城之北、萬壽山之陰，舊名積水潭，聚西北諸泉之水，流入都城而匯於此，汪洋如海，都人因名焉。恣民漁採無禁，擬周之靈沼云。九年，改大都。十九年，置留守司。二十一年，置大都路總管府。戶一十四萬七千五百九十，口四十萬一千三百五十。用至元七年抄籍數。領院二、縣六、州十。州領十六縣。[1]

其次，大都城雖然廢棄了遼金的舊城址，但新建城池的空間形態沒有改變。《析津志》曰：至元四年二月己丑，始於燕京東北隅，辨方位，設邦建都，以為天下本。四月甲子，築內皇城。[2] 元陶宗儀的《輟耕錄》亦曰：「宮城周回九里三十步，東西四百八十步、南北六百十五步，高三十五尺。磚甃。至元八年八月十七日申時動工，明年三月十五日即工。分六門，正南曰崇天……凡諸宮門，皆金舖、朱戶、丹楹、藻繪，彤壁、琉璃瓦飾簷脊。」[3] 由此可知，新建的大都城也是方形的。

至於大都城內的分佈大都見於清朝人的記載。《日下舊聞考》曰：

元都城周六十里，以圍三徑一衡之，城中南北相直應二十里。

中為天子之宮，廟社朝市各以其位，而貴戚功臣悉受分地以為第宅。然則元之大內在今地壇之右矣。[4]

《光緒順天府志》曰：

（元大都之南門之麗正門）內曰千步廊，可七百步，建靈星門，門外

1 宋濂，等．元史：卷58．北京：中華書局，1976：1347．
2 熊夢祥．析津志輯佚．北京圖書館善本組，輯．北京：北京古籍出版社，1983：8．
3 陶宗儀．南村輟耕錄：卷21．北京：中華書局，1959：250．
4 于敏中，等．日下舊聞考：卷38．北京：北京古籍出版社，1985：599．

蕭牆，周回可二十里許。[1]

這門外「二十里許」的蕭牆應該是皇城之牆。可見，元大都的空間格局主要由皇城、宮城和坊構成，沒有外城。此外，清人震鈞還引證時人的記載，對大都的形制、宮殿、城門、宮門等作了進一步的說明：

《輟耕錄》：京城方六十里，裏二百四十步，分十一門。

《禁扁》：城之正南曰麗正，左曰文明，右曰順承；正東曰崇仁，東之南曰齊化，東之北曰光熙；正西曰和義，西之南曰平則，西之北曰肅清；北之西曰建（健）德，北之東曰安貞。宮城，正南曰崇天，左曰星拱，右曰雲從。東有東華，西有西華，北曰厚載。

《大都宮殿考》：南麗正門內千步廊可七百步，建靈星門，門建蕭牆，周回可二十里，俗呼紅門闌馬牆。牆內二十步有河，上建白石橋三座，名周橋。橋四石白龍擎載。旁盡高柳，鬱鬱萬株，遠與城內海子西宮相望。度橋可二百步為崇天門（按：此云海子西宮，則元大內在今大內少北）。[2]

據記載，元朝大都的建置亦與漢人有直接的關係，這些漢人當中的代表人物是劉秉忠。劉秉忠，先世瑞州人，叔祖分別官遼、仕金，元世祖忽必烈在潛邸時，聞其「博學多才藝」，邀與俱行。既入見，「應對稱旨，屢承顧問。秉忠於書無所不讀，尤邃於《易》及邵氏《經世書》，至於天文、地理、律曆、三式六壬遁甲之屬，無不精通。論天下事如指諸掌。世祖大愛之」。劉秉忠久侍忽必烈，「參帷幄之密謀，定社稷之大計」，「秉忠既受命，以天下為己任，事無巨細，凡有關於國家大體者，知無不言，言無不聽」[3]。而元朝初年，以金中都為大都，即為劉秉忠之議。

1 周家楣，繆荃孫，等．光緒順天府志：第 1 冊．北京：北京古籍出版社，1987：43．

2 陳宗蕃．燕都叢考．北京：北京古籍出版社，1991：25．

3 劉秉忠傳 // 宋濂，等．元史：卷 157．北京：中華書局，1976：3688，3693．

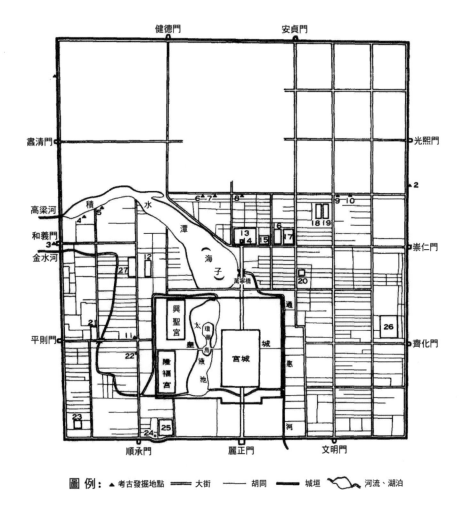

圖 1-5　元大都示意圖

圖片來源：中國科學院考古研究所，北京市文物管理處元大都考古隊．元大都的勘查和發掘．考古，1972（1）．

　　史載，就元朝於何地建都一事，忽必烈徵詢劉秉忠的意見。「元世祖嘗問劉秉忠曰：『今之定都，惟唯上都、大都耳，何處最佳？』秉忠曰：『上都國祚近，大都國祚長。』遂定都燕之計。」[1] 劉秉忠正是以國家社稷與國運久遠的角度來思考建都之地，並以此說服了忽必烈。

1　于敏中，等．日下舊聞考：卷 5．北京：北京古籍出版社，1985：79-80．

　　先是，世祖忽必烈命劉秉忠相宅於桓州東、灤水北之龍岡，於此修建城郭，三年而畢。中統元年，名其城為開平府，而以燕京為中都。五年，以此地為大汗闕庭所在，加號開平府上都。而在此前一年，即四年，忽必烈又命劉秉忠築中都城，始建宗廟宮室。至元元年（1264 年）八月，劉秉忠請定都於燕，忽必烈從之。詔營城池及宮室，仍號中都。八年，奏建國號曰大元，而以中都為大都。他如頒章服，舉朝儀，給俸祿，定官制，皆自劉秉忠發之，為一代成憲。[1] 至元二十年（1283 年），另一漢人崔彧上疏言，大都非如上都止備巡幸，不應立留守司，應置總管府。次年，置大都路總管府。[2] 元朝都城的建制逐漸完備。而自修城到工程告竣，前後歷時數年，修城投入了相當多的人力。僅修建宮城一項，自「四年十月，議築宮城，發中都、真定、順天、河間、平灤民二萬八千餘人，至八年二月工成。宮城周圍九里三十步」[3]。

　　相比遼、金的都城，元大都留下的文獻更多一些，我們可以見到的文化內涵也更加豐厚。

　　首先是大都城內設五十坊，「以大衍之數成之，名皆切近」。「大衍之數五十」係《易·繫辭上》中之語。而大衍之數，是從河圖洛書中來的，它是古人在論述古易揲蓍草取卦、卜筮之法時提到的，所謂「大衍之數五十，其用四十有九」。這是中國傳統儒學中一種推理換算的概念，是用數字來表達對世界的認識。同時，又是取天地本不全，一切顯象之物皆不能圓滿之義。由此，元大都的五十坊（據相關研究，元大都實設四十九坊），可被視為儒家思想在城市建設中的投影。

1　宋濂，等·元史：卷 58·北京：中華書局，1976：1347；宋濂，等·元史：卷 157·北京：中華書局，1976：3693·

2　于敏中，等·日下舊聞考：卷 4·北京：北京古籍出版社，1985：61·

3　孫承澤·天府廣記：卷 5·北京：北京古籍出版社，1982：49·

　　而且，元朝的許多祀典也都漸從漢禮，這就要求其都城的建制也一應遵從漢禮：

　　元之初，祀禮皆因國俗。世祖十二年十二月，以受尊號，遣使諭告天地，下太常檢討唐宋金舊儀，於國陽麗正門東南七里建祭壇，設昊天上帝，皇地祇位二，行一獻禮。三十一年，成宗即位，夏四月壬寅，始於都城麗正門外南七里建壇壝。[1]

　　其次，元大都城雖略顯長方形，但「方九里」的築城原則沒變。

　　綜上所述，無論是遼南京、金中都還是元大都，雖然都係北方少數民族政權修建的都城，但其修建的人文內涵卻依然沿襲了中原方形城市建築的特點，這與儒家文化影響的廣泛程度有關。

　　長方形或正方形的城市，固然與北方平原遼闊、地域平坦的自然條件有很大的關係，但從根本上說，它仍是一種文化理念在現實中的體現。如果我們追本溯源，仍不難發現它的原始形態為「匠人營國，方九里」的規範，中心體現一個「禮」字，並援取了儒家文化的天圓地方之說。因而，以黃河流域為中心的北方，作為古代文明的發祥地，其人文文化的厚重是可以想象的，而地理環境又為文明的發展提供了客觀條件。

1　孫承澤．天府廣記：卷6．北京：北京古籍出版社，1982：58．

明朝四修北京城：
突出了都城的權力意識 [1]

　　明朝建立對全國的統治之後，也開始了對北京城的大規模修建，先後組織了四次大修工程，主要發生在兩個時期，一是在明太祖朱元璋洪武建國之初，另一是在永樂遷都之際。所謂「元代宮室一毀於明徐達改築都城之初，再撤於永樂遷都之歲」[2]。但在城市的營建形態上北京城依然保持了方形城的禮制特點。

○ 新都「北京」之壯麗

　　「北京」之稱始於明，而且明人又稱「北京」為「帝京」。如劉侗、于奕正作《帝京景物略》，有曰：

　　長安，都秦稱也，都燕，非所稱也。戰國曰燕，金曰燕京，元曰大都，我明而襲古稱，奚可哉！我明曰順天，迄八府而一稱之；曰北京，對南京而二稱之。今約略古甸服內也，稱曰帝京。[3]

　　先是，洪武元年（1368年）八月，朱元璋建立明朝後，欲建都於元故都，被翰林院修撰鮑頻力諫而止，乃改元大都為北平府，開始在戰後的殘

1　劉鳳雲·北京與江戶：17—18世紀的城市空間·北京：中國人民大學出版社，2012：19-32·

2　于敏中，等·日下舊聞考：卷30·北京：北京古籍出版社，1985：429·

3　略例 // 劉侗，于奕正·帝京景物略·北京：北京古籍出版社，1980：5·

垣上修建北平府的城池，奉命督修城池的正是攻陷元大都城的征虜大將軍徐達。

時徐達以元舊土城太廣，且出於元朝皇帝及其貴族出塞向北遁出，勢必將來有南侵之憂的考慮，下令減元大都城迤北之半，向南縮其城五里，廢元大都東西北面的光熙、肅清二門，其餘九門仍照舊。同時，一改元大都城牆的土夯之制，開創將土城牆外包磚甃之法，命指揮華雲龍經理督修。

新築北城垣，「南北取徑直，東西長一千八百九十丈。又令指揮張煥計度故元皇城，周圍一千二百六丈，又令指揮葉國珍計度南城，周圍凡五千三百二十八丈。南城故金時舊基也」[1]。

南移工程改變了元大都南北長、東西短的長方形城郭形狀，使北京城在形態上更趨於正方形，城圍四十里。同時由於積水潭引水渠的影響，新築北城牆西南呈一斜角。也就是說，明朝的北平府挪移了都城城址，改土城牆為磚砌，城市空間有所縮減，但方形城市的規制沒有變。當然，這期間的後兩項工程重在「計度」，並以北城垣的修築為主。

這雖然說的是元代都城的毀棄，但從另一個角度剛好說明，這一時期正是明朝大興城建土木之際。所謂「遼，南京，今城西南，唐幽州藩鎮城也。金增拓之，至元而故址漸湮。元之大都，則奄有今安定、德勝門外地。明初縮城之北面，元制亦改。永樂初，重拓南城，又非復洪武之故矣」[2]。

明初的北平府，還多少保留了元朝的一些舊址、舊稱。例如，「人呼

1　吳長元‧宸垣識略：卷 1‧北京：北京古籍出版社，1981：14；于敏中，等‧日下舊聞考：卷 38‧北京：北京古籍出版社，1985：605‧

2　趙爾巽，等‧清史稿：卷 54‧北京：中華書局，1977：1894‧

崇文門為海岱，宣武門為順承，阜成門為平則，仍元之舊也」[1]。時明成祖朱棣初封燕王，其府邸就設在元故宮，即後來的西苑，開朝門於前，朝門外有大慈恩寺。大慈恩寺乃元代建築，以重佛故也。而且，由於徐達將城址南移，城市佔地也隨之縮小，還不及明南京城的一半。這主要是因為明初的城建規劃是按照「改大都路為北平府」的定制。這應該是用作解釋明代的北京城為何既小於明南京城也小於元大都的原因所在。[2]

事實上，將北平府作為都城進行營建是在燕王朱棣稱帝之後的永樂年間。朱棣作為明朝第一位以北京為都城的皇帝，對於營建工程十分重視，他在修建北京城池的詔令中說道，北京地勢雄偉，山川鞏固，四方萬國，道里適均。「乃仿古制，徇輿情，立兩京，置郊社、宗廟，創建宮室。」[3]

先是，永樂元年（1403 年）正月，朱棣改北平府為順天府，並相對於南京留都，改「北平」為「北京」。永樂四年（1406 年）閏七月，詔建北京宮殿及城垣，為遷都北京進行準備。據《明史‧地理志》記載：這期間的工程主要是兩項，一是建北京宮殿，二是修城垣。明朝在將北城牆南移的同時，平毀了元朝的宮城，故朱棣登基繼位後立即著手修建紫禁城與皇城。這項工程歷時十五年，至永樂十九年（1421 年）正月告成。宮城周六里一十六步，亦曰紫禁城。皇城，周一十八里有奇。皇城之外曰京城，周四十五里。[4]

此外，大規模的修築還有始於永樂十七年（1419 年）冬的北京南城拓建工程，「計二千七百餘丈」[5]。關於這一連串功役，後人有更多

1 孫承澤‧天府廣記：卷 4‧北京：北京古籍出版社，1982：41‧

2 南京內城周圍九十六里，「外城則因山控江，周回一百八十里，別為十六門。紫金諸山，環互於東北，大江回繞於西南，龍蟠虎踞，古稱雄鎮」（張瀚‧東遊記 // 鬆窗夢語：卷 2‧北京：中華書局，1985：36‧）。

3 孫承澤‧春明夢餘錄：卷 1‧北京：北京古籍出版社，1992：6‧

4 張廷玉，等‧明史：卷 40‧北京：中華書局，1974：884‧

5 于敏中，等‧日下舊聞考：卷 38‧北京：北京古籍出版社，1985：606‧

記載：

國家起朔漠日，塞上有一山，形勢雄偉。金人望氣者，謂此山有王氣，非我之利。金人謀欲厭勝之，乃求通好。既而曰：願得某山以鎮壓我土。乃大發鑿掘，運至幽州城北，積累成山。因開挑海子，栽花木，構宮殿。至元四年築宮城，山適在禁中，遂賜名「萬歲」。

《寰宇通志》：洪武初，改大都路為北平府。縮其城之北五里，廢東西之北光熙、蕭清二門，其九門俱仍舊。《明實錄》：永樂十七年十一月，拓北京南城，計二千七百餘丈。[1]

（永樂十五年）改建皇城於東，去舊宮可一里許，悉如金陵之制而宏敞過之。[2]

這裏有一個數字需要說明一下，就是《明史·地理志》記載，明朝「京城周四十五里」，其餘文獻多持四十里之說。對這一差異，喜仁龍認為，「這些數字都不盡準確，城牆的實際總長度應為四十一里到四十二里之間，嚴格地說是 41.26 里或 23.55 公里」[3]。

明代對北京城的第三次大規模修築發生在正統年間。但是，這一次的修築沒有對城市空間進行重新規劃，主要是修建京城九門城樓，「正陽門正樓一，月城中左右樓各一，崇文、宣武、朝陽、阜城、東直、西直、安定、德勝八門各正樓一，月城樓一。各門外立牌樓，城四隅立角樓」[4]。並加固城牆、城濠、橋閘，即增固崇麗而已。但這次工程耗費的人力物力之大卻是超乎想象。

京師九門城樓工程始於正統元年（1436 年）十月，由太監阮安、都督

1　震鈞·天咫偶聞·卷 9·北京：北京古籍出版社，1982：222·

2　孫承澤·天府廣記·卷 5·北京：北京古籍出版社，1982：51·

3　奧斯伍爾德·喜仁龍·北京的城牆和城門·北京：北京燕山出版社，1985：35·

4　于敏中，等·日下舊聞考·卷 38·北京：北京古籍出版社，1985：607·

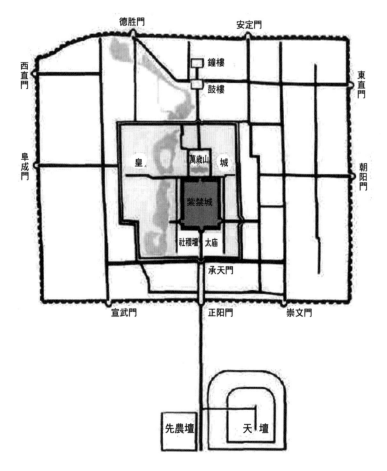

圖 1-6　明前期北京城平面示意圖

圖片來源：喬勻，等．中國古代建築．北京：新世界出版社，2002：177．

同知沈清、少保工部尚書吳中率軍夫修建。據記載，「命下之初，工部侍
郎蔡信颺言於眾曰：役大非徵十八萬人不可，材木諸費稱是。上遂命太監
阮安董其役。取京師聚操之卒萬餘，停操而用之，厚其餼廩，均其勞逸。
材木工費一出公府之所有，有司不預，百姓不知，而歲中告成」。此次不
僅修建了九門城樓，且對城濠、城門橋也進行了大修，換九門前木橋為石

橋，兩橋之間各有水錨，濠水自城西北隅環城而東。[1]

正統四年（1439 年）四月，修造京師門樓、城濠、橋閘告竣，不僅有「煥然金湯鞏固」之態，且「重台傑宇，巍巍宏壯。環城之池，既浚既築，堤堅水深，澄潔如鏡，煥然一新」。以故，滿朝文武無不歡欣鼓舞，內閣閣臣楊士奇為之記曰：「耆耋聚觀，忻悅嗟歡，以為前所未有，蓋京師之偉望，萬年之盛致也。於是少師建安楊公，少保南郡楊公偕學士諸公，以暇日登正陽門之樓，縱覽焉。」[2] 可見，城牆的修築，特別是都城城牆的修築，已被視為關係國家興旺盛衰之大事，而每一次興工都可視為是國力及國家威德的炫耀。

在楊榮的《大一統》賦中有曰：「歷觀前代，迄於往古，帝王所都，雖可畢舉。豐鎬之美，崤函之固，宛洛之奇，汾晉之富，雖或雄踞於一時，控馭於中土，而於今茲帝都之壯麗，又豈可同年而語哉？乃歲庚子，告成闕功。」「皇都之鉅麗，壯宏規於往古。」[3] 此外，謳歌皇都之賦，還有蔣德璟的《三殿鼎新賦》和翰林李時勉的《北都賦》。

〇 修築外城之艱難

明代京城的第四次大修，是嘉靖年間的外城城牆修築工程。在中國古代，凡重城皆有內城與外城之修築，外城的修築除了體現城市的防禦功能外，尤以滿足城市不斷增加的人口的居住需求為要。明初的北京城「當時內城足居」，但到了嘉靖年間，隨著外來人口的聚集，特別是邊患的加劇，築城已提到議程上來了。

1　于敏中，等·日下舊聞考：卷 38·北京：北京古籍出版社，1985：607·
2　孫承澤·天府廣記：卷 4·北京：北京古籍出版社，1982：42·
3　孫承澤·天府廣記：卷 4·北京：北京古籍出版社，1982：627·

明朝建國後，北部蒙古勢力仍是其最大的邊患，蒙古瓦剌崛起，既而不斷南犯，北邊的大小戰爭從未休止。於是，出於防禦的需要，朝廷中有人提出了修築外城的建議，並以明南京城有外城之城防作比。成化十二年（1476年），有定西侯蔣琬上言：

太祖皇帝肇基南京，京城之外復築土城，以護居民，誠萬世不拔之基也。今北京止有內城而無外城，正統己巳之變，額森長驅直入城下，眾庶奔竄，內無所容，前事可鑒也。且承平日久，聚眾益繁，思為憂患之防，須及豐亨之日。況西北一帶，前代舊址猶存，若行勸募之令，加以工罰之徒，計其成功，不日可待。

但是，「廷議謂築城之役宜俟軍民息肩之日舉行」[1]。雖然，北部有元大都舊城牆遺址可以利用，但明朝的大多數人還是認為修城勞民，於是，蔣琬的築城之議被以百姓乏力當休養生息為由而擱置了下來。

嘉靖以後，蒙古首領俺答汗更是屢屢入塞，頻頻叩擊邊門，明朝警訊踵至。嘉靖二十一年（1542年），御史焦璉等有「修關廂墩塹，以固防守」之請。隨後，都御史毛伯溫等則奏請修築外城，理由是城外居民過多。其書曰：

古者有城必有郭，城以衛民，郭以衛城，常也。若城外居民尚多，則有重城。凡重地皆然。京師尤重。……成祖遷都金台，當時內城足居，所以外城未立。今城外之民，殆倍城中，宜築外城，包絡既廣，控制更雄。且郊壇盡收其中，不勝大幸。[2]

此次明朝上下雖未即刻否定修築外城，可也沒有立即啟動修城事宜。

然而在嘉靖二十九年（1550年），蒙古俺答汗的鐵騎再一次叩響了邊門。蒙古大軍自宣府、大同再度攻陷明朝北邊的古北口，擄掠北京附近的

1 于敏中，等．日下舊聞考：卷38．北京：北京古籍出版社，1985：608．
2 孫承澤．春明夢餘錄：卷3．北京：北京古籍出版社，1992：20．

通州、畿甸等州縣，從間道黃榆溝入，直逼京城東直門。時薊鎮兵潰，京師戒嚴。明朝諸將皆不敢言戰。於是，蒙古退兵後，上詔命修築北京城南的前三門，即正陽、崇文、宣武三關廂外城。

此時明朝築城，似應以先北後南為輕重緩急之選，但從當時所築關廂外城係京城南面的前三門來看，其考慮的主要因素，當是南面城外居民眾多，急需安置。清人吳長元於所輯《宸垣識略》中談到北京外城的修建原因時說，當時南面城外「大街石道之旁，搭蓋棚房為肆，其來久矣」[1]。一旦兵臨城下，城外居民將直接遭受戰火的浩劫。所以，鑒於城外居民增多，官員多有疏請興工外城者。而明朝的外城修建工程，雖與當時緊張的邊關形勢有關，但從根本上說還是由於城門外，特別是正陽門外已聚集起大量的外來人口。

但是，此時的明朝已非建國初年之國力，外城之工因財政匱乏未果，「既而停止」。嘉靖二十九年這次倡修外城之議，雖然有必舉之勢，卻也因湊不足修城之費而不了了之。

三年後，擴建外城之議再起。嘉靖三十二年（1553 年）正月，給事中朱伯辰言：

城外居民繁夥，無慮數十萬戶。且四方萬國商旅貨賄所集，不宜無以圍之。……臣嘗履行四郊，咸有土城故址環繞，周規可百二十餘里。若仍其舊貫，增庳培薄，補缺續斷，即可事半而功倍矣。[2]

通政司的通政使趙文華亦上書奏請修城，然而最有力的推動者是當時的權臣大學士嚴嵩，嚴嵩「力讚之」。於是，嘉靖帝命兵部尚書聶豹會同掌錦衣衛都督陸炳、總督京營戎政平江伯陳圭、協理戎政侍郎許論，督同欽天監監正楊緯等查勘城外四周宜築城處。尋聶豹等人回奏：相度京城外

1　吳長元・宸垣識略：卷 9・北京：北京古籍出版社，1981：163．

2　龍文彬・明會要：卷 75・北京：中華書局，1956：1467．

四面宜築外城,約七十餘里。「大約南一面計一十八里,東一面計一十七里,北一面勢如倚屏,計一十八里,西一面計一十七里,周圍共計七十餘里。內有舊址堪因者約二十二里,無舊址應新築者約四十八里,其規制具有成議。」[1]

　　此次築城之議,正是在大學士嚴嵩等人的一致贊同之下,經過反復商議並仔細查勘之後,嘉靖皇帝下旨允行的。隨後,遣成國公朱希忠告太廟,敕諭陳圭、陸炳、許論及工部左侍郎陶尚德、內官監右少監郭暉提督工程,錦衣衛都指揮使朱希孝、指揮僉事劉鯨監督工程,又命吏科左給事中秦梁、浙江道御史董威巡視工程。參與工程的有工部、錦衣衛、內廷宦官、監察系統的言官等,如果此次工成,北京的內外城將成「回」字的空間形態。

　　但是工程開工後,由於西南地勢低窪,土脈流沙難以施工,而且經費仍然不敷修城的浩大工程。面對經費和施工的問題,嘉靖皇帝很是猶豫,便委派嚴嵩視察工程。所謂「上又慮工費重大,成功不易,以問嚴嵩等。嵩等乃自詣工所視之,還言:應先築南面,俟財力裕時,再因地計度以成四面之制」[2],嚴嵩率人親臨工程視察,隨後提出,先築南面,其東西北三面另行計議。未幾,嚴嵩等再度更變原議,徹底放棄了修築東西北三面城牆的原議,奏曰:

　　南面橫闊凡二十里,今既止築一面,第用十二三里便當收結,庶不虛費財力。今擬將見築正南一面城基東折轉北,接城東南角,西折轉北,接城西南角,可以克期完報。報允。[3]

　　當年十月,南面城牆完工。自此,北京內外城整體呈「凸」字形。

　　《明史·地理志》記載曰:「嘉靖三十二年築重城,包京城之南,轉抱

1　吳長元·宸垣識略:卷1·北京:北京古籍出版社,1981:18·

2　周家楣,繆荃孫·光緒順天府志:第1冊·北京:北京古籍出版社,1987:11·

3　于敏中,等·日下舊聞考:卷38·北京:北京古籍出版社,1985:609·

東西角樓，長二十八里。門七：正南曰永定，南之左為左安，南之右為右安，東曰廣渠，東之北曰東便，西曰廣寧，西之北曰西便。領州五，縣二十二。弘治四年編戶一十萬五百一十八，口六十六萬九千三十三。萬曆六年，戶一十萬一千一百三十四，口七十萬六千八百六十一。」[1]

南城竣工後，詞臣張四維（萬曆時曾任內閣首輔）有《新建外城記》曰：

皇上臨御之三十二年，廷臣有請築京師外城者，參之僉論，靡有異同。天子乃命重臣相視原隰，量度廣袤，計工定賦，較程刻日。於是京兆授徒，司徒計賦，司馬獻旅，司空鳩役，總以勳臣，察以台諫，與夫百官庶職，罔不祗嚴。乃遂畫地分工，授規作則，制緣舊址，土取沃壤。寮藩輸鍰以讚工，庶民子來而趨事。曾未閱歲，而大工告成。崇庳有度，瘠厚有級，繚以深隍，覆以磚埤，門墉矗立，樓櫓相望，巍乎煥矣，帝居之壯也。夫易垂設險守國之文，詩有未雨桑土之訓。帝王城郭之制，豈以勞民？所以固圍宅師，尊宸極而消奸伺者也。國家自文皇帝奠鼎燕畿，南面海內，文經武緯，細大畢張，而外城未逮者，非忘也。都城足以域民，而外無闤闠，邊氛時有報急，而征馬未息，故有待於我皇上之纘緒而觀揚之耳。夫以下邑僻陬，即有百家之聚，莫不團練垣塞，守望相保。況夫京師天下根本，四方輻輳，皇仁涵育，生齒滋繁，阡陌綺陳，比廬溢郭，而略無藩籬之限，豈所以鞏固皇圖，永安蒸庶者哉？故議者酌時勢之宜，度民情之便，咸謂外城當建。……以隆王者居重之威，以奠下民安土之樂，以絕奸宄覬覦之念，豐芑貽謀，苞桑定業，不亦永世滋大也哉！嗚呼！此固聖人因時之政，不得不然者耳。[2]

張四維雖從築城的防禦功能講起，我們卻不能不注意到，當時京城

1　張廷玉，等．明史：卷40．北京：中華書局，1974：884．

2　張四維．詞臣張四維新建外城記 // 孫承澤．天府廣記：卷4．北京：北京古籍出版社，1982：43-44．

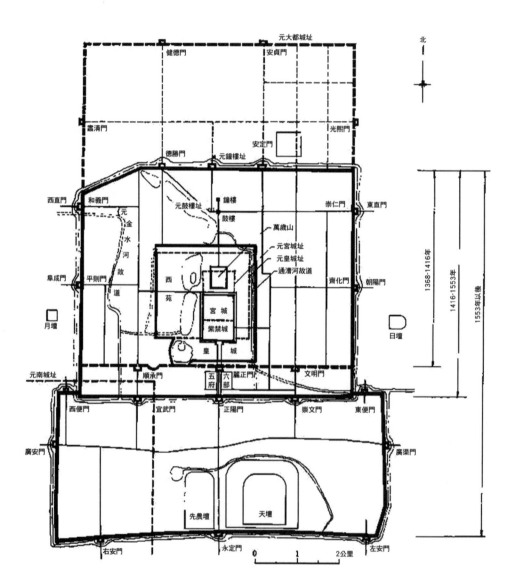

圖 1-7　明北京城發展三階段示意圖

圖片來源：潘谷西．元、明建築 // 中國古代建築史：第 4 卷．北京：中國建築工業出版社，2009：30．

「生齒滋繁，阡陌綺陳，比廬溢郭，而略無藩籬之限」的狀況，更是將外城的修築置於迫在眉睫的境地。

《管子》有曰：「內為之城，城外為之郭。」城郭的出現，在相當程度上反映了居民聚集的情形，是城市由小到大發展的結果。換言之，古代中國城市的擴大是從城到郭逐步完成的，郭的出現，總是伴隨著城市擴展的要求而來，而人們的「城以盛民」、「郭以守民」的傳統觀念，又是城郭得以修建的思想基礎與文化環境。

〇 方形城裏的中軸線

在明代北京城中可以找到最為標準的「禮數」，首先就是城市的「方九里」與「旁三門」。

宮城周六里一十六步，亦曰紫禁城。門八：正南第一重曰承天，第二重曰端門，第三重曰午門，東曰東華，西曰西華，北曰玄武。宮城之外為皇城，周一十八里有奇。門六：正南曰大明，東曰東安，西曰西安，北曰北安，大明門東轉曰長安左，西轉曰長安右。皇城之外曰京城，周四十五里。門九：正南曰麗正，正統初改曰正陽；南之左曰文明，後曰崇文；南之右曰順承，後曰宣武；東之南曰齊化，後曰朝陽；東之北曰東直；西之南曰平則，後曰阜成；西之北曰彰儀，後曰西直；北之東曰安定；北之西曰德勝。[1]

但是，方形城市的形態並非明朝建城的唯一特色，此外最值得提出的是建於北京城中心的一條通貫南北的中軸線。

1　張廷玉，等. 明史：卷 40. 北京：中華書局，1974：884.《明史》中所記紫禁城八門，實際列出者六門，據《日下舊聞考·京城總紀》：紫禁城門凡八，「曰承天門、曰端門、曰午門，即所謂五鳳樓也，東曰左掖門，西曰右掖門，再東曰東華門，再西曰西華門，向北曰玄武門」，左掖門與右掖門沒有列出。

中軸線蘊了「中心」的意識，是「王者必居天下之中」的權力意識的體現。中軸線好似北京城的脊樑，鮮明地突出了九重宮闕的位置，體現封建帝王居天下之中「唯我獨尊」的思想。所以，在中國古代建築史上，往往在大建築群的平面中設置一條統率全局的「中軸線」，這條中軸線將儒家文化的價值理念、政治思想、倫理觀念與審美融為一體。在中國歷朝的都城中，不乏設置了中軸線的建築，諸如唐朝長安城、洛陽城等，然而中軸線最長的還是明代的北京城。

北京中軸線的歷史可以追溯到元朝，元世祖忽必烈棄金中都，在其東北方擇址建設元朝國都 —— 元大都，中軸線正式形成，位置在今舊鼓樓大街的中心線及其向南的延伸線，越過太液池東岸的宮城中央，這時中軸線長 3.7 公里。到了明代，統治者將北京中軸線向東移動了 150 米，明朝初年，大將軍徐達將元大都北城牆拆掉南移，東、西、南仍沿用元大都的城牆，中軸線長 4.78 公里。明朝永樂年間，沿用了元大都的城市中軸線，並修建紫禁城，開始營建皇城，又將元大都南城牆再向南推 2 里，至此，形成了明朝北京的內城。明嘉靖年間，為加強京城的護衛安全，開始增建北京外城。清朝定都北京之後，沒有做大的改動，只是沿襲明代格局，中軸線長度為 7.86 公里。

建築學家梁思成對北京中軸線有過這樣的讚譽，他說：「一根長達八公里，全世界最長，也最偉大的南北中軸線穿過了全城。北京獨有的壯美秩序就由這條中軸的建立而產生。前後起伏左右對稱的體形或空間的分配都是以這中軸為依據的。氣魄之雄偉就在這個南北引伸、一貫到底的規模。」[1]

歷史地理學家侯仁之則對北京的中軸線非常重視並進行了深入的研

---

1 梁思成·北京 —— 都市計劃的無比傑作·新觀察，1951，2（7）：14·

究。他認為，明代紫禁城坐落在元大內舊址上，東西兩牆的位置仍同元
大內舊址，與北京城牆南移對應，紫禁城南北兩牆也分別南移了 400 米
和 500 米。紫禁城中，外朝三大殿和內廷後三殿與元朝大明殿及延春閣一
樣，均位於全城的中軸線上，充分體現了中軸線的核心地位。城市中軸線
的出現不僅僅確立了城市佈局對稱分佈關係，而且具有深厚的象徵意義。
由於明代紫禁城南北牆均有向南的移動，所以明王朝在延春閣故址上堆築
「萬歲山」（景山），雖意在壓勝前朝，但卻加強了中軸線的地位與象徵意
義。而且萬歲山取代了元代「中心台」的位置，成為全市幾何中心。此其
一。其二，侯仁之還認為，明代紫禁城、皇城、大城依次南移，紫禁城前
方空間大為拓展，明代利用這一空間，在中心御道即中軸線兩側佈置了太
廟、社稷兩組對稱建築，開闢了「T」字形宮廷廣場。廣場兩側的宮牆外，
集中佈置了中央衙署。[1]這是明朝在都城建築上的創舉。

　　李建平以其多年對北京的研究，撰寫了《魅力北京中軸線》一書，從
五行、五鎮、陰陽天象、圍合空間等方方面面詳細解構了北京的中軸線。

　　他認為，明代北京中軸線在建設和佈局上，將紫禁城、皇城向南拓
展，突出了坐北朝南的帝王都市特點，而紫禁城、皇城位置準確地佈局在
中軸線的正中間，又是皇權至上、唯我獨尊思想的充分體現。它達到古代
都城建築的最高峰，把幾千年來人們對古代帝王都城的設計、文化、智
慧、想象都濃縮在這條中軸線上。而中軸線的核心是一個「中」字。他說：

　　從外城最南的永定門說起，從這南端城門北行，在中軸線左右是天壇
和先農壇兩個約略對稱的建築群，經過長長的一條市樓對列的大街，到達
珠市口的十字街之後，才面向著內城的第一個重點 —— 雄偉的正陽門箭
樓、城樓。在箭樓門前百餘公尺的地方，攔路是一座大牌樓和大石橋，為

1　侯仁之·北京紫禁城在規劃設計上的繼承與發展 // 侯仁之文集·北京：北京大學出版社，1998；侯仁
　　之·明清北京城 // 侯仁之文集·北京：北京大學出版社，1998·

圖 1-8　從景山拍攝穿過皇城的中軸線（1901 年拍攝）

圖片來源：小川一真的《北清事變寫真帖》（Views of the North China Affair, S. YAMAMOTO,

KANDANISHIKICHOTOKIO, JAPAN.February, 1901）。

這第一個重點做了前衛。……從正陽門城樓到中華門（明為大明門——
引者注），由中華門到天安門，一起一伏，一伏而又起，御路的長度和天
安門的寬度，是最大膽的圍合空間處理，襯托著建築重點的安排。由天安
門起，是一系列輕重不一的宮門和廣庭，黃色的琉璃瓦頂，一層又一層的
起伏峋峙，一直引導到太和殿頂，便到達中軸線前半的極點。然後向北，
重點逐漸退削，以神武門為尾聲。再往北，又奇峰突起，寬闊的景山做了
宮城背後的襯托，景山中峰上的萬春亭正在南北的中心點上。由此向北是
一波又一波的遠距離重點建築的呼應。由地安門、鐘樓、鼓樓，高大的建
築都相繼在中軸線上。[1]

1　李建平・魅力北京中軸線・北京：文化藝術出版社，2008：2・

三

明築清修：
清朝「悉仍前明之舊，第略加修飾而已」

在中國歷史上，改朝換代或政權重建時，興建都城歷來都是首要之舉，高大的城牆意味著可以把政治權力與經濟利益統統包裹進去，而都城中的每一建築都是權力的張揚與勝利者的炫耀。戰爭的毀壞意味著秩序結構的失靈，意味著以往用以控制這些社會結構的力量不復存在。就北京城的營建而言，無論是遼金、金元，還是元明之間的朝代更替，都伴隨著大規模的城牆修築。但是，唯獨明清鼎革是個例外。

清軍入關，京城宮闕制度，「悉仍前明之舊，第略加修飾而已」，「明築清修」[1] 可謂最貼切的寫照。基於此，接下來我們需要關注的應該是清代對「京城遺產」的認識及繼承問題。這裏，會讓我們注意到這樣幾個問題：

其一，方形空間與中心觀念。北京自遼、金朝建都就以方形為制，元明兩朝雖利用了原有舊基，但從根本上還是各有規劃，屬於大修大建，但所建的形制亦沒有改變方形的城牆形態。唯獨清軍入關，沒有修建新城，而是完全接受了明代京城的原貌，客觀上也是接受了方形形制和中軸線建築的規劃原則。

清代的京城由四部分組成，紫禁城、皇城、內城和外城。所謂「國家定鼎燕京，宮殿之外，環以紫禁城」[2]。紫禁城又稱「宮城」「大內」，周

1 于敏中，等．日下舊聞考：卷 37．北京：北京古籍出版社，1985：1，577．
2 于敏中，等．日下舊聞考：卷 39．北京：北京古籍出版社，1985：612．

長六里許，「南北各二百三十六丈二尺，東西各三百二丈九尺五寸」[1]。紫禁城外由皇城包圍，周長 18 里有餘，也即「三千六百五十六丈五尺」[2]。李建平說：「皇城呈不規則方形，西南角出缺，正好與北京內城西北角出缺一樣，受地形、地勢所限。皇城周長 18 里，實測東西寬 2500 米，南北長 2750 米。」[3] 皇城之外由內城環繞，內城周圍 40 餘里，「城南一面長一千二百九十五丈九尺三寸，北一千二百三十二丈四尺五寸，東一千七百八十六丈九尺三寸，西一千五百六十四丈五尺二寸」。而北京外城則是「包京城南面，轉抱東西角樓，止長二十八里。……城南一面長二千四百五十四丈四尺七寸，東一千八十五丈一尺，西一千九十三丈二尺」[4]。

從上面城牆四邊的數字不難看出，內城南北各在一千二百丈，大致相等，東西在一千七百與一千五百丈，相差不過二百丈，是一個比較端正的正方形，故有「周正如印」[5]之喻，外城的東西邊牆相差更少，不足二十丈，則為標準的長方形。總之，京城的空間形態在外國人的眼中是符合幾何立體形狀的，諸如英國人有曰，「城是平行四邊形，四邊面對四個方位基點」[6]。

此外，明築清修還表現在宮城即紫禁城內的大殿上。諸如最重要的殿 —— 乾清宮，位於乾清門內，順治十二年建，康熙八年重建，皇帝召對臣工，引見庶僚皆御焉。宮廣九楹，深五楹，正中設寶座，左右列圖史、璣衡、彝器。楣間南向，恭懸世祖章皇帝御書匾「正大光明」。[7]

1　周家楣，繆荃孫，等．光緒順天府志：第 1 冊．北京：北京古籍出版社，1987：18．

2　于敏中，等．日下舊聞考：卷 39．北京：北京古籍出版社，1985：613．

3　李建平．魅力北京中軸線．北京：文化藝術出版社，2008：57．

4　吳長元．宸垣識略：卷 1．北京：北京古籍出版社，1981：17-18．

5　史玄．舊京遺事．北京：北京古籍出版社，1986：3．

6　斯當東．英使謁見乾隆紀實．葉篤義，譯．北京：群言出版社，2014：362．

7　鄂爾泰，張廷玉，等．國朝宮史：卷 12．左步青，校點．北京：北京古籍出版社，1987：204．

　　其二，城門及命名。北京內城號稱九門，外城號稱七門。清代將九門和七門之稱俱仍明舊，九門「南曰正陽，南之左曰崇文，南之右曰宣武，北之東曰安定，北之西曰德勝，東之北曰東直，東之南曰朝陽，西之北曰西直，西之南曰阜成。」[1]「中國城（外城）共有七座城門，南面有三座（永定、左安、右安），東面有一座主要的城門（廣渠），西面一座（廣安），此外東西兩面還各有一座輔助城門，叫東便門和西便門。」[2] 城門的多寡，在一定程度上體現了傳統城市的等級序次，這是古代中國城市政治屬性的特徵。而中國傳統城市大都在四門以上並按方位開設，則是完全體現了儒家文化的四方觀念在城市空間中的影響。比如，在四方觀念中，重輕的關係依次為南、北、東、西，而傳統城市無論大小，其城門基本上是按照先南北後東西的順序設於四個方面的。所以「紫禁城四門，南即午門、北曰神武、東曰東華、西曰西華」[3]，就是取儒家文化的四方或天圓地方之意。清朝也將這一理念欣然接受了下來。因此，對城門的繼承在一定程度上是對文化的繼承。

　　但是，清朝還是對皇城城門名稱作了修訂。《日下舊聞考》云：皇城「正南曰大清門，少北曰長安左門、曰長安右門，東曰東安門，西曰西安門，正北曰地安門。大清門之內曰天安門，天安門之內曰端門，端門之內，左曰闕左門，右曰闕右門」。「正南門於順治元年上大清門牌額。天安門為皇城正門，明曰承天門，順治八年重修工成，改定今名。地安門明曰北安門，亦順治九年改定。」[4] 也就是說，清朝的皇城中有三門換了名字，正南的大明門改為大清門，另外兩個分別是一南一北的天安門與地安門。

1　陳宗蕃·燕都叢考·北京：北京古籍出版社，1991：18·

2　Rennie D F, Peking and the Pekingese during the First Year of the British Embassy at Peking, John Murray, 1865.

3　于敏中，等·日下舊聞考：卷10·北京：北京古籍出版社，1985：142·

4　于敏中，等·日下舊聞考：卷39·北京：北京古籍出版社，1985：612-613·

更重要的是，這裏明確了天安門是皇城的正門，天安門似取代了大清門的正門地位，但是，在前述六門中卻又沒有包括承天門，即天安門。對此，李建平作了深入細緻的研究，他指出：順治八年，清重修承天門，竣工後改承天門為天安門，同時將皇城後門北安門改為地安門，表明大清王朝希望天下安定，由此天安門完全具備了皇城正門的地位和作用。而大清門與長安左門、長安右門一起成為天安門前的罩門。這種變化在乾隆二十五年編纂的《大清會典》中就體現出來了，到嘉慶《大清會典》就更明確了「皇城，其門七」的情況，七門與六門相較自然是增加了天安門。[1]

本朝大內之制，全因明舊，無所損益，但易大明門為大清門，餘正衙便殿皆仍之。惟各朝房舊在午門外者，今皆移於景運、隆宗二門外。蓋國初御門之典，在太和門。後改御乾清門，因亦移入，即唐代之常朝也。常朝五日一舉，故御門五日為期。凡題本大除授皆於此降旨。[2]

其三，皇城內集止齊民。據清人記載：「皇城周十八里有奇。前明悉為禁地，民間不得出入。我朝建極宅中，四聰悉達，東安、西安、地安三門以內紫禁城以外，牽車列闠，集止齊民，稽之古昔，前朝後市，規制允符。」[3] 對此，曾任吏部侍郎的孫承澤在《天府廣記》中也有記載。他說：「宮闕之制，前朝後市。在玄武門外，每月逢四則開市，聽商貿易，謂之內市。」[4]

從文獻記載看，清代允許百姓於皇城北部的三門內居住往來，設市齊民，打破了明代的禁規，似有開放之意。而且，從建築格局上也符合中國傳統文化營城造屋的儒家理念。但實際的情況恐怕未見如此。從清朝實行

1 李建平·魅力北京中軸線·北京：文化藝術出版社，2008：58·
2 震鈞·天咫偶聞：卷1·北京：北京古籍出版社，1982：1·
3 朱一新·京師坊巷志稿：卷上·北京：北京古籍出版社，1982：27·
4 孫承澤·天府廣記：卷5·北京：北京古籍出版社，1982：56·

圖 1-9　景山五亭圖景（清末）
圖片來源：三本贊七郎的攝影作品《北京》（1906）。

內外城滿漢分治的政策看，更主要的原因或許是清人在將內城的商業服務行業全部驅逐至外城後，為滿足皇家後宮及內城貴戚的生活所需，不得不設置一個較為固定的街市而已。統治者在做這種設置時，或許還來不及思考體制及文化方面的問題，不過是從實際需要出發的一種簡單而直接的想法。所謂的「前朝後市」，恐怕是士大夫們理想境界中的文化附會而已。但是這一點卻又成為清朝在京城空間佈局上與明朝的最大不同。

　　其四，對於北京城市空間的中軸線，清朝似乎沒有什麼大的改變，因為也沒有可以利用的改建空間。不過，趙洛指出：「到了清代乾隆年更在景山頂上建式樣各異但佈局對稱的五個亭子，而萬春亭雄峙中央。於是把中軸線引向空間立體化了。」、從前帝王稱孤道寡正是奇。[1]

　　對此，我們不妨將其理解為中華文明中對神秘力量崇拜的文化傳統。

1　趙洛‧京城偶記‧北京：北京出版社，2000：3‧

而在宮闕北面堆山建亭也素有淵源可循可比，明清宮闕後的景山與金元的萬歲山有著驚人的相似之舉。據記載，萬歲山位於金朝中都子城東北的玄武門外，周二里許，高百餘丈，為大內之鎮山。金人為堆此山，調集了大量的人力。清人孫承澤考證說：「當蒙古初時臣服於金，其境內有一山，石皆玲瓏，勢甚秀峭。金人望氣者謂此山有王氣，謀欲壓勝之，使人言欲得此山以鎮壓我土，蒙古許之。金人乃大發卒鑿掘，輦運至幽州城北，積累成山。」[1] 而後，金人又開挑海子，栽植花木，營構宮殿，此地遂成遊幸之所。及元人滅金，建都於燕。「至元四年，興築宮城。山適在禁中，遂賜命萬歲山。山上有廣寒殿七間。仁智殿則在山半，為屋三間。山前白玉石橋長二百尺，直儀天殿。後殿在太液池中圓坻上，十一楹，正對萬歲山。山之東為靈囿，奇獸、珍禽在焉。車駕幸上都，先宴百官於此。」明朝的大內雖已遷移，但及明成祖建宮闕時，仍對此益加修治，皇帝「每遇休沐，輒賜大臣遊覽」。[2] 其文化中的象徵性及神秘力量的影響猶在。

所以，李建平認為，清乾隆年間，清王朝在景山建成五座山亭，後在每座山亭立銅鑄佛像一尊，為五方佛，並認同五方佛係密宗，清代在中軸線上展示的是佛家文化，承載佛教文化的建築是景山上的五座山亭。這分析是有一定道理的，因為它符合清朝利用宗教特別是黃教達到思想統一的一貫方式。這種設計所強調的也是中華文明中的一些神秘元素和力量。

可以看出，無論是以城牆為標誌的城市體系還是以紫禁城的方形中軸為特點的皇宮都城，都在空間上詮釋了政治體制與權力的影響，如果說前者展示的是官僚等級制思想的話，那麼後者所要表達的是皇權的至尊。而這些思想的表達，都可視為中國古代人文思想中的重要內容。

---

1 孫承澤．天府廣記：卷 37．北京：北京古籍出版社，1982：554．

2 孫承澤．春明夢餘錄：卷 64．北京古籍出版社，1992：1236．

第二章

城市經緯：街區坊巷的形態

《周禮》：「國中九經九緯，經塗九軌。」

　　城市的發展是人類文明進步的重要標誌。馬克思曾說：「城鄉之間的對立是隨著野蠻向文明的過渡、部落制度向國家的過渡、地域局限性向民族的過渡而開始的，它貫穿著文明的全部歷史直至現在。」[1] 誠然，與自然且相對分散的農村聚落相比，城市作為政治、經濟與文化中心，具有無可爭議的支配地位。通過人為的規劃和精心營建，每一個城市都會形成反映自身特質的空間格局，而這一人為秩序正是城市人文價值與社會價值的集中體現。

　　北京作為一個有著近千年歷史的古都，其城市的發展飽含了歷史的滄桑。在城牆圍合的空間中，縱橫交錯的街巷作為城市的經緯，劃分出秩序井然的街區和社區。這些道路和社區系統的構建，正是中國傳統空間秩序的體現。從北京城建史的角度來看，現代北京的城市格局可以追溯到元朝。雖然此前的各朝也曾在此營建城市，但這些城市在改朝換代中多遭到嚴重的破壞或改建。而且，作為第一個在北京定都的大一統王朝，元代重新規劃了北京的城市佈局，在規模上極大地拓展了城市空間，在空間佈局上奠定了此後數百年北京城的格局。正如清人所修《光緒順天府志》所言，「周官之制，度地居民，九經九緯，經塗九軌。顴若畫一，所以建皇極而隆上儀也。京師衢巷，大氐襲元明之舊」[2]。故本章將從元代講起，探討元明清三朝北京城的街道與坊巷格局。

1　馬克思恩格斯選集：第一卷 · 3 版 · 北京：人民出版社，2012：184 ·
2　周家楣，繆荃孫，等 · 光緒順天府志：第 2 冊 · 北京：北京古籍出版社，1987：333 ·

元大都的街道、坊巷與胡同

　　元大都是在金中都東北方向重新規劃而營建的新城市，擺脫了舊城區原有街巷房屋格局的制約，這座新城市拔地而起，呈現出規整的特徵。除了城市規模、城門設置與宮殿建築明顯受到《周禮・考工記》和《易經》術數的影響外，街道、坊巷與胡同的佈局也多依託傳統經典，展現出這座城市厚重的人文文化及其對空間秩序的追求。

○　元大都的街道格局

　　街道佈局是城市規劃的重點，也是體現城市整體風貌的關鍵。元大都是以《周禮・考工記》為藍本構建的城市，在街道規劃上遵照了「國中九經九緯，經塗九軌」的設計，形成了縱橫交錯各九條大街的格局。據侯仁之先生的研究，這十八條幹道的分佈具體如下：

　　每座城門以內都有一條筆直的幹道，兩座城門之間，除少數例外，也都加闢幹道一條。這些幹道縱橫交錯，連同順城街在內，全城共有南北幹道和東西幹道各九條。其中麗正門內的幹道，越過宮城中央，向北直抵中心台前，正是沿著全城的中軸線開闢出來的。從中心台向西，沿著積水潭的東北岸，又開闢了全城唯一的一條斜街，從而為棋盤式的幹道佈局，增添了一點變化。[1]

1　侯仁之．北京城的生命印記．北京：生活・讀書・新知三聯書店，2009：174．

　　這些主幹道將城市分為棋盤式的網格，保證了城市總體格局的整齊有序。

　　據元人記載，元大都的街道寬度有嚴格的規定，所謂「自南以至於北，謂之經；自東至西，謂之緯。大街二十四步闊，小街十二步闊」。《析津志》中列舉的大都的主要長街有：「千步廊街、丁字街、十字街、鐘樓街、半邊街、棋盤街、五門街、三叉街」[1]。元代大都城街道筆直與整齊的特徵，給當時的歐洲旅行家馬可波羅留下了深刻印象，他在行紀中說，大都城「街道甚直，此端可見彼端，蓋其佈置，使此門可由街道遠望彼門也」[2]。

　　除了縱橫交錯的大街劃分的大區之外，元政府對小街、小巷圍合的街區也有系統的規劃，其目的都在於保障城市空間的秩序井然。據記載，至元二十二年（1285 年），元政府詔令金中都的居民遷入大都新城，當時明確規定：「舊城居民之遷京城者，以貲高及居職者為先，仍定制以地八畝為一分；其或地過八畝及力不能作室者，皆不得冒據，聽民作室。」[3]元政府通過「八畝一分」的制度規定，優先考慮富貴之家佔地建房，從而形成了此後大都城市街區的整齊劃一。對此，馬可波羅也不吝筆墨，他稱讚說：「各大街兩旁，皆有種種商店屋舍。全城中劃地為方形，劃線整齊，建築屋舍。每方足以建築大屋，連同庭院園囿而有餘。以方地賜各部落首領，每首領各有其賜地。方地周圍皆是美麗道路，行人由斯往來。全城地面規劃有如棋盤，其美善之極，未可言宣。」[4]

　　中國官方的記載和馬可波羅的觀察得到了今日考古學的證明。20 世紀後半葉，考古學界在北京發掘了數次元代的居住遺址。比如，1965—1972 年，「後英房元代居住遺址」在今北京西直門裏後英房胡同西北的明

1　熊夢祥．析津志輯佚．北京圖書館善本組，輯．北京：北京古籍出版社，1983：4-5．
2　馬可波羅．馬可波羅行紀．馮承鈞，譯．上海：上海書店出版社，1999：208．
3　宋濂，等．元史：卷 13．北京：中華書局，1976：274．
4　馬可波羅．馬可波羅行紀．馮承鈞，譯．上海：上海書店出版社，1999：211．

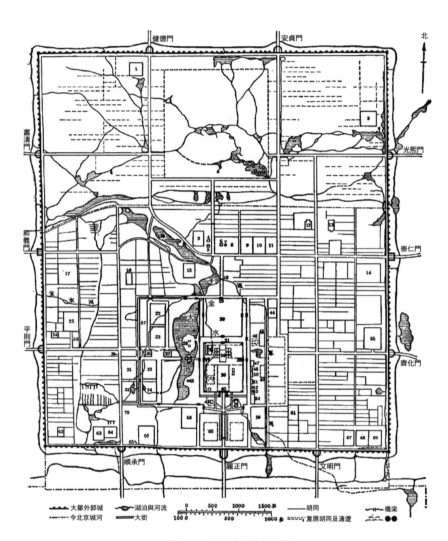

圖 2-1　元大都平面復原圖

圖片來源：趙正之．元大都平面規劃復原的研究 //《建築史專輯》編輯委員會．科技史文集：第 2 輯
　　　　　（建築史專輯）．上海：上海科學技術出版社，1979．

清北城牆基下被發掘，據考古報告中的遺址剖面圖，現存居住遺址東西寬
度約為 70 米，考古學者進一步分析認為，「從現存遺址的平面上來看，
應是這處居住址的主要建築的偏北部分……從南邊的大門開始，至後園為
止，應相當於元大都兩個胡同之間的距離。元大都兩個胡同之間的距離約
為 70 米」[1]。這樣的分析是非常合理的，因為這樣的佔地規模正好符合「八
畝一分」的規制。1972 年，在舊鼓樓大街豁口以西 150 米許的明清北城
牆下，考古學者發掘了西縧胡同元代居住遺址，該遺址「東西總長 34.60
米」，大概也正好是一個胡同的寬度。[2]綜合勘察工作，考古學者認為：「勘
查工作證明，大都城內街道分佈的基本形式是：在南北向的主幹大道的東
西兩側，等距離地平列著許多東西向的胡同。大街寬約 25 米左右，胡同
寬約 6～7 米。今天北京內城的許多街道和胡同，仍然可以反映出元大都
街道佈局的舊跡。」[3]

○ 元大都的坊制

從歷史上看，坊、鄉、都、鄙的行政社區，行之久遠，可謂古代中國
最為普遍的社區規劃形態，而「坊」尤其在中國城市的發展史上佔據了重
要的地位。「坊制」在唐代已經趨於成熟，表現為坊的地區四周有坊牆，
設有坊門，坊內除三品以上高級官員及權貴之家而外，餘者不得面街私開
門向，夜間坊內有宵禁之規，凡鳴鼓警示後，坊門關閉，行人不得出入，

1 中國科學院考古研究所，北京市文物管理處元大都考古隊．北京後英房元代居住遺址．考古，1972
（6）：2-11，69-73，76．

2 中國科學院考古研究所，北京市文物管理處元大都考古隊．北京西縧胡同和後桃園的元代居住遺址．
考古，1973（5）：279-285，333-336.

3 中國科學院考古研究所，北京市文物管理處元大都考古隊．元大都的勘查和發掘．考古，1972（1）：
19-28，72-74．

違例之人視犯夜禁者而論。作為城市的管理單元，坊在劃分城市居民居住空間的同時，也劃分了城市的社會結構空間。《易經》中有「方（坊）之類聚，居必求其類」的論說。可見，坊的另一社會功能就是對城市居民在地域上完成類別的區分，分類的標準自然是反映身份與等級的職業，即官僚、手工業者、商人等。因而，坊的實質是封建等級制對城市居民居住環境與範圍的限定，它在一定程度上反映了早期的中國城市完全從屬於封建政治的特點與屬性。坊的存在反映了政府對社會治安秩序和身份秩序的規訓。

宋代以後，隨著坊牆的毀壞、傾圮，嚴格的坊制已不復存在。元代繼承了這一趨勢，雖然大都城的居民區依然以坊為單位，但坊的周圍已沒有圍牆，大街小巷成為坊與坊之間的界限。然而，還應該看到，坊牆拆除所帶來的居住自由是有限的。坊仍是一個有效的行政社區，有一定的地界。此外，城居者雖然走出了封閉的居住空間，但卻無法逾越已根植於人們頭腦中的「類聚」與「群分」的等級觀念。在居住上，伴隨坊的名稱的延續，坊的「分類」功能，仍然制約著城居者對居住地點的選擇。它不僅成為人們行為的價值尺度，而且被人們以一種慣性延續下去。

關於元大都城的坊制，文獻記載比較詳細。元人所著《析津志》記載說，大都城開始設五十坊，「以大衍之數成之」。但據《元一統志》所載實為四十九坊[1]，有研究者認為這是記載遺漏所致。但所謂「大衍之數五十」，係《易經·繫辭上》之語，又謂「大衍之數五十，其用四十有九」。

---

1 《元一統志》所載元大都城四十九坊如下：福田坊、阜財坊、金城坊、玉鉉坊、保大坊、靈椿坊、丹桂坊、明時坊、鳳池坊、懷遠坊、安富坊、太平坊、大同坊、文德坊、金台坊、穆清坊、五福坊、泰亨坊、八政坊、乾寧坊、時雍坊、咸寧坊、同樂坊、壽域坊、宜民坊、析津坊、康衢坊、進賢坊、嘉會坊、平在坊、和寧坊、智樂坊、鄰德坊、有慶坊、清遠坊、日中坊、寅賓坊、西成坊、由義坊、居仁坊、睦親坊、仁壽坊、萬寶坊、豫順坊、甘棠坊、五雲坊、湛露坊、樂善坊、澄清坊。（于敏中，等·日下舊聞考：卷38·北京：北京古籍出版社，1985：600-601；周家楣，繆荃孫，等·光緒順天府志：第2冊·北京：北京古籍出版社，1987：430-432·）

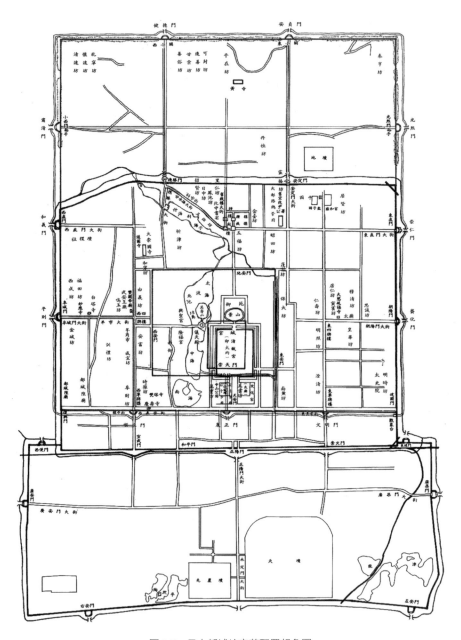

圖 2-2　元大都城坊宮苑配置想象圖

圖片來源：王璞子，元大都城平面規劃述略，故宮博物院院刊，1960。

所謂「其用四十有九」，是取天地本不全，一切顯象之物皆不能圓滿之義。所以，元大都城實為四十九坊，當無疑義。不過，隨著時間的推移，坊的數量和坊名都出現了新的變化，所以在《析津志》中，出現了一些不同的名稱。

大都城原初四十九坊的坊名，也都蘊含著深厚的文化背景與道德寓意。大多數的坊名多附會於儒家四書五經等儒家經典，即所謂「名皆切近」。如時雍坊，因《尚書》「黎民於變時雍」之義而得名；乾寧坊，因地在西北乾位，取《周易》乾卦「萬國咸寧」之義而得名；咸寧坊，取《尚書》「野無遺賢，萬國咸寧」之義而得名；同樂坊，取《孟子》「與民同樂」之義而得名；和寧坊，取《易經》「保合太和，萬國咸寧」之義而得名；鄰德坊，取《論語》「德不孤，必有鄰」之義而得名。玉鉉坊，按《易經》鼎玉鉉大吉，以坊近中書省取此義以名。明時坊，地近太史院，取《易經》革卦「君子治曆明」時之義以名。懷遠坊，取《左傳》「懷遠以德」之義以名。凡此等等。[1] 而將儒家經典中的嘉語用於日常坊名，既是對國泰民安的期待，也是對美好生活的嚮往。

此外，另外一些坊名因為該坊的地理位置，而具有了對臨近衙門或相關群體的期許和勸誡的意思，如睦親坊和樂善坊都靠近諸王府，所以名中有敦促王族親善和睦的寓意；阜財坊，坊近庫藏，取虞舜《南風歌》「阜民財」之義以名。金城坊，取「聖人有金城」，金城有堅固久安之義以名。保大坊，按傳曰：武有七德，定大定功，以坊近樞密院取此義以名。澄清坊地近御史台，取「澄清天下」之義，這也是對御史職責的諷喻。除了以儒家經典命名，佛教的影響也體現在坊名之中。如福田坊，就是坊有梵刹，取福田之義以名[2]。福田為佛教用語，佛教以行善修德能受福報，猶如

1　于敏中，等．日下舊聞考：卷 38．北京：北京古籍出版社，1985：601．

2　于敏中，等．日下舊聞考：卷 38．北京：北京古籍出版社，1985：600．

播種田畝有秋收之利，故稱，所以坊名有勸人為善之意。除了取自經典的
坊名，也有些坊名取自燕地故事，典型即是靈椿坊與丹桂坊都是取自燕山
竇十郎的故事。竇十郎即五代人竇禹鈞，因教子有方，他的五個孩子都先
後考取進士，人稱「竇氏五龍」，傳為佳話。當時名人馮道贈竇禹鈞詩：
「燕山竇十郎，教子有義方。靈椿一株老，丹桂五枝芳。」[1]以這樣的詩句命
名，其中也寓有訓誡之意。

〇 元大都胡同的出現與發展

在《析津志》關於元大都街制的記載中，除了二十四步寬的大街和
十二步寬的小街外，就是數量眾多的火巷與衖通：「三百八十四火巷，
二十九衖通。」[2]不論名之為火巷還是衖通，都是我們今日所說的「胡同」，
簡言之，即是無法與相對寬闊的街道相比的小巷。對街巷的稱呼因地而
異。如「閩中方言，家中小巷謂之『弄』」[3]；又如「京師人呼巷為衚衕」[4]，
衚衕又寫作衖通，而「衖」即為「巷」也，指狹窄的街道。此外，還有稱
「衖堂」者，清人梁紹壬說：「今堂屋邊小徑，俗呼衖堂，應是弄唐之訛。
宮中路曰弄，廟中路曰唐，字蓋本此。」[5]朱一新在《京師坊巷志稿》一書
中總結概括說：今南方呼巷曰衖，北方呼巷曰衚衕。衚衕合音為衖，衖見
爾雅，衚見說文，皆古訓也。[6]

今日所言胡同，除了火巷和衖通外，還有其他多種寫法，在此也不必

---

1 彭定求，等．全唐詩：卷 737．北京：中華書局，1960：8406．

2 熊夢祥．析津志輯佚．北京圖書館善本組，輯．北京：北京古籍出版社，1983：4．

3 謝肇淛．五雜俎：卷 3．上海：上海書店出版社，2001：60．

4 吳長元．宸垣識略：卷 5．北京：北京古籍出版社，1981：67．

5 梁紹壬．兩般秋雨盦隨筆：卷 1．上海：上海古籍出版社，1982：5．

6 朱一新．京師坊巷志稿．北京：北京古籍出版社，1982：27．

細究。古往今來，不少學者對胡同這一詞彙本身做了諸多考證，但正如翁立先生所言，煩瑣的考證無助於理解胡同本身。就定義而言，不妨說：「『胡同』是元朝時開始出現在我國北方城市建築佈局中的一個專用名詞，其作用是等同於街巷、里弄一樣的通道，既連著民居院落，又是交通道路，當然它還有社會政治功能及文化諸方面的作用。」[1]

由於受季風氣候影響，為更好地利用採光並避開冬季寒流，元大都的胡同沿著南北幹道而呈東西向平行分佈。在 20 世紀的對元大都的調查中，考古學家趙正之先生認為，今天北京市內城東西長安街以北的胡同，如東四南北、交道口南北各處，都沿襲了元大都的規劃。此外，在元大都城內的東北和西北部分，從航空照片上可以辨認出若干平行胡同，這些都是元大都胡同的遺跡。[2] 對於胡同的寬度，趙正之先生認為，按照《析津志》中大街二十四步闊、小街十二步闊的寬度比例推測，胡同的寬度當為六步，並認為這與北京現在的胡同寬度大體符合。以研究胡同而知名的翁立先生經過考察後也認為，胡同寬度當為六步（約合 9.3 米），而且認為東四北的幾條胡同就符合這一寬度，因此「寬六步」當為元朝胡同的規模。[3] 但 1970 年代的另外一些考古工作者通過發掘認為，元朝胡同寬約 6～7 米。[4] 或許，前者更接近於事實。無論遵從何說，可以肯定的是，胡同的寬度在元代雖有定制，但隨著屋宇的增多，後期的建築者未必都遵從了開始的規定，從而導致了胡同規模的變化。

---

1 翁立・北京的胡同（增訂本）・北京：北京燕山出版社，1992：6・

2 趙正之・元大都平面規劃復原的研究 //《建築史專輯》編輯委員會・建築史專輯・上海：上海科學技術出版社，1979・

3 翁立・北京的胡同（增訂本）・北京：北京燕山出版社，1992：7・

4 中國科學院考古研究所，北京市文物管理處元大都考古隊・元大都的勘查和發掘・考古，1972（1）：19-28，72-74・

　　可以想象，當居民在元初遷入新建的大都城時，除了城牆、宮殿等大
型建築與主要的大街、小街外，留出的空間都是按照「八畝一分」的定制
自主建造屋宇。每家每戶的房屋之間，自然會留出相應的小道，於是胡同
就應運而生了。胡同作為居民社區之間的通道，也是家戶屋宇之外的公共
空間，充滿了生活的氣息：居民晨昏出入於此，小販長期貿易於此，賓客
不定時經行於此⋯⋯所以，每一條胡同都是一部完整的日常生活史，見證
了一代代居民在其間的喜怒哀樂。而且，不論改朝換代也罷，居民遷移也
罷，胡同作為旁觀者也是參與者，親歷了數百年的繁華滄桑，從而成為今
日京味文化不可或缺的一部分。

明清時期北京城的街道及其管理

　　經歷明初短暫的沉寂，北京至永樂時期再次成為新朝的都城，再次煥發出勃勃生機，成為此後五個世紀中國的政治中心。經歷明嘉靖朝的增築外城之後，北京城的規模與格局從此確定下來，並未因 1644 年的明清鼎革而出現格局的變化。所以，從本節開始，我們將明清時期劃為一個時間單元進行書寫。

○　京城的街巷胡同佈局

　　對中國古代城市而言，城市幹道的形成帶有普遍性，即由城門對應城內的大街，形成市區的主要幹道。此外，還有一些街道因為處於商業中心或者政治文化中心的位置而被提高了重要性，也被視為「大街」。對明清時期的北京城而言，自明嘉靖朝修築外城並增設城門之後，城市的街道格局便穩定下來。據清人朱一新的記載：（內城）「其街衢之大者，中曰棋盤街。南北曰崇文門街、宣武門街、大市街、王府街、地安門街、安定門街、德勝門街、南小街、北小街、錦什坊街。東西曰江米巷、長安街、丁字街、馬市街、朝陽門街、東直門街、阜成門街、西直門街、鼓樓東大街、鼓樓西斜街」[1]；外城「其街衢之大者，南北曰正陽門街、永定門街、崇

1　朱一新．京師坊巷志稿．北京：北京古籍出版社，1982：51．

文門街、宣武門街、東便門街、西便門街，東西曰南大街、南橫街、打磨廠、西河沿」[1]。

不難看出，朱一新所列舉的北京內外城的「街衢之大者」，包含對應城門的幹道，因而它們直接以城門之名命名；其餘「街衢」則各有街名，它們雖非直達城門，卻因具有樞紐的地位，同樣也被稱作大街。此外，還有一些次要的街道，稱作「街」或者「小街」。以稱「街」者數量最多，稱「小街」者則相對鮮見。例如《京師坊巷志稿》中有「北小街」「朝陽門北小街」「東直門南小街」「小太平街」等，它們構成「街」的最小級次。[2]

儘管大街構成了城市交通網絡的幹線，但卻不如小巷那樣更貼近人們的生活。因為，大街兩旁往往是商業區、官衙聚集之處，如內城「九門八條大街之商店無不櫛比鱗次」[3]。而小巷則穿行於一排排院牆和民居之間。如前所述，從元代開始，北京的小巷開始被稱為胡同。《析津志》中稱，元大都有「三百八十四火巷、二十九衖通」。這告訴我們，元代直接被命名為「衖通」者只有 29 條，而廣義的「胡同」有 413 條。隨著人口的增多與住宅密度的增加以及明代以來北京外城的修築與發展，明清兩朝的胡同也有了相當數量的增長。翁立先生根據明朝張爵的《京師五城坊巷衚衕集》和清朝朱一新的《京師坊巷志稿》統計，認為明代北京城的街巷胡同約為1170 條，其中直接稱為「胡同」的約為 459 條；清代北京的街巷胡同約

1　朱一新・京師坊巷志稿・北京：北京古籍出版社，1982：183・

2　明清時期形成的街制為民國時期所繼承，據民國文獻記載，北平「街衢之大者，內城自南至北，曰崇內大街，宣內大街，大市街，王府井大街，北新華街，府右街，地安門街，安定門街，德勝門街，南小街，北小街，錦什坊街。自東至西，曰東、西交民巷，東、西長安街，丁字街，馬市街，朝陽市街，東直門街，文津街，阜成門街，西直門街，鼓樓西斜街。外城為正陽門大街，永定門街，宣外大街，崇外大街，東便門街，西便門街，和平門街，南新華街，是為南北經路。曰東、西珠市口，曰騾馬市大街，彰儀門大街，三里河大街，廣渠門大街，曰南橫街，曰打磨廠，曰西河沿，是為東西緯路」（湯用彬，等・舊都文物略・北京：書目文獻出版社，1986：81・）。

3　逆旅過客・都市叢談・北京：北京古籍出版社，1995：175・

為 2077 條，其中直接稱為「胡同」的有 978 條。[1] 胡同數量的不斷增多，正是北京發展城市規模的一個重要標誌。

需要說明的是，北京的次級街巷的稱呼雖以稱衚衕為多，但「巷」的稱呼並沒有完全被排斥，如明代有寶府巷、鞍子巷、豆腐巷、芝麻巷、粉子巷、祿米巷、鑄鍋巷、棺材巷、柳巷兒、寶雞巷、扁擔巷、果子巷等。清代仍不乏稱「巷」的街道，如貂皮巷、三義巷、頭甲巷、二甲巷、三甲巷、剪子巷、東江米巷、西江米巷、鮮魚巷、方巾巷等。其中一些巷的名稱一如明代，東西江米巷、豆腐巷等就屬於這一類。[2] 此外還有稱「井」、稱「寺」、稱「營」、稱「夾道」者。

總之，明清時期的北京，其街巷的序次如果按大小級次排列的話，當為大街、街、小街、衚衕、巷等。如果按照數量多寡排列的話，當依次為：衚衕、街、巷、大街、小街等。

〇 京城的街道管理制度

對於街道的管理，明清兩代均設有街道廳，隸工部管轄，「曰街道廳，所以平治道塗者也」[3]。清代除設有「街道廳專司（外城）五城街道」外，康熙年間又議准內城街道「交步軍統領專管」，並令「給事中兼管街道」[4]。而清代的街道廳「雖隸工部，然而卻在都察院欽點御史滿、漢二員」[5]，這表明街道廳的主要職責在於對街道的監督與維護，「監察」仍是政府在街道

1 翁立．北京的胡同（增訂本）．北京：北京燕山出版社，1992：9-11．

2 張爵．京師五城坊巷衚衕集．北京：北京古籍出版社，1982；朱一新．京師坊巷志稿．北京：北京古籍出版社，1982．

3 震鈞．天咫偶聞：卷 4．北京：北京古籍出版社，1982：83．

4 （光緒）清會典事例：第 10 冊，卷 932．北京：中華書局，1991：700-701．

5 汪啟淑．水曹清暇錄：卷 16．北京：北京古籍出版社，1998：253．

管理方面的主要職能。

明清兩朝統治者不斷採取措施加強對街道的管理和修治，並通過立法嚴禁損壞街道。如明中期成化年間，朝廷下令「皇城周圍東、西長安街並京城內外大小街道溝渠，不許官民人等作踐掘坑及侵佔淤塞」[1]。「如街道低窪，橋樑損壞，即督地方火甲人等並力填修。」[2] 弘治十三年（1500 年），明令對破壞京城道路者給予處罰。規定「掘成坑坎，淤塞溝渠，蓋房侵佔，或傍城行車，縱放牲口，損壞城腳，及大明門前御道棋盤街，並護門柵欄，正陽門外御橋南北、本門月城將軍樓、觀音堂、關王廟等處，作踐損壞者俱問罪，枷號一個月發落」。至嘉靖十年（1531 年），又將京城的一條主要街道，大通橋至京倉的運路，令「巡城御史督兵馬司修築」，時間限定在「每年二月內」。[3] 萬曆年間，更是對南北兩京的街道進行過全面的整飭，規定「凡五城兵馬掌京城內外街道溝渠，各奉劄付分坊管理」[4]。此外，為保證街道的乾淨和整齊，明政府制定了禁止違規佔地和排污的規章：「凡侵佔街巷道路，而起蓋房屋，及為園圃者，杖六十，各令復舊；其穿牆而出穢污之物於街巷者，笞四十，出水者勿論。」[5] 這些規定大多為清代所繼承。

在前近代的工程技術條件下，路面的維護殊為不易。進入清代之後，隨著人口的增多和商業的發展，京城內交通道路承受著更大的壓力，清廷對街巷的維護和對道路的修治也極為重視，其結果就是京城主要幹道石路的形成與定期修治。在雍正朝以前，北京內城九門等幹道雖有鋪石，但多已損壞，「行走維艱」，一如土路，只有正陽門外一條御道尚為完整

1 龍文彬．明會要：卷 75．北京：中華書局，1956：1456．

2 申時行，等．明會典：卷 200．北京：中華書局，1988：1001．

3 申時行，等．明會典：卷 200．北京：中華書局，1988：1001．

4 申時行，等．明會典：卷 200．北京：中華書局，1988：1001．

5 申時行，等．明會典：卷 200．北京：中華書局，1988：881．

的石路。雍正二年（1724 年），清廷開始關注內城石路的修葺問題，命工部及步軍統領詳勘九門石路損壞和應修應補之處，準備動用內庫銀兩修治。同時，針對街道的髒亂，下令皇城一帶禁止當街丟棄污穢之物、曬晾皮衣等，並決定對朝陽門和廣安門外的道路進行重點整修。在財力、人力、物力諸多條件的限定下，清廷首先選擇修葺朝陽門和廣安門外的道路，是基於其重要的地理位置。廣安門是北京外城的正西之門，是西南各省士民工商進出京城的一條要道。而位於京城東邊的朝陽門，「為國東門孔道」，是眾多官員、商人出入的交通幹道，也是運河所載漕糧進入京城的必經之路。至雍正七年（1729 年），這兩條道路的修葺已經告竣。

乾隆帝即位以後，仍然十分重視修葺京城的街道。乾隆三年（1738年）乾隆帝下令將京師朝陽、廣安二門的鋪石之路交地方官三年查勘一次，如有圮塌報部修理。時有參領王廷臣奏曰：京城「南之崇文、宣武，北之安定、德勝，東之東直，西之阜成等門，尚未修有石路，每遇陰雨泥濘，行走維艱，請增修石路，以惠行旅。再外城廣渠門至廣寧門，東西十餘里，係商貨叢集之要路，亦應增修聯絡」[1]。這項建議很快得到乾隆帝的允准，令常明辦理京師街道。由此，北京城門附近的主要幹道大都改成石砌。乾隆十七年（1752 年），乾隆帝又下令對幹道中尚未鋪石的路面平治修墊。「議准廣寧朝陽左安右安永定等五門土道，遇有應行修墊者，由巡城御史勘報都察院堂官，敷明咨部興修。」[2]

乾隆二十二年（1757 年），雍正年間重點修治的朝陽門和廣安門外的石路再度損壞，由於這兩條路是東西方向進京的交通要道，所以乾隆帝下令大修。在修治的過程中，乾隆帝十分關注工程質量，他反復強調要「毋

---

1 清高宗實錄 // 清實錄：第 10 冊，北京：中華書局，1987：166。

2 （光緒）清會典事例：第 10 冊，卷 932，北京：中華書局，1991：704。

節帑，毋狹材。帑節是重靡帑也，材狹是重廢材也」。修成後，朝陽門石路長「六千六百四十四丈有奇，支戶部金二十八萬四千九百有奇」。廣安門石路「因舊址修築者一千九百八十四丈有奇，又新道增築者四百七十七丈有奇，凡支帑金十三萬八千一百有奇」[1]。至乾隆二十七年（1762 年），清廷又頒諭旨令再修德勝門至清河道路。並說「近來朝陽、廣寧等門繕修石道，官民均為便利」[2]。

由統治者對交通道路的關注，可以感受到時人在城市交通建設與環境改造上已產生觀念的變化。而經過清雍乾兩朝對京城主要幹道的修築，京城形成了對應內外城門俱為石路的交通網絡系統。為了加強對石路的保護，乾隆三十四年（1769 年）清廷規定，京城各門內外石道保固三年後，每屆三年，工部派員查勘一次，若有坍塌之處，即行奏明修補。[3]

清朝統治者如此重視京城街道的整修，從其多次所發上諭來看，目的在於「以肅觀瞻」，「以便行人」。但從根本上說，這還是儒家政治思想作用的結果，在清朝統治者看來，「平治道路，王道所先，是以周禮有野盧合方之職。自四畿達之天下，掌其修治，俾車馬所至，咸蕩平坦易」[4]。客觀上，清廷的措施收到了一定的成效，那就是鋪石道路的增加，而石路本身也在一定程度上緩解了土質道路所帶來的環境污染問題。然而，由於各方面條件及技術的限制，街道的完全改觀已是清代晚期的事情。

---

1 清高宗御製文初集 // 故宮珍本叢刊：第 569 冊 · 海口：三環出版社，2000：185-186 ·

2 清高宗實錄 // 清實錄：第 10 冊 · 北京：中華書局，1987：510 ·

3 （光緒）清會典事例：第 10 冊，卷 932 · 北京：中華書局，1991：704 ·

4 （光緒）清會典事例：第 10 冊，卷 932 · 北京：中華書局，1991：702.

明清時期北京城的坊巷與社區 [1]

在前近代中國的城市中，坊是劃分地域空間與居住空間的最主要單元。通過坊制來劃分城市社區，屬於一種行政上的管理措施，其中體現了統治者的意志，帶有統治者的行政理念與管理思想，有權力的運行過程，屬於政府行為。同時，城市居民在選擇社區的同時，自然會遵從「物以類聚、人以群分」的觀念，從而也會給一些社區帶來某些特定的經濟與文化內涵，從而界定坊的社會意義。

○ 明清時期北京城的坊制

自明代以來，北京便有五城與坊的劃分，有文獻記載曰：「京師雖設順天府、大興、宛平兩縣，而地方分屬五城，每城有坊。」[2] 又有曰：「按明制，城之下復分坊、舖，坊有專名……舖則以數計之，如南薰坊十舖之類」[3]。城區的劃分是管理的需要，而五城之分則是人們從儒家方位觀念出發劃分城市的習慣方式，所謂「唐麟德殿有三面，故稱三殿，亦曰三院。今京都五城，兼中、東、西、南、北而言，蓋即此義」[4]。也就是說，五城即

1　劉鳳雲．北京與江戶：17-18 世紀的城市空間．北京：中國人民大學出版社，2012：62-71．

2　吳長元．宸垣識略：卷 1．北京：北京古籍出版社，1981：20．

3　余棨昌．故都變遷記略：卷 1．北京：北京燕山出版社，2000：6．

4　陸以湉．冷廬雜識：卷 6．北京：中華書局，1984：310．

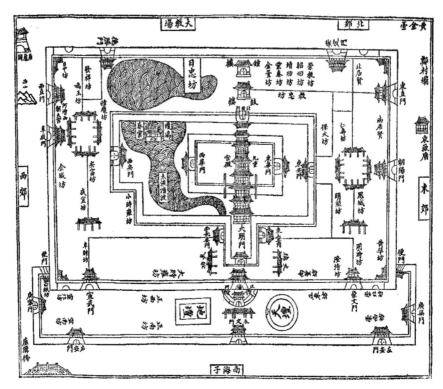

圖 2-3　古人所繪明晚期北京城坊巷格局圖
圖片來源：（明）張爵的《京師五城坊巷胡同集》。

為五方之意，含東、西、南、北、中五個方位。五城之下設坊，明代共計
三十六坊：

　　中城曰南薰坊、澄清坊、仁壽坊、明照坊、保泰坊、大時雍坊、小時雍
坊、安福坊、積慶坊。東城曰明時坊、黃華坊、思誠坊、居賢坊、朝陽坊。
南城曰正東坊、正西坊、正南坊、崇南坊、崇北坊、宣南坊、宣北坊。西城
曰阜財坊、鳴玉坊、朝天坊、河漕西坊、關外坊。北城曰：崇教坊、昭回
坊、靖忠坊、靈椿坊、發祥坊、金台坊、教忠坊、日中坊、關外坊。[1]

---

1 張爵．京師五城坊巷衚衕集．北京：北京古籍出版社，1982：5-19．清乾隆時人吳長元的《宸垣識略》
　中所記坊名與之略有差異，如保大坊作保泰坊、北居賢坊作朝陽坊、日中坊由西城列到北城之中、西
　城無咸宜坊而有關外坊，南城無白紙坊，北城將昭回、靖恭兩坊合一等。

連附縣宛平亦設坊。

而且，北京的坊舖分佈也根據商業民居多少而不同，所謂「每坊舖舍多寡，視廛居有差」[1]。如內城西城之阜財坊，在「宣武門裏，順城牆往西，過象房橋，安仁草場，至都城西南角」，其下「四牌二十舖」。南城正東坊，自「正陽門外東河沿，至崇文門外西河沿」，轄「八牌四十舖」[2]。從這一點可以看出明代的北京城「城內地方以坊為綱」的行政區劃特徵。

從表面看，「清承明制」也適用於清人在京城佈局及管理上對明制的接納。確切地說，清朝也像明朝一樣，在京城設立司坊，即坊上有「司」，所謂「司」即五城之「司」，也稱「司坊司」，「司」下設坊。但是，清代的坊無論在數量上還是作用上都發生了很大的變化。而這種變化首先是從清人對五城劃分的改變開始的。換言之，清朝仍以五城規劃城區，只是分法與明朝不同。根據明人張爵的《京師五城坊巷衚衕集》記載，明代的中城在正陽門裏，皇城兩邊；東城在崇文門裏，街東往北，至城牆並東關外；西城在宣武門裏，街西往北，至城牆並西關外；北城在北安門至安定、德勝門並北關外；而南城在正陽、崇文、宣武門外，即外城。也就是說，明代的北京城，中、東、西、北四城統統在內城，只有南城在外城。

那麼，清人又是如何劃分的呢？對此似有兩種說法，一種說法是內外城通分五城，另一種說法是內城、外城各有五城之分。主張內外城通分五城之說的主要根據是康熙年間朱彝尊所編的《日下舊聞》，所謂「舊聞考據本朝定制，合內外城通分五城」[3]。對此，乾隆朝大學士于敏中在他主持纂修的《日下舊聞考》中作了解釋，他說：「朱彝尊原書因仍舊制，合內外城分中、東、西、南、北為五城，故前三門外俱謂之南城。今制，內城自

1　沈榜·宛署雜記：卷 5·北京，北京古籍出版社，1980：34·

2　張爵·京師五城坊巷衚衕集·北京：北京古籍出版社，1982：11，14·

3　吳長元·宸垣識略：卷 5·北京：北京古籍出版社，1981：78·

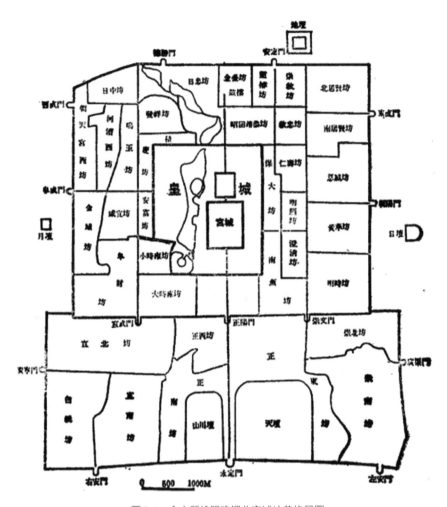

圖 2-4　今人所繪明晚期北京城坊巷格局圖

圖片來源：明北京城復原圖 // 徐蘋芳，中國社會科學院考古研究所．明清北京城圖．北京：地圖出版社，1986．

為五城，而外城亦各為五城。正陽門街居中則為中城，街東則為南城、東城，街西則為北城、西城。」[1]並指出了清代在劃分上與明代的不同，如書中列舉了，明代，「自宣武街西起至西北城角，俱為西城。本朝定制，自泡子街南則隸南城」。「又發祥坊，護國寺街起，至德勝門街西城牆止，原書（朱彝尊《日下舊聞》）隸北城，今隸西城」[2]。

1　于敏中，等．日下舊聞考：卷55．北京：北京古籍出版社，1985：886．

2　于敏中，等．日下舊聞考：卷55．北京：北京古籍出版社，1985：788．

　　但由於五城的劃界，「或憑以牆垣屋址，或憑以胡同曲折」，很是複雜。在雍正五年（1727 年），就有令御史「建立界牌」之旨。乾隆二年（1737 年）又有「劃清界址」之令。至乾隆三十八年（1773 年），終於釐定各城各坊界址。[1]光緒時人朱一新的《京師坊巷志稿》似比較簡明又比較全面地輯錄了明清兩代北京坊巷胡同的名稱變化、掌故傳說。在是書中，朱一新由坊的隸屬關係對五城的分界做了說明：

　　中西坊，隸中城。凡皇城自地安門以東；內城自東長安街以北，王府街以西，兵馬司衙衛地安橋以南；外城自正陽門大街，西至西河沿關廟帝、煤市橋、觀音寺前石頭衚衕，南至西珠市口大街，又南至永定門西，皆屬焉。

　　中東坊，隸中城。凡皇城自地安門以西；內城自西長安街以北，西大市街以東，護國寺街地安橋以南；外城自正陽門大街，東至打磨廠、蕭公堂、草廠二條衚衕、蘆草園，南至三里河大街，皆屬焉。

　　朝陽坊，隸東城。凡內城自東大市街以東，東直門以南皆屬焉。外廂則東便門、朝陽門、東直門外，其分地也。

　　崇南坊，隸東城。凡內城自崇文門街、王府街以東，交道口、北新橋以南；外城自崇文門外三轉橋以東，左安門以北，皆屬焉。

　　東南坊，隸南城。所屬皆外廂，南則永定門、左安門、右安門外，東則廣渠門外，西則廣寧門外，其分地也。

　　正東坊，隸南城。凡內城東自崇文門街，西至太平湖城根，北至長安街；外城自崇文門大街，西至打磨廠，蕭公堂，北至三里河大街西，南至永定門東、左安門西，皆屬焉。

　　關外坊，隸西城。凡內城自西大市街以西，阜成門街、護國寺街以

1　（光緒）清會典事例：第 10 冊，卷 1032．北京：中華書局，1991：361-362．

北，德勝門街以東，皆屬焉。外廂則阜成門、西直門、西便門外，其分地也。

宣南坊，隸西城。凡內城自瞻雲坊大街以西，報子街以北，阜成門街以南；外城自宣武門外大街迤南至半截衚衕以西，皆屬焉。

靈中坊，隸北城。凡內城自德勝門街以東，地安橋、兵馬司衚衕、交道口、東直門街以北，皆屬焉。外廂則安定門、德勝門外，其分地也。

日南坊，隸北城。所屬皆外城。自煤市橋觀音寺前石頭衚衕、板章衚衕以西，宣武門外大街、半截衚衕以東，皆屬焉。[1]

這條資料清楚地說明了清代內城與外城各有五城之分，內外城的中城、南城、北城均互不搭界，唯內外城的東西城有連接。而且，坊的變化尤其顯著。

其一，清代的坊，合內外城共計十個，相比明代的三十六坊減少了二十六坊。即作為行政區劃的坊，在數量上已明顯地減少。十個坊，分隸五城。其中，跨內外城的坊有五個，為中西坊、中東坊、崇南坊、正東坊、宣南坊；屬於內城及關廂而與外城沒有關聯的坊有三個，為朝陽坊、關外坊、靈中坊；外廂有東南坊；日南坊則完全屬於外城。十個坊中有八個坊的界區在內城，有六個坊界在外城。但是，儘管清朝將坊的數量進行了縮減，明代的許多坊名仍然被當作一個地區的記憶符號被保存下來，如乾隆年間官修的《日下舊聞考》中仍按明代的坊名列舉各個轄區，按明代坊的劃分排列城區街巷，兼議及掌故。

其二，坊在內城逐漸向坊表、牌樓、街巷的方向發展。如東江米巷西有坊曰「敷文」，西江米巷東有坊曰「振武」。東大市街和西大市街各有坊

---

1 有關清代五城與各坊的劃界，于敏中在《日下舊聞考》中有記載，但過於籠統，而光緒朝《欽定大清會典事例》的記載又過於詳細，故本書以朱一新的《京師坊巷志稿》為依據進行說明。（朱一新．京師坊巷志稿：卷上，北京：北京古籍出版社，1982：25-26．）

四：東曰「履仁」，西曰「行義」，南北曰「大市街」。其南，東大市街接「就日坊大街」，西大市街接「瞻雲坊大街」。而東西長安街皆各有坊曰「長安街」。此外阜成門內有「錦什坊街」；內城府學胡同有坊曰「育賢」。[1] 正如晚清人余棨昌所說：「內城各大街多建坊，如東、西交民巷口各有一坊，東、西長安街各有一坊，東、西四牌樓各有四坊之類。」[2] 但這些坊已非行政社區意義的坊了。可見，清代在削弱了坊的行政社區功能的同時，也賦予了坊以新的內涵，特別是牌樓、牌坊，它已成為了京城的一道風景線。遺憾的是，清代所建的這些牌坊年久失修而致柱基腐朽。東西單兩牌坊就是這樣被拆除了，直到民國年間方得重建。

其三，坊雖然是劃分城市社區的一級單位，但實際上，坊的存在只能說是一種形式上的繼承，是對前朝「遺物」的保留而沒有實際的作用。生活在光緒末年的余棨昌就其親身經歷的變化談道：「清制於城下有司、坊。司設兵馬指揮、副指揮各一員，坊設吏目，俗曰坊官（惟坊名久廢）。」[3] 可見，清朝對於傳統社區的「坊」不僅僅是將其數量大大減少，一句「坊名久廢」清楚地說明，自有清以來，坊已呈明顯的衰落趨勢，其行政社區的功能可有可無，其作用完全不比從前。

〇 清代北京內城的「旗分」社區及其變動

那麼，坊的衰落、「坊名久廢」，其原因又在哪裏呢？取代坊的行政區劃的又是什麼呢？從理論上講，任何制度，在傳承過程中總會因政治的需要、人們思想觀念的更新或現實環境的變遷而發生變化。清代對城市社

1　朱一新・京師坊巷志稿・北京：北京古籍出版社，1982：51，56，94，125・

2　余棨昌・故都變遷記略：卷4・北京：北京燕山出版社，2000：45・

3　余棨昌・故都變遷記略：卷1・北京：北京燕山出版社，2000：16・

區的調整也不例外，而且，其改變的原因完全是政治的因素，即取決於在滿族社會中關涉到政治、經濟、軍事等各個方面的「旗分制」。

按照「只人寸土必八家分之」的「旗分制」原則，清人在入主中原之後，隨即於京城實施了大範圍的「圈地」，將明代的中東西北四城作為內城，安置由東北內遷的旗人，而這一舉措的重大代價是，將原來居住在內城的漢人，不論何種身份地位，一律遷往外城（明代稱作南城）。順治元年（1644 年）詔：

京都兵民，分城居住，原取兩便，萬不得已，其中東西三城官民，已經遷徙者，所有田地租賦，准蠲免三年；南北二城雖未遷徙，而房屋被人分居者，田地租賦，准免一年。

順治五年（1648 年）又詔曰：

北城及中東西三城，居住官民商賈，遷移南城，雖原房聽其折價，按房給銀，然捨其故居，別尋棲止，情殊可念，有土地者，准免賦稅一半；無土地者，准免丁銀一半。[1]

可見，清朝統治者以法令的形式，將原居住在北京內城的居民，不分官民，一律強行遷至外城。同年八月，又以減少滿漢衝突為由，重申前令，勒令尚未遷出內城的民眾限時遷出。其諭令為：

京城漢官、漢民，原與滿洲共處。近聞劫殺搶奪，滿、漢人等，彼此推諉，竟無已時。似此光景，何日清寧。此實參居雜處之所致也。朕反復思維，遷移雖勞一時，然滿漢皆安，不相擾害，實為永便。除八固山投充漢人不動外，凡漢官及商民人等，盡徙城南居住。其原房或拆去另蓋，或買賣取償，各從其便。……其六部都察院、翰林院、順天府，及各大小衙門書辦、吏役人等，若係看守倉庫，原住衙門內者勿動，另住者盡行搬

1　朱一新・京師坊巷志稿・北京：北京古籍出版社，1982：26・

移。寺院廟宇中居住僧道勿動，寺廟外居住的，盡行搬移。若俗人焚香往來，日間不禁，不許留宿過夜。如有違犯，其該寺廟僧道，量事輕重問罪，著禮部仔細稽查。

內城民眾「限以來年終搬盡」[1]，居住寺院之外的僧道也要限時搬移。這種以強權手段實行的帶有強烈民族壓制與歧視色彩的遷徙，前後經歷了大約五至六年。

經過數次大規模的清理，原來居住內城的漢族官員、商人、百姓除投充旗下者之外，全部被遷至外城，北京內城的田地房屋，「賜給東來諸王、勳臣、兵丁人等」[2]。內城由此成了滿族人的聚居地。有記載曰：「內城即正陽門內四隅也，多滿洲貴家。」[3] 以故內城也號稱「滿城」「韃靼城」。漢人中除了僧人外，只有少數高級官僚蒙皇帝恩旨賜宅，方得以居住於內城。如康熙年間奉命入職南書房的張英、高士奇等人皆得內城賜第，所謂「張文端以諭德，高江村以侍講，朱竹垞以檢討，賜第西華門。江村先以詹事主簿賜第，後蔣青桐、查聲山皆賜第西華門內」[4]。而外城由於居住的全部是漢人，所以被稱作「漢人城」，又稱「中國城」，從而形成了京城旗民分城而居的格局，人稱「滿漢分城」。

滿漢分城的直接後果就是在內城與外城形成了不同的社區管理方式。按照清人余棨昌的說法，就是「外城屬司、坊，內城屬旗」。「旗下設佐

1　鄂爾泰，等．八旗通志初集：卷 23．長春：東北師範大學出版社，1985：434-435．

2　鄂爾泰，等．八旗通志初集：卷 18．長春：東北師範大學出版社，1985：309．

3　張際亮．金台殘淚記：卷 3// 清人說薈（二編）．上海：上海文藝出版社，1990．

4　阮葵生．茶餘客話：卷 8．上海：上海古籍出版社，2012：170．康熙二十二年（1683 年），日講起居注官朱彝尊「入直南書房」，賜居景山北黃瓦門東南；雍正年間，大學士蔣廷錫，賜第李廣橋；另一大學士、軍機大臣張廷玉，賜第護國寺西，後來，此宅又相繼賜給文淵閣大學士史貽直和《四庫全書》總裁之一、戶部尚書王際華。乾隆年間，軍機大臣劉綸，賜第阜成門二條胡同；軍機大臣汪由敦，賜第東四、十三條胡同（後名汪家胡同）。軍機大臣劉統勳，賜第東四牌樓。尚書、《四庫全書》總裁之一的裘日修，賜第石虎胡同。尚書董邦達，賜第新街口。軍機大臣梁國治，賜第拜鬥殿。文華殿大學士、軍機大臣于敏中賜第興化寺街。

領，以數計之，如某處至某處為某旗第幾佐領所轄。」[1] 也就是說，清人在北京內城實施了「旗分制」結構的社區劃分，並實行旗、佐領兩級管理，坊這一管理形式只作用於外城。

按照「旗分制」，清人在內城以八旗駐防式的管理方式取代了坊的行政區劃功能，而「旗分制」作用於城市社區，則又體現為對旗人居住的安置是以八旗方位為原則的。據記載，「八旗所居：鑲黃，安定門內；正黃，德勝門內；正白，東直門內；鑲白，朝陽門內；正紅，西直門內；鑲紅，阜成門內；正藍，崇文門內；鑲藍，宣武門內。星羅棋峙，不雜廁也」[2]。每旗下，滿洲、蒙古和漢軍，亦各有界址，按照佐領依次從內向外排列。如鑲黃旗滿洲界，西自舊鼓樓大街、東至新橋，北自安定門城根、南至紅廟。蒙古住區：西自新橋東、東至東直門北小街口，北自北城根、南至汪家胡同西口。漢軍住區：西自新橋東、東至東直門城根，北自角樓、南至南部街北口。[3] 這種排列方法，使滿洲緊臨皇城四周，其次為蒙古、漢軍，而皇帝所居的紫禁城則被層層圍在皇城的中央。從而使內城的居住結構形成了以與皇帝所居紫禁城距離遠近為標準的地域空間的等級序列。

此外，內城居住的等級還表現在房屋土地的多寡上。其時，進入京城的八旗王公貴族乃至各級官員除了佔據明朝勳臣貴戚的府邸外，也在內城興建府第。王府與宅第的建築規格按親王、郡王、貝勒、貝子、鎮國公、輔國公等爵位的等級各有不同。旗下官員兵丁居住的旗房也按品級分配。據《大清會典事例》記載：「順治五年題准，一品官給屋二十間，二品官十五間，三品官十二間，四品官十間，五品官七間，六七品官四間，

1 余棨昌·故都變遷記略：卷 1·北京：北京燕山出版社，2000：6·
2 趙爾巽，等·清史稿：卷 54·北京：中華書局，1977：1894-1895·
3 周家楣，繆荃孫，等·光緒順天府志：卷 8·北京：北京古籍出版社，1987：236-238·

八九品官三間，撥什庫、擺牙喇、披甲給房二間。」[1]順治中後期，因京城旗房需求量增加，房屋短缺，順治十六年（1659 年），議准減少原已擬定的官兵住房配額，官員住房按品級遞減，級別最低的披甲人仍然保持每人二間。

清人如此規劃城市，其目的十分明確，雍正朝大學士鄂爾泰等編撰的《八旗通志初集》有曰：「都城之內，八旗居址，列於八方。自王公以下至官員兵丁，給以第宅房舍，並按八旗翼衛宸居。其官司、學舍、倉庾、軍壘，亦按旗分，羅列環拱。」[2]也即以八旗「群居京師，以示居重馭輕之勢」[3]。當然，除了拱衛皇室之外，作為少數民族建立的政權，清人為了維護滿族作為統治民族的利益，其政治中的旗民分治的原則也必然會影響到城市的空間。這就是，凡有八旗駐防的城市，清代一律實行滿人城與漢人城並置的制度，滿人城多是自成體系的城中之城或附城，而這種滿漢分城而居的社區劃分自然是以北京最為典型。

但是必須看到，當清人以「旗分制」取代了內城的「坊」的同時，也將北京的內城變成了一座「兵營」，而進入了京城的八旗兵，過的卻是城市的生活。城市生活的消費需求、娛樂需求，城市生活的流動性、奢侈性，以及相對的自由與多變，都與「旗分制」存在著過多的矛盾。而且，這些矛盾幾乎是在清人實行「旗分制」的城區規劃伊始就暴露了出來，並在不斷改變著由「旗分制」所劃定的內城社區。

最明顯的是，王公貴族的府第無法履行「旗分制」與八旗方位的原則。在清人的筆記中，《宸垣識略》、《嘯亭雜錄》、《京師坊巷志稿》等，都對京城王公府第作了詳盡的考察。由其文中可知，有清一代，京城共有

1 （光緒）清會典事例：第 10 冊，卷 869，北京：中華書局，1991：82．

2 鄂爾泰，等．八旗通志初集：卷 23，長春：東北師範大學出版社，1985：429．

3 梁詩正．八旗屯種疏 // 賀長齡，魏源．清經世文編：卷 35，北京：中華書局，1992：867．

王府 40 有餘，《嘯亭雜錄》一書記載了 42 所，晚清人陳宗蕃編著的《燕都叢考》中列舉了大約 46 所。[1] 筆者比照上述王府，從雍正朝所編《八旗通志初集》中查到有旗屬的 25 個王府，其中，可知按照旗分、八旗方位興建的諸王府不過是六七所，如饒餘親王阿巴泰府在王府大街，其府在正藍旗界內，阿巴泰亦隸屬正藍旗。又如，「武英親王府在東華門，今為光祿寺衙門。……豫親王府在三條胡同」[2]。武英親王阿濟格與豫親王多鐸初隸兩白旗，入關後改隸正藍旗，二人府第俱在正藍旗界內；恆親王允祺府在東斜街，隸鑲白旗，府址亦在鑲白旗。但是，多數王府不在其旗分界內，包括入關之初的王府。如肅親王豪格府在「御河橋東」，「江米巷者曰中御河橋」，當在正藍旗界內，而肅親王豪格雖領過正藍旗的幾個佐領，但其旗屬在鑲白旗。禮親王代善府在醬房胡同口、普恩寺東，府址在鑲紅旗界內，而代善則隸屬正紅旗。巽親王滿達海，為代善第七子，府第在缸瓦市，旗屬亦在正紅旗，而王府在鑲紅旗。睿親王多爾袞隸正白旗，其府第最初在皇城內明南宮，但新府在石大人胡同，已在鑲白旗界內。

可見，多數王府並非依照旗分方位興建，不僅王府如此，貝勒、貝子、公以及其他非宗室封爵者，在進入城市後，似也沒能考慮其府第的坐落與八旗方位的關係問題。如貝勒杜度（努爾哈赤孫）府在宣武門內絨線胡同，屬鑲藍旗界內，旗籍卻隸鑲紅旗；鎮國公屯齊（鄭親王濟爾哈朗兄）隸鑲藍旗，其府在甘石橋，屬鑲紅旗界內；正藍旗鎮國公巴布泰（努爾哈赤子），其府在西安門大街，地屬鑲藍旗。還有，乾隆朝大學士、一等誠謀英勇公阿桂府在燈草胡同，一等誠嘉毅勇公、定邊右副將軍明瑞第在勾欄胡同，二人之府第俱在鑲白旗界內，但阿桂先隸正藍旗，後因平回部、

1　趙志忠 · 北京的王府與文化 · 北京：北京燕山出版社，1998 ·

2　昭槤 · 嘯亭續錄：卷 4 // 嘯亭雜錄 · 北京：中華書局，1980：510 ·

治伊犁有勞改隸正白旗，明瑞旗籍則在鑲黃旗。[1]

當然，也可以找到按照旗分方位選擇建府的例子。如惠獻貝子傅拉塔（舒爾哈齊孫）府在背陰胡同，地屬鑲紅旗，其旗籍亦在鑲紅旗；一等恭誠侯明安隸滿洲正黃旗，府第在地安門大街，地處正黃旗與正紅旗交界處。但這畢竟是少數，不能代表主流。所以可以說，清代以旗分制劃分北京社區，從最初就沒有在王公貴族等社會上層中得到貫徹實施。

旗人的城市化破壞了旗分制內城旗人不斷流入外城，打破了滿人城與漢人城的居住界限，也破壞了旗分制的原則。其時，居住內城的旗人，包括滿洲人、蒙古人、漢軍以及投充旗下的漢人，稱京旗。外城居民主要是漢人，稱民人。分配給旗人的房屋、土地，統稱旗產。其中，土地稱官地，或旗地；房屋稱官房，或旗房。由於旗產和俸餉是八旗官兵的基本生活保障，因此，清朝統治者對旗產一向十分重視，頒行所謂「例禁」對旗產實行強制管理。而在諸多「例禁」中，尤以禁止京城旗人居住外城（後通融為禁止宗室居住外城）最為嚴厲，順治十八年（1661年），強調禁令頒佈之後，在外城買房屋土地者，「盡行入官」，「買者賣者，一並治罪」[2]。《大清會典》中還明確規定，「凡旗地，禁其私典私賣者，犯令則入官」[3]。也就是說，旗人居住內城是受法律保護並為之所約束的。

清朝對旗人居住的安排，以及為之頒發的各種禁令，固然是為了保證旗人的衣食無憂，但進入京城的旗人很快被「城市化」了，商品經濟也以最快的速度蠶食著八旗的「供給」制度，至康熙初年，旗人內部的兩大矛盾 —— 貧富分化與人口壓力已經出現。所謂「曩日滿洲初進京時，人人俱給有田房，各遂生計。今子孫繁衍，無田房者甚多，且自順治年間以

1　請參考吳長元所著《宸垣識略》中的內城及所繪之圖。

2　鄂爾泰，等，八旗通志初集，卷18，長春：東北師範大學出版社，1985：315。

3　清會典：卷20，北京：中華書局，1991：168。

來，出征行間致有稱貸，不能償還，遂致窮迫」。今「滿洲兵丁，家貧者甚多」[1]，貧困旗人住房問題嚴重起來。

與此同時，內城旗人典當買賣旗房、旗地的逐年增加，而且，向外城遷居者也越來越多，所有的禁令已形同虛文。康熙二十二年（1683 年）八月，議政王貝勒大臣等會議，似有承認八旗貧困人員可到城外居住的事實，但康熙皇帝表示反對。他說：「今覽所議無房產貧丁，令於城外空地造房居住等語。夫以單身貧丁，離本旗佐領地方遠居城外，既難應差，又或有不肖之徒肆意為非，亦難稽察。八旗官員房屋田地雖皆係從前分佔，亦有額外置買者，可令有房四五十間之人，量撥一間，與無房屋人居住。」[2]這種有房人分房給無房人居住的辦法，仍然體現了八旗旗分制的「供給」「均分」等原則。毫無疑問，它無法適應城市貨幣經濟與存在巨大消費需求的社會生活，而為了解決旗人問題，康熙多次諭令大學士等「議滿洲生計」，但卻始終拿不出解決問題的辦法，這使得康熙不得不作出了讓步。康熙三十一年（1692 年）十二月，康熙同意在外城建造八旗官兵房屋[3]，並令各旗調查無房兵丁的人數。康熙三十四年（1695 年）五月，康熙帝再諭大學士等曰：

覽八旗都統所察，無房舍者七千有餘人，未為甚多。京師內城之地，大臣庶官富家每造房舍，輒兼數十貧人之產，是以地漸狹隘，若復斂取房舍以給無者，譬如剜肉補瘡，其何益之有。貧乏兵丁傭屋以居，節省所食錢糧以償房租，度日必致艱難。今可於城之外按各旗方位每旗各造屋二千間，無屋兵丁每名給以二間，於生計良有所益。此屋令毋得擅鬻，兵丁亡退者則收入官。大略計之約費三十餘萬金，譬之國家建一大宮室耳。敕下

1 清聖祖實錄：卷 149// 清實錄：第 5 冊．北京：中華書局，1987：644．
2 中國第一歷史檔案館．康熙起居注．北京：中華書局，1984：1042．
3 清聖祖實錄：卷 157// 清實錄：第 5 冊．北京：中華書局，1987：733-734．

欽天監相視，汝等及八旗都統身往驗看，宜建造之處奏聞。[1]

　　這表明內城旗人不但可以遷往外城，而且由政府出資蓋房。而需要指出的是，清朝的這道禁令一開，旗人徙外城者便不僅僅是個別的八旗兵丁了。

　　至乾隆初年，旗人人口的壓力加劇，生計問題凸顯。正如御史赫泰所言：「八旗至京之始以及今日百有餘年，祖孫相繼或六七輩……順治初年到京之一人，此時幾成一族。以彼時所給之房地，養現今之人口，是一分之產而養數倍之人矣。」[2] 所以，隨著旗人生計問題迫在眉睫，清廷決計遷移京旗到邊地屯墾政策的實施，內城旗人徙居外城居住也在情理之中了。顯然，正是旗人生計問題對內城居住格局的變化起了一種推動的作用。由於清廷不再明令禁止，旗人遷居外城者越來越多，至道光年間，竟發展到「宗室人等，居住城外，戶口較多」的程度。清廷迫於現實，以無法「概令移居城內」為由，責令宗室同外城漢人「一體編查保甲」[3]，承認了宗室居住外城的合法性。直到同治三年（1864 年），有人「詭托（宗室）姓名滋生事端」，才下令「由宗人府飭傳各旗族學長佐領等，勒令即時（將宗室）遷回內城」。同治十三年（1874 年），清廷再次重申禁令：「宗室住居外城，匪徒畏官役查拿，多串結宗室以為護符，著宗人府嚴飭宗室，遵照向例在內城居住，除在京城外塋地居住者，仍從其舊外，不得寄居前三門外南城地面。」[4]

　　旗人由內城遷居外城，從表面看，它是人口增加、貧富分化所導致的結果，實質上，它是八旗制度在旗人城市化過程中的產物，是商品經濟與供給制矛盾作用的結果。在客觀上，它打破了旗民分治的制度，體現了

1　清聖祖實錄：卷 167// 清實錄：第 5 冊．北京：中華書局，1987：813．

2　赫泰．復原產籌新墾疏 // 賀長齡，魏源．清經世文編：卷 35．北京，中華書局，1992：868．

3　（光緒）清會典事例：第 11 冊，卷 1033．北京：中華書局，1991：373．

4　（光緒）清會典事例：第 11 冊，卷 1031．北京：中華書局，1991：355．

歷史發展過程中民族融合的趨勢。正如道光年間大學士英和所言，「國家
百八十餘年，旗民久已聯為一體」[1]。

　　隨後，外城的商業區與娛樂場所重新出現在內城。如前所述，順治初
年，清政府在將內城全部圈佔的同時，也將商業、娛樂等各種服務行業一
並遷出了內城。但是，同無法禁止旗人流入外城一樣，清人也無法將內城
的商業與娛樂業全部禁絕。在順治年間，清朝便恢復了大清門兩側棋盤街
的朝前市，「許貿易如故」[2]。吳長元《宸垣識略》云：棋盤街「四圍列肆長
廊，百貨雲集，又名千步廊」[3]。但棋盤街僅限於內城一隅，又地近外城，自
然無法滿足整個內城的消費需求。於是，內城的商業在一度蕭條之後便以
另一種形式發展起來。

　　首先是廟市。由於清人在驅逐內城漢人之時，唯獨保留了廟宇寺觀，
於是，定期的廟市成為內城商業的重心。據清人汪啟淑記載：其時京城以
廟市可劃分出三大商業空間，即「西城則集於護國寺，七、八之期，東城
則集於隆福寺，九、十之期；惟逢三則集於外城之土地廟斜街」[4]。三大廟市
有兩個位於內城，且十天中竟有七、八、九、十，四天開市，足以說明廟
市這種「期集」貿易在內城的重要程度。而廟市的貿易狀況，在清人的筆
記中也多有記載。如乾隆時期的文人戴璐曰：「廟市惟東城隆福、西城護
國二寺，百貨具陳，目迷五色，王公亦復步行評玩。」[5]同一時期，居於北
京的朝鮮使者朴趾源亦就隆福寺廟市日的情景描述說：「是日值市，車馬
尤為闐咽，寺中咫尺相失」，「卿大夫連車騎至寺中，手自揀擇市買」[6]。可

1　英和·會籌旗人疏通勸懲四條疏 // 賀長齡，魏源，編·清經世文編：卷 35·北京：中華書局，1992：
　　80·
2　朱一新·京師坊巷志稿·北京：北京古籍出版社，1982：52·
3　吳長元·宸垣識略：卷 5·北京：北京古籍出版社，1981：80·
4　汪啟淑·水曹清暇錄：卷 9·北京：北京古籍出版社，1998：138·
5　戴璐·藤陰雜記：卷 4·上海：上海古籍出版社，1985：53·
6　朴趾源·熱河日記：卷 5·上海：上海書店出版社，1997：346·

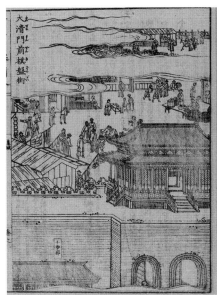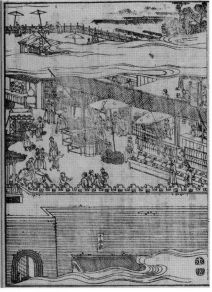

圖 2-5　大清門前棋盤街（清中期）

圖片來源：岡田玉山等編繪的《唐土名勝圖會》卷二，日本文化二年（1805 年）刊。

見，在內城，廟市在相當程度上取代了店舖。

　　但是，廟市作為期集，對於城居者而言仍然有很大的局限性，於是，走街串巷的負販者成了往來於內城的常客。由於內城有定時啟閉之制，負販的小商販們往往來不及在規定的時間內離開內城，於是，寺廟作為內城少有的公共空間，又有「私廟房間仍准照舊出租」[1] 之例，而且還是小商販於廟市日經常光顧的地方，自然成為他們臨時的寄宿場所。久而久之，小商販們又在內城重新開起了店舖，以經營糧、酒等行業為多。而且新開店舖不斷增加。據記載，嘉慶年間，竟有「山東民人在八旗各衙門左近，托開店舖，潛身放債，名曰典錢糧」[2]，做起了旗人的買賣。

1　（光緒）清會典事例：12 冊，卷 1161．北京：中華書局，1991：563．

2　（光緒）清會典事例：12 冊，卷 1161．北京：中華書局，1991：567-568．

圖 2-6　清末大清門前的街市

圖片來源：三本贊七郎的攝影作品《北京》（1906）。

除了商業之外，滿族人在娛樂方面也照樣接受了那些原本屬於中原文
化的東西。清初雖然將戲園等場所限制在外城，但乾隆三十九年（1774
年），內城統計舊存戲園共有九座，據清人震鈞說，「隆福寺之景泰園，
四牌樓之泰華軒」皆是當時開設的戲園。[1] 清廷沒有明令取締戲園，只是規
定「不准再行加增」，同時重申「嗣後無論城內城外戲園，概不許旗人潛
往遊戲」[2]。但是，乾隆末年仍然出現了城內戲院日漸增多的現象，甚至還出
現了伶人居內城官房的狀況。這是因為，戲曲的魅力不但征服了內城的八
旗滿洲，也引發了皇室貴戚們對戲劇的極大興趣，於是，朝廷將南長街以
西的南府（原為駙馬府）改為昇平署，專門組織排練為宮廷服務的曲目。
有記載曰：「昇平署總管一人，首領四人，所部太監並能演劇，但以時唱

1 震鈞，天咫偶聞：卷 7，北京：北京古籍出版社，1982：174-175。
2 （光緒）清會典事例：12 冊，卷 1160，北京：中華書局，1991：559。

宴差一出而已。」而且，「（乾隆）南巡後，伶人始得供奉……然伶人不住府中，雜居於鄰近之官房，每人例得挈眷佔官房三間，領十名之口糧及錢（銀）四兩。嘉慶中，有首領號王柺棍者，最得寵」。直到「同治以還，伶人多移居南城，官房則為總管據為己有」[1]。

正因如此，嘉慶四年（1799年），清廷雖有將內城戲院「著一概永遠禁止，不准復行開設」的諭令，但因宮廷尚在豢養戲班，所以對內城戲院的復行開設，在監管上便採取了較為通融的辦法，即「俾開館人等，趁時各營生業，聽其自便，亦不必官為抑勒」[2]。所以，直到光緒末年，京城的戲園越來越多，清末人崇彝說：

（內城西）曲班始於咸、同之際，至同、光間為盛，起初僅三兩家，皆本地貧戶之女，或大家之婢。其時禮貌甚恭。後漸有天津樂戶，漸有江南伎女，皆廁諸京班之內。迨庚子前一年，戴瀾為右翼總兵，重編保甲，於是大驅曲班，一朝頓盡。[3]

雖然戲園曲班最終仍被趕出內城，但是它能返回內城並長期存在，表現出城市生活對文化娛樂的需求以及滿漢文化在城市這種特定環境下的交融。滿族統治者雖然將漢人逐出了內城，但是，卻沒有拒絕漢族文化的傳播，這就是西城曲院誕生的社會基礎。

1　陳宗蕃．燕都叢考．北京：北京古籍出版社，1991：425．

2　（光緒）清會典事例：12冊，卷1160．北京：中華書局，1991：561．

3　崇彝．道咸以來朝野雜記．北京：北京古籍出版社，1983：50．

第二章

空間的伸展：商業文明對城市的形塑

《周禮》：「左祖右社，面朝後市。」

孫詒讓注引《尚書》孔穎達疏云：「市處王城之北，
朝為陽，故在南，市為陰，故處北。」

孟子云：「王發政施仁，使……耕者皆欲耕於王之野，
商賈皆欲藏於王之市。」

在人類歷史上，城市歷來就具有商業的意義。美國社會學家科斯托夫在列舉古代城市起源的諸多條件時，其中之一便是「有利於獲取收益」，比如貿易的集散地等等。[1] 事實上，世界諸文明在其發展至現代社會的前夜，其城市早已發展為多種功能並存的聚落，構成了人們心中輝煌文明的標誌。[2] 一方面，大多數城市擁有相當數量的人口聚集，其居民的日常物質及精神生活需求令城市產生出滿足這種需求的功能，進而產生與這些功能相對應的社會組織和場所。另一方面，城市自身也在不斷發展，某一行業發育逐漸成熟後，便會不斷膨脹、不斷分化，社會組織日益複雜，手工業、農產品交換活動盛行，商業活動與貿易往來也越來越繁密，最終在城市中形成發達而複雜的商業文明。[3]

清代北京的情況，與上述以歐洲城市為元模式歸納出的發展軌跡，頗多契合。北京不僅是一個政治、文化的中心，也是一個商業發達的城市。悠久的歷史，繁盛的人口，諸多的旅人，都令這座城市蘊含了相當龐大的商業潛力。北京還是華北區域社會經濟活動的中心，是華北地區貿易活動網絡中最重要的城市[4]，具有商業網絡的龍頭地位。同時，北京本地的物產

1 斯皮羅・科斯托夫・城市的形成：歷史進程中的城市模式和城市意義・北京：中國建築工業出版社，2005：38・

2 愛德華・格萊澤・城市的勝利：城市如何讓我們變得更加富有、智慧、綠色、健康和幸福・上海：上海社會科學出版社，2013：206-215・

3 亨利・皮雷納・中世紀的城市・北京：商務印書館，2006：134-140・

4 施堅雅・中國封建社會晚期城市研究 —— 施堅雅模式・長春：吉林教育出版社，1991：144-232・

亦頗多著稱於世者，如玉田香稻、黃芽白菜、董四墓桃、魏六工巨李等，均「甲於天下」[1]，這進一步催生了本地的商業文化。

　　然而如果僅僅把北京的商業文明歸為一種經濟現象，忽視了其中的文化因素，則是對北京城市史的一種低估。中國古代城市普遍具有明顯的、普遍的文化權力，城市的模塊服從於禮制，其組織、安放與日常運作，更是涉及王朝的文化理念。[2]事實上，商業在這座城市中，一直不僅僅是一種獲取利益的手段，它還受到了以人文特質為核心的城市文化的影響，進而被改造、被納入到北京文化的體系中去了。這種改造的洪流異常強力，雖然在明清歷史上，北京城市的商業活動出現過許多新的現象，處於不斷變動的狀態中，但是人文思想始終與商業活動之間存在密切的相互作用。其最終結果是，城市商業活動一直在城市的文化軸線附近遊走，構成了城市文明的一部分。

　　不過，問題尚存在另一方面。應該看到的是，北京的城市模式，既不同於簡單的柵格型城市，亦不同於自然生長而產生的「有機」城市。[3]誠然，北京的城市規劃與中央政府的意志有著重要的關聯，反映了歷代統治者試圖從城市規劃與設施建設的角度與神秘力量溝通，完成「天人感應」這一儒家文化基本精神的意旨，但城市的實際運行，畢竟不是政府力量所能決定的。城市居民的日常生活，猶如流過堅石側畔的柔水，逐漸改變了中央政府對城市的形塑。這令北京城在柵格化的基本規劃之上，增添了許多遊走的元素，讓城市在發展中帶有了更多的人文色彩。商業活動的滲透，就是一個典型的例子。

1　繼昌．行素齋雜記：卷上．上海：上海書店，1984：70．

2　魯西奇．中國古代歷史的結構．桂林：廣西師範大學出版社，2014：328．

3　斯皮羅．科斯托夫．城市的形成：歷史進程中的城市模式和城市意義．北京：中國建築工業出版社，2005：1-13．

商業文明對城市文化的形塑，其主要作用方式是通過商業空間中人與人的關係。後現代城市學者理查德·桑內特曾寫道：

人類的身體與空間的關係，明顯影響了人們彼此間的互動方式……若從現代人的眼光來看威廉·荷加斯（William Hogarth）於 1751 年所畫的兩幅版畫，一定會覺得很奇怪。……《啤酒街》顯示了一群人緊挨著坐在一起喝啤酒，男人將他們的手臂搭在女人的肩膀上。對荷加斯來說，彼此身體的接觸代表著社會的聯結以及秩序。……相反的，《杜松子酒巷》展示了一個社會場景：在這個場景中，每個主要人物都只看到自己，他們都喝醉了……肉體都已經失去了感覺，他們感覺不到別人的存在，甚至也感覺不到樓梯、板凳以及街上的建築物。[1]

儘管後現代思想並不能揭示文化現象中的全部事實，但這一論述已經充分體現了商業空間如何影響著人們在城市中的文化體驗。在商業空間中，人們通過對空間的感知和與其他同在這一空間中的社會成員間的相互作用，共同構成了城市的文化模塊。特別是，對於一個存在整體規劃的城市而言，商業空間被納入到了城市規劃的一部分。它的管理也是城市擴張、維存或衰落過程中不可忽視的重要因素。這些都令商業空間成為城市空間，特別是城市中的文化空間的重要結構之一。

在這一節，我們將通過北京商業空間中的文化特徵，探尋這一一般意義上的「經濟」模塊裏蘊含的人文精神，進而對北京城市中的文化內核產生更深刻的認識。這座城市裏，文化並不僅體現在文化場所之中，而且滲透在城市的各個角落；即使是在以往被認為文化氣息較淡薄、商業氣息較濃郁的商業空間中，人文精神亦多有體現。

---

1 理查德·桑內特·肉體與石頭：西方文明中的身體與城市·上海：上海譯文出版社，2006：3，5-6·

佈局：商業空間在都城的伸展過程

　　人類諸文明都曾出現過繁榮且輝煌的都城，都城聚集的國家權力不僅
聚攏著政治資源，也不斷吸收著文明中的經濟資源。歐洲歷史上，奉行重
商主義的國家總是奮力把物質財富聚集到它們的核心 —— 都城中來，並
且將相當數量的物質財富通過商業手段換成他們需要的實物。[1] 類似的情況
在東方國家也非常普遍。故而舉凡勢力強大、幅員遼闊、國力興盛的政治
體，其都城一般也具有巨大的商業能力。

○　面朝後市的空間格局

　　中國歷史上很早就有都城建市的傳統。成書於春秋戰國時期的《管子》
一書，已有「野與市爭民、家與府爭貨」[2] 的記載了。此處「野」指國都以
外之地，代指都城外的田畝，因而「市」必是國都之中具有商業屬性的空
間。古人注解此句稱：「民務本業，則野與市爭民」，益證其為都城之商
業場所，明矣。而在城市規劃中一體規劃商業空間，也出現得很早。《周
禮・考工》：「匠人營國……左祖右社，面朝後市。」所謂「營」，即「規

1　劉易斯・芒福德・城市發展史：起源、演變和前景・北京：中國建築工業出版社，1989：306-308・

2　黎翔鳳・管子校注：卷 1・梁運華，整理・北京：中華書局，2004：52・

度城郭郊廟朝市之位處」[1]，亦即對城市進行規劃和建設。孫詒讓注引《尚書》孔穎達疏云：「市處王城之北，朝為陽，故在南，市為陰，故處北。」[2]市與朝的關係，與陰陽存在對應，這令市集在城市規劃中的地位同天地秩序的安排聯繫在了一起。芮沃壽認為，中國古代的城市規劃，存在一種古老而煩瑣的象徵主義，隨著時間的推移而不斷傳遞了下來，基於《周禮·考工》而奠定的城市規劃理念就是一個極為典型的例子。[3]今天可以確定的是，春秋時期，齊、晉等較強的諸侯國，其都邑已經開始從政治性聚落向商業性城市轉變了。[4]早期儒學文化對市集亦頗多接納。孟子云：「王發政施仁，使……耕者皆欲耕於王之野，商賈皆欲藏於王之市……其若是，孰能禦之？」[5]商業場所被儒學經典納入了政治秩序安排的一部分，這說明商業空間自古即帶有明顯的文化屬性。而且商業空間並非僅僅是一個規劃當中的「擺設」，其繁榮程度與「發政施仁」的王道興衰存在重要的聯繫。

當然，中國古代的都市格局，並非全依「面朝後市」的規則而行。事實上，對單一市場的超越，構成了古代城市商業空間的第一次巨大變革。漢代長安、洛陽各有市場，以官治之，當為城市的核心市場，但到西漢後期，新莽政權便已在長安分設「東西市」，各稱京畿。[6]雖然王莽援引周禮，支援其策，但這背後無疑反映出此時都城商業空間已經膨脹到單一市場所不能負擔了。唐代長安城「市有九所，各方二百六十六步，

1 尚書正義：卷 15·鄭玄，注·孔穎達，疏·廖名春，陳明，整理·北京：北京大學出版社，2000：460·

2 周禮正義：卷 83·孫詒讓，撰·王文錦，陳玉霞，點校·北京：中華書局，1987：3428·

3 芮沃壽·中國城市的宇宙論 // 施堅雅，中華帝國晚期的城市·北京：中華書局，2000：37-83·

4 許倬雲·周代都市的發展與商業的發達 // 邢義田，台灣學者中國史研究論叢·城市與鄉村·北京：中國大百科全書出版社，2005：10-14·

5 朱熹·孟子集注：卷 1// 朱熹，四書章句集注·北京：中華書局，1987：211·

6 孫星衍·漢官六種·北京：中華書局，1990：6；杜佑·通典·卷 11·北京：中華書局，1988：260-261·

六市在道西，三市在道東」[1]。可以看到，長安九市的規制是統一的、方塊化的，這與整個長安柵格化坊巷制度存在契合，證明這是城市統一規劃之下的商業空間。多個市場，在城市空間中不均勻分佈，均說明商業空間開始超越早期文化典籍中的秩序安排，打破了政治文化對人間秩序的限制，從城市的孤立功能模塊擴大為多個龐大的區域。自此，城市規劃中的商業空間，開始超越「面朝後市」的單一格局，而走向較為自由的時代。

　　而在明清兩代都城中，商業空間更多地受到了第二輪變革的影響，即對坊市制度的超越。這一變化肇始於宋代。漢唐時期的城市市場受「官市」制度的控制，只能服從官府的城市規劃，即在有圍牆且規定了開市時間的官市裏集中開市，受到城市官吏的嚴格管理。這一制度是「坊市」城市結構的必然結果。[2]而南宋由於受到杭州的地理結構限制，其城市規制不可能重現長安、汴京基於矩形的「古典規範」格局，表現為不規則圖形成為城市的基本幾何結構。此外，宋代發達的商業，極大地促進了杭州的商人們盡量擴大商業交易的場所，使之從大市場走向街道兩旁[3]，地方官府對這一變化並非沒有遏制，但他們逐漸意識到，順應這一趨勢可能更為簡單。[4]兩種作用的結果是，宋代都城開始走出柵格結構，出現店舖集中之所——「市廛」。店肆驟然增多，基於商業機構而形成的商業網絡、商業組織逐漸成熟，附屬於規模化的商業行為的業務如會子務、垛場等在城市中異常活躍，城市力圖擺脫古典傳統下與政治權力、神秘主義相聯繫的「規範」。坊市制度在宋代的廢除，令城市在商業功能上大幅前進，經濟上的考量逐

1　李昉·太平御覽：卷 191·北京：中華書局，1960：924·

2　施堅雅·中華帝國的城市發展 // 施堅雅·中華帝國晚期的城市·北京：中華書局，2000：23-25·

3　斯波義信：中國都市史·北京：北京大學出版社，2013：20-30·

4　崔瑞德（Denis Twitchett）·晚唐的商人、貿易和政府·大亞細亞（新版），1968（1）：63-93·

漸成為城市空間中最為重要的因素 —— 即使對於與政治權力聯繫最為緊密的都城，經濟因素的影響也已不可小視。這一革命，對於明清北京商業空間在城市中的格局有著巨大的影響。

　　具體到北京而言，遼代建設南京，一仍唐制，已有「坊市」的規劃。[1] 由「城北有市，陸海百貨，聚於其中」[2]，可知這一北京最為重要的商業場所，其主要進行的仍是以農業品為主的實物貿易。遼聖宗耶律隆緒太平五年（1025 年），皇帝駕臨南京，「至夕，六街燈火如畫，士庶嬉遊」，是城市商業已初具規模之一證。[3] 金元時期，北京「市民輻輳」，商業進一步發展。蔡松年《明秀集注》卷三有語：「燕市多名酒，小孫家為絕品」，乃有「賴孫壚獨有酒鄉溫粲」的詩句，消費文化逐漸浮現。到元代後期，北京已是一座有米市、麵市乃至珠子市、鐵器市等多元貿易場所的發達城市了。[4] 遼金元三朝基於坊市制度的北京商業格局，為明清時期北京商業空間的進一步發展奠定了重要的基礎。

　　明清時期的北京城仍受「面朝後市」的影響，但這一影響已逐漸微弱。明代宮城之北玄武門外有「內市」，「過光祿寺入內門，自御馬監以至西海子一帶皆是」，每月四日、十四日、二十四日開市。[5] 由地域判斷，此「內市」即《周禮》之「後市」。明代宮城附近，居民尚多，是定期集市的主要服務對象，不獨宮廷所用度也。該市自明成祖朱棣遷都北京時已存在，一直延續到萬曆後期，東華門內的「內市」與東華門外的「燈市」

1　脫脫・遼史・卷 40・北京：中華書局，1974：494・

2　葉隆禮・契丹國志・卷 21・北京：中華書局，2014：241・

3　脫脫・遼史・卷 17・北京：中華書局，1974：198；韓光輝・宋遼金元建制城市研究・北京：北京大學出版社，2011：167-168・

4　熊夢祥・析津志輯佚・北京圖書館善本組，輯・北京：北京古籍出版社，1983：208-209・

5　明神宗實錄・卷 532・台北：「中央研究院」歷史語言研究所，1962：10042；孫承澤・春明夢餘錄：卷 6・北京：北京古籍出版社，1992：100；沈德符・萬曆野獲編：卷 24・上海：上海古籍出版社，2012：514・

圖 3-1　清代（中期）的燈市

圖片來源：岡田玉山等編繪的《唐土名勝圖會》卷三，日本文化二年（1805 年）刊。

合併[1]，這一具有獨特文化意義的商業場所才大為縮減。大約同一時期，燈市發生火災，進一步削弱了宮城附近的商業活動。清初朱彝尊撰《日下舊聞》時，尚抄錄了沈德符《萬曆野獲編》中關於「內市」的記載，說明宮門東北側的「內市」仍是文人心中的歷史記憶。同一時期的《康熙萬壽盛典圖》也顯示東華門外尚有商業店舖存在。但過了數十年後，乾隆年間于敏中等纂修《日下舊聞考》時，「內市」已「無考」，毫無蹤跡了。[2] 至此，「面朝後市」這一中國歷史最重要的商業空間文化遂告結束。

1　劉侗，于奕正·帝京景物略·北京：北京古籍出版社，1980：5-8·

2　于敏中，等·日下舊聞考：卷 40·北京：北京古籍出版社，1985：624·

○ 商業空間的伸展 —— 集市、店舖與路攤

　　明清時期，取代「前朝後市」的，是多樣化、分散化的城市商業空間。粗略而言，這一時期的北京商業空間大約有三類：集市、店舖集中的「市廛」和佔路攤。這三類商業空間並非彼此孤立，例如集市中往往有店舖，店舖附近也可以有佔路攤販。集市包括諸多定期或不定期、功能高度分化或不甚分化的市場。這一變化過程自明代出現[1]，到晚清已基本完成。《順天府志》記載了北京的大量集市的位置，既有交易貴重物品的銀市、珠寶市，也有交易日常生活必需品的魚市、米市。這些市場的專門化程度甚高，例如在織品交易中，棉花線等半成品有專門的交易市場。而出現在城市繁華地帶的市廛則更進一步，以常設的店舖構成了北京城市中穩定存在、秩序較好的商業區域。如正陽街、地安門街、東西安門外等地，清末已「百貨所居」，並非一般的露天混鬧集市，亦非走販所能及，而是精緻的商戶雲集之所。[2] 甚至，商業場所擴大到了北京城的周邊，哺育了通州等衛星城。18 世紀末來華的英國使團成員斯當東在經過通州時曾表示：「（通州）許多家庭的房子前面開設商店或作坊，後面住家。工商業顯得非常興旺，確實表現出來是一個為首都服務的城市。」[3] 通州地處大運河之畔，水路運輸是其便利條件，可以很方便地利用船只將貨物運到北京。同時每年漕運船舶要經過通州，人流量很大，漕船水手又往往夾帶各類貨物販賣，令通州的商業條件更為便利。其結果便是，北京的商業場所不僅因行業而分化，也因結構而分化 —— 作為核心地帶的北京城，與作為外圍城市的通州，其商業活動是緊密相連的。

1　韓大成．明代城市研究．北京：中國人民大學出版社，1991：60．
2　震鈞．天咫偶聞：卷 10．北京：北京古籍出版社，1982：216．
3　斯當東．英使謁見乾隆紀實．葉篤義，譯．北京：群言出版社，2014：332-333．

商業網點對城市社區（街巷胡同）的滲透，也是明清時期城市商業空間的重要拓展。英國來華使者斯當東描述東部的北京城時，這樣寫道：「街道上的房子絕大部分是商店，外面油漆裝潢近似通州府商店，但要大得多。有些商店的屋頂上是個平台，上面布滿了各種盆景花草。商店門外掛著角燈、紗燈、絲燈或紙燈，極精巧之能事。商店內外充滿了各種貨物。」[1]十多年以後，另一支英國使團在阿美士德勳爵的率領下來華時，他們看到，外城附近的附郭街道上「商店的豪華裝飾令人目不暇接，那些鍍金的雕刻實在是十分漂亮。這些商店的商業利潤竟然允許這一類無利可圖的花費，實在是令人驚奇」[2]。他們看到的情景並非僅是外國人對中國首都的美化。事實上，清代北京，商店已經通過街巷結構，深入到了城市的結構之中。即便內外城存在旗民分居的規定，也沒能阻止這一趨勢：先是附郭街道上開設了大量店鋪，服務於出城的旗人，接著，內城走販也逐漸找到了城裏的安定之所，最後是店鋪在城中的開設。[3]

商業空間的伸展，其背後是商業利益的驅使，故而總是那些最貼近城市居民生活的商業網點，例如口中所食、身上所衣，對城市的滲透最普遍。日常蔬菜糧食的購買尚且可以通過走販行商，衣物的買賣則非得依賴店鋪不可。故交易成衣、收購舊衣之所，可以被視為城市商業空間向城市街巷滲透的重要標誌。而明清時期，北京專門實現此類交易的商戶「估衣鋪」已經遍布全城了。史載，「估衣」市大多為直接設於街巷的攤肆，例如東城藥王廟西「隙地正多」，乃有小市，「凡日用衣服、幾筵簽筒、盤盂銅錫、瑣屑之物，皆於此取辦」[4]。清中期文人亦有樂府詠之，略云：「古

1　斯當東 · 英使謁見乾隆紀實 · 葉篤義，譯 · 北京：群言出版社，2014：347 ·
2　亨利 · 埃利斯 · 阿美士德使團出使中國日志 · 北京：商務印書館，2013：120 ·
3　劉小萌 · 清代北京旗人社會 · 北京：中國社會科學出版社，2008：259，266 ·
4　震鈞 · 天咫偶聞 · 卷 6 · 北京：北京古籍出版社，1982：135 ·

圖 3-2　清末前門大街街景
圖片來源：三本贊七郎的攝影作品《北京》（1906）。

廟官街各成市，估客衣裳不在笥。包囊捆載重如山，列帳當衢衣滿地。」[1]
估衣舖沿街開設，出現「官街各成市」的局面，說明服務於城市居民的商
業空間以街巷為途徑，已經蔓延到了城市的各個角落，進而表現出基於居
民活動的商業空間對這座城市的滲透。

　　多樣化與分散化，清代北京商業空間這兩項變革，表面上看不過是
一種城市商業繁榮的表現，但內在卻與城市的氣質有著重要的關係。
由於商業空間已經與城市的基本結構相結合，它對城市的文化氣質也就
不能不發生一定的影響了。特別地，當街衢多為商賈所佔據，任何一
位身處城市中的人，都會為商業氛圍所影響，進而產生商業文化的體

1　蔣士銓．忠雅堂詩集：卷 8// 蔣士銓．忠雅堂集校箋．邵海清，校．李夢生，箋．上海：上海古籍出版
　　社，1993：714-715．

圖 3-3　清末前門三頭橋的繁華場景
圖片來源：三本贊七郎的攝影作品《北京》（1906）。

驗。所謂「裙衫袍褂列成行，布帳高支夏月涼。急事臨身多繞路，怕聽爭問買衣裳」[1]，棚帳遮天，舊衣當街懸掛，已經成為了人們眼中具有特殊意義的「一景」，吸引著人們的視線，商業空間中的叫賣則令人感到煩躁。

　　可見城市商業空間中的「事物」，已經植入到了居民的日常生活之中，這正是商業與文化交互的基本形式。當一個城市的商業已經潛移默化地構成了居民用來彰顯特色的符號，商業空間便不止是單純的「做買賣的地方」了，它逐漸成為了城市文化的標誌性「地點」或「場所」，該空間的地理位置，連同空間所蘊含的體驗，都構成了城市獨有的商業文化，進而融入

1　李若虹．朝市叢載：卷 7．北京：北京古籍出版社，1995：144．

了城市的文化氣質之中。例如北京前門與永定門之間建有白玉橋，明朝人對此地的觀感尚且僅是一個城市名勝地點，而到了清代，人們對此地點的印象便成了天橋集市的熱鬧繁榮。所謂「天橋南北，地最宏敞，賈人趁墟之貨，每日雲集」[1]，在人們的文化印象裏，白玉橋的觀瞻已為「宏敞」的集市所取代了。於是，城市文化的轉換，其過程又與商業空間的延伸產生了關聯。

至此，中國古代都城的商業空間走到了它發展的巔峰。無所不在的商業空間，超越了國家用於象徵文化權力的符號，跳出了作為柵格模塊而存在的城市單元，而在城市生活的推動下成為了與城市結構不可分離的一部分。對於那些來到北京的人而言，他們身體上的體驗，也與城市的商業氣質不自覺地產生了重要的關聯。光緒年間有《朝市叢載》一書，乃羈旅京華之旅遊手冊，其中編列了北京大小集市之所在地以及著名店舖位置。對於相當多的旅行者而言，來北京固然是政治與文化上的「朝聖之旅」[2]，但隨著他們越來越接近這座城市，他們已逐漸浸入到城市商業空間之中，更不必說本地居民每天都依靠商業空間來滿足自身物質及文化上的需求了。這種商業空間的拓展，醞釀了北京城市中以「人」為依託的文化氣質，從而令北京城不僅是政治權力的「皇朝心臟」，更成為了一座有文化底蘊的前現代都市。

1　震鈞‧天咫偶聞‧卷6‧北京：北京古籍出版社，1982：135。

2　維克多‧特納認為，模式化的旅行就是朝聖。詳見如下文獻：Victor Turner, Dramas, Fields, and Metaphors: Symbolic Action in Human Society, London: Cornell University Press, 1975: 179-206。由於相當多的文人士大夫來京的主要目的就是參加科考或拜訪朋友，其旅途的模式化是很明顯的。

滲透：商業空間對北京社會的影響

　　前面我們說到了商業文化對北京城市的滲透結果，本節將探討這一滲透的過程和渠道。商業空間如何滲透到北京城中？它對北京的社會格局造成了什麼樣的影響？這兩個問題關係到商業因素與北京文化之間交互的本質。可以看到，商業空間從進入北京、到影響北京的城市結構，這與北京城在歷史進程中的發展具有某種程度的共時性。北京在元、明、清三朝的歷史中，城市規劃、交通網絡、居民群體風貌都發生了巨大的變化，與此同時，城市商業空間也在不斷做出調整，並試圖從社會變革中尋找生長的契機。這種調整和生長的過程，也正是商業空間對北京文化進行重塑的過程。

○ 京城的核心市場

　　對於一個區域而言，核心市場一定是影響其他市場的決定性因素。而由諸多店舖所組成的市廛，無疑是城市中最為核心的商業區域。這一現象自宋代便出現了：《清明上河圖》中所展現的市肆雲集於街道兩旁的景象，便是繁華的市廛。元、明、清時期的北京城市商業基本格局仍然與此類似，不過也有進一步發展。一個重要的現象便是市廛因受交通和城市規制的影響而移動。

　　元代北京的重要地標建築是鐘鼓樓。「鐘樓之制雄敞高明，與鼓樓相

望。本朝富庶殷實，莫盛於此，樓有八隅四井之號，蓋東西南北街道最為寬廣。」而鼓樓則「正居都城之中⋯⋯樓之東南轉角街市俱是針舖。西斜街臨海子，率多歌台酒館」。鼓樓左右則「俱有果木餅面柴炭器用之屬」[1]。鐘樓附近有許多奢侈品店舖，如出售沙剌、金銀、珍珠的店舖等。除此之外，距離鐘樓1～2個街區，還有米市、緞子市，構成了城市又一類重要的商品交易場合。這兩個商品交易分區，共同構成了以鐘鼓樓為中心的北京市區核心市廛。

這一市廛的產生，一方面同中國古代城市文化中以鐘鼓樓為中心佈置城市設施的傳統有著密切聯繫，另一方面也與北京的交通結構有關。元時京杭運河的終端位於積水潭附近，運船可直達此處。雖然大運河一直是官方所用的漕運渠道，但漕船水手往往私帶貨物，南北巨商甚至有可能疏通關節，利用河道運輸貨物，因而大運河為商業運輸提供的便利仍是非常明顯的。商船「舳艫蔽水」，「川陝豪商，吳楚大賈，飛帆一葦，經抵輦下」。距離積水潭最近的地標建築鐘鼓樓，遂成為商人招徠之所。

然而到了明代，運河的改制令北京商業區域發生了巨大的變化。永樂十七年（1419年），明朝將北京城牆向南擴建。這一擴建工程將通惠河圈入城中，使其終端只能停留於城東南的大通橋，積水潭碼頭遂廢，鐘鼓樓附近商業區域的優勢也就逐漸消滅了。當然，這一區域並未迅速衰落，來自北側入京通衢的貨物，仍然以鐘鼓樓為重要的貿易中轉站。清朝入關後，隨著旗民分城而居，此地被闢為兩黃旗地界，原有漢人居民及店舖等悉數被遷出內城，市廛一度隨之消失。但兩黃旗居民中頗多宗室貴族，消費能力並不低，這令鐘鼓樓商業區仍有購買力穩定的客源。隨著旗民分治界線的淡化，鐘鼓樓市廛在清代中葉又有復興，但商人群體、店舖經營範

1 于敏中，等．日下舊聞考：卷54．北京：北京古籍出版社，1985：868-870．

圍，都發生了巨變。乾隆二十一年（1756 年）時的資料顯示，皇城以北的兩黃旗界域（即鐘鼓樓商業區域內）共有 52 家店舖，但其中大多是酒樓、車店等附屬於運輸行業的店舖，此外就是關東貨店舖等北來商戶了，以往南北百貨並存的局面遂告終止。

由於通惠河的終端縮至大通橋，北京的商業格局隨即發生了變化，核心市廛位移至正陽門附近。交通的便利令大小商販雲集於此。自明至清，正陽門外都是商業繁華的地帶，「綢緞肆」、藥店、「南北貨店」等不絕於書。[1] 雖然歷經崇禎七年成國公府火災、明清鼎革之際亂軍劫掠，這一商區仍然保留了相當的活躍度。清人入京後，商人群體甚至曾有具疏保護明太子的舉動[2]，由此可知，正陽門商業雖然大受荼毒，但並未被連根拔起，商民群體仍有一定的社會地位。

在清代，正陽門商業圈的經濟地位較之明代又有提高，這與附郭街道商業區的興起有重要的關係。清初定制，內外城旗民分治，內城為旗人所居，漢人只能居於外城。在清朝統治者將內城居住的漢人驅出時，商戶、店舖也被遷了出來。這一巨大的社會群體的遷移，導致北京城的居住格局和社會結構都發生了變化，內城的商業氛圍幾乎掃地無餘。然而，由於旗人經商頗多忌諱[3]，漢人又不便來內城開店，故而對於內城的新居民而言，出城貿易就成為最主要的消費方式。與之相對應的是，城門附近及附郭街道的商業區域開始發展。同時，附郭街道位處通衢，路面較寬，這令大量騾馬駄運或車運成為可能，因而對於貨物吞吐較多的大店舖而言，開設於附郭街道上，就成了一種平衡運輸成本與客流的最佳選擇。一個典型的例

1　盧秉鈞．紅杏山房聞見隨筆：卷 12// 四庫未收書輯刊：第九輯，第 15 冊．北京：北京出版社，1997：441．

2　于敏中，等．日下舊聞考：卷 55．北京：北京古籍出版社，1985：887．徐鼐．小腆紀年附考：卷 9．北京：中華書局，1957：333．

3　王慶雲．石渠餘紀：卷 4．北京：北京古籍出版社，1985：196．

子是糧食交易的店舖。乾隆九年（1744 年），大學士鄂爾泰奏稱：「查京城九門七市，每遇秋成，外來各種糧食俱係車馬載運，投店賣錢，即用車馬運回。」[1] 可見「九門」附近市場，由於方便「車馬載運」，已經成為京城重要的商業樞紐了。附郭街道成為熱門商業空間，這是商業空間對北京城市滲透的新階段。環城街道此後不僅是北京城市交通路網的幹道，也是城市商業的核心區域。

在附郭街道商圈興起的背景下，交通便利、歷史悠久的正陽門發展非常迅速。順治、康熙時期，內城燈市遷移至此，「至期，結席舍，懸燈高下，聽遊人畫觀」[2]，是為正陽門商業興盛的重要標誌。康熙五十六年（1717 年）的史料顯示，這一區域已是「商賈萬人」的大商區了。至清中葉，據寓居正陽門附近萬佛寺的文人董士錫在《齊物論齋文集》卷三中記載，「四面不數十㪷，皆市廛」[3]。在這一區域活動的佔路攤亦為數不少。據黃鈞宰《金壺七墨‧金壺逸墨》卷一記載，西郊有狂生陳東山，「營子母合貨燭，於京都正陽門列肆」，可知此為佔路攤肆，而非賃屋而售的店舖。清人記述正陽門時，總是提到它「棚房比櫛，百貨雲集」[4]，「自正陽門迤而西，為西河沿，闤闠殷賑，號稱陸海」[5]，說明此時正陽門商圈的商品種類與數量都已十分可觀。

隨著清代北京商業的發展，內外分治的局面逐漸不能維持了。一些內城市廛開始迅速發展。除了正陽門，清代北京的重要市廛，還有東西單牌樓、東西四牌樓、東西安門等，這些市廛中相當一部分區域處於內城，是

1 清高宗實錄：卷 226// 清實錄：11 冊‧北京：中華書局，1987：925‧

2 查慎行‧人海記：卷下 // 查慎行集：第 2 冊‧張玉亮，辜豔紅，校點‧杭州：浙江古籍出版社，2014：392‧

3 董士錫‧齊物論齋文集：卷 3// 續修四庫全書：第 1507 冊，上海：上海古籍出版社，2002：315‧

4 于敏中，等‧日下舊聞考：卷 55‧北京：北京古籍出版社，1985：887‧

5 陳昌圖‧南屏山房集：卷 21// 四庫未收書輯刊：第 10 輯，第 24 冊‧北京：北京出版社，1997：450‧

圖 3-4　清末正陽門大街圖景

圖片來源：藤井彥五郎，北清名勝，東京：國光社，1903．

圖 3-5　清末的東單牌樓

圖片來源：三本贊七郎的攝影作品《北京》（1906）。

滿人所居的地區，民人商戶想要前來開店，多有違礙，但這仍不能阻止商業空間的滲透。以東單牌樓為例，明代縮短運河後，在朝陽門、東直門附近設多所糧倉[1]，此地附近遂成漕糧運輸及相關貿易的重鎮，也是士子、商人入京的必經之路，逐漸形成了服務於官員、士人、商人、船夫等群體的商業街區。清初由於「旗民分治」，東單附近的商業空間一度消失，但此地仍保留了大量的寺廟，為走販歇腳提供了條件，也就為內城的商業活動保留了火種。到清中葉，「東單牌樓左近，百貨麕集」[2]，商業區域又已返回內城。至晚清，則銀號、綢緞舖、洋貨舖等不一而足，會集於東單附近成為盛景。其餘市廛的情況與此亦頗多類似。光緒二十八年（1902 年），清廷為整修東安門附近御道，甚至需要開闢「東安市場」以安置皇城外的飯莊、商肆，可見此時內外城「旗漢分治」早已成為歷史。至此，北京的商業格局基本打破了清初的分隔狀態。這一過程之完成，幾乎都是商業力量作用的結果。

○ 市廛的文化記憶

繁華的市廛，不僅有商業的意義，也有文化的意義。商業空間的興盛，與北京城市中「王朝首都」「天下中心」的文化特徵緊密結合了起來。繁華的市廛，不僅是北京的「名片」，也是「天朝上國」的「名片」，標誌著四海臣民對國家運勢的認同。一些市廛的視覺體驗，為這種人文情懷提供了物質文化上的符號聯繫。這方面最典型的例子是正陽門市廛。正陽門、棋盤街憑藉其店舖建築與裝飾的華貴，製造出了美妙的視覺效果，從而令市廛不僅是一種商業的存在，更成為了北京社會文化的一部分。在正

---

1 張學顏·萬曆會計錄·卷 36·萬明，徐英凱，整理·北京：中國社會科學出版社，2015：754-758·
2 震鈞·天咫偶聞·卷 3·北京：北京古籍出版社，1982：53·

陽門商圈最為核心的地帶，即大柵欄附近，老舖林立，雕樑畫棟，不一而足，所謂「畫樓林立望重重，金碧輝煌瑞氣濃」[1]。這一視覺奇觀同北京「天咫皇都」的符號意義聯繫了起來，構成了「皇都景物殷繁，既庶且富」[2]的「普遍印象」。商業的繁榮景象也就被納入到了國家政治話語中，構成了一種獨特的歷史記憶：大柵欄的繁華，標誌著天下太平、國泰民安。

一則逸聞可以說明正陽門在清代北京獨特的文化含義。康熙時期，護城河曾有一次挑浚工程，挖出了一枚巨大的玉印。當時人認為這是「元順帝祈雨時所刻龍神印」，祈雨活動後即埋入地下。[3]在這一都市掌故中，正陽門作為故事發生的地點，成為了人間的王朝首都與神秘世界之間的交界處。玉印在正陽門被埋入地下，便能與龍王神力產生感應，進而催動雨露，這是一件異常典型的人間與神界之間的交互過程。然而這一事件並非僅是一起「元代的」歷史事件，更是一份「清代的」歷史記憶。清人對這一故事的記錄和接受，表明了在他們的意識之中，正陽門的地位是「超時間」的，其「印象」完全超越了一般的城門，而變成了「古已如此」的國都象徵。這不能不說是正陽門繁華景象對清代北京文化施加影響的結果。

反過來講，在清人的印象中，正陽門商業區的負面事件，則和國家衰敗、都城破毀之間存在聯繫。在清人的記述中，正陽門附近的火災最多有兩次記載。其一發生在明末崇禎七年（1634 年），其二為清末光緒二十六年（1900 年）八國聯軍即將攻入北京時。很明顯，這兩部分歷史記憶，都和王朝衰落的歷史大背景密切相關。特別是光緒二十六年的大火，這次火災的起因是義和團因仇視洋貨舖而縱火，所燒毀者大都為正陽門外的綢緞舖、銀號等，但在清朝文人官僚看來，便是「京師最繁盛處，……數百

1　李若虹．朝市叢載：卷 7．北京：北京古籍出版社，1995：142．

2　于敏中，等．日下舊聞考：卷 55．北京：北京古籍出版社，1985：887．

3　戴璐．藤陰雜記：卷 5．上海：上海古籍出版社，1985：59．

年精華盡矣」。「執玉爭趨皇極殿，釀金催起正陽門。劫灰銷盡昆明火，龍袞於今有淚痕。」[1] 彷彿亡國一般的歷史記憶。事實上，盛清時期正陽門並非沒有火災，但清人的記載卻少得多：例如康熙二十三年（1684 年）、二十六年（1687 年）正陽門的兩次大火，規模甚大，「火勢甚熾，人不能近」，但若非皇帝在諭旨中提到，幾乎湮沒無聞。[2] 由此可見，商業空間早已超越了一般的經濟現象，進入了文化空間，成為了北京「綜結天地」的體現。商業環境的盛衰，與國運、家勢牢牢地綁在了一起，成為了傳統中國政治文化的一部分。

1 李希聖．庚子國變記．上海：上海書店，1982：4-5．樊增祥．樊山續集：卷 18// 續修四庫全書（1575 冊）．上海：上海古籍出版社，2002：5．
2 此兩事記載見中國第一歷史檔案館．康熙起居注．北京：中華書局，1994：1149，1593．

共軛：商業空間與城市文化場所的結合

對於大多數歷史悠久的文明而言，城市不僅是世俗的人類聚落，也是信仰與人世發生關係的場所。城市空間中不僅要有滿足居民物質交換需求的場所，也要有滿足精神需求的區域，如寺廟、祭壇、教堂、帶有神像或紀念碑的廣場等。這些區域便是城市的文化空間。當文明發展到一定程度，與神秘力量的溝通逐漸系統化，形成帶有宗教性質的信仰，這些場所的神聖性、權威性也就不斷增強，在城市中的地位也就愈加重要。神的旨意不僅可以創造城市，也可以毀掉城市，故而城市中的人們對神意總是充滿了尊敬或畏懼，這些場所的莊嚴性也就不容置疑了。[1]

○ 廟市

寺廟兼具市場功能，在中國古代是個不能不說的話題。一般而言，文化場所的莊嚴特徵及權威性決定了它具有維持場所秩序的力量和能量。例如在古代雅典，神廟和集市便是分開的，城市的公共屬性體現在集市中，在集市上，人們來來往往，交易貨物，或如蘇格拉底般對眾人演講。人們即便聚集在文化場所中，其目的也是為了完成某種精神上的儀式，如中世紀歐洲的教堂、伊斯蘭世界的清真寺，等等。中世紀的歐洲教堂，即便身

1　斯皮羅·科斯托夫·城市的形成：歷史進程中的城市模式和城市意義·北京：中國建築工業出版社，
　　2005：34·

處鬧市，也會有虔誠的信徒自發地在教堂中試圖保證靜修的環境，更不必說修道院這一種刻意選址於人跡罕至之處卻又保有城市基本結構的特殊聚落了。[1] 看起來，對於大多數情況而言，城市文化場所應是和商業空間分開的。

然而對於中國傳統社會晚期的城市而言，情況似乎又有所不同。城市中的寺觀等等，以一定周期舉行宗教祭祀活動，是城市社會成員定期聚集之所。人群的聚集，為商業活動提供了巨大的便利，因而圍繞著各寺廟的宗教活動形成了獨特的商業形式 ——「廟會」。[2] 城市商業在盲目而又自發的碰撞中，遂就此找到了一片新的天地。對於寺廟僧侶而言，廟會可以增加寺廟的「人氣」，貼補香火；而對於參與城市生活的居民而言，「廟會」的商業化，也是一件有利於生活、增添玩好之娛的美事。在這些因素的推動下，「廟會」實現了商業空間與宗教空間的交疊。也正因為它的商業屬性，「廟會」又被人稱為「廟市」。

「廟會」在中國出現得很早，宋代汴京大相國寺每月開放五次，屆時不僅群僧齊聚念經，外人得以膜拜，而且「萬姓交易」。大相國寺中庭「兩廡可容萬人」，「設彩幙、露屋、義舖」，售賣簟席、屏幃、臘脯等。此外，寺中其他位置也各設商舖，「商旅交易皆萃其中」[3]，售賣物件從王道人蜜煎、趙文秀筆到帽子、特髻、「書籍玩好」等，不一而足，以至相國寺又有「破賊所」之謔稱。[4] 人們來到寺廟中，不僅是為了膜拜佛像、佈施還願、觀賞壁畫，也是為了購置諸般什物，抑或只是看看熱鬧。可以看到，大相國寺的廟市，已非簡單的走販遊商席地而為，而是有修造好的店舖處

1 劉易斯·芒福德·城市發展史：起源、演變和前景·北京：中國建築工業出版社，1989：287·
2 蔡豐明·城市廟會：人性本質的釋放與張揚·學術月刊，2011（6）：94-106·
3 孟元老·東京夢華錄注：卷 3·鄧之誠，注·北京：中華書局，1982：89-94·
4 王栐·燕翼詒謀錄：卷 2// 景印文淵閣四庫全書：第 407 冊·台北：商務印書館，1986：728·

於其中；所交易的物件也並非單肩一負便能解決，而是商品花樣繁多，已達到成熟商業場所的標準。凡此種種，都說明宋代「廟市」已經發展到了相當成熟的程度。

明清廟市延續了宋代特徵，並有進一步的發展，特別是到了清代，其變化更為明顯。廟市不再是大城市的專有事物，連中小城鎮也都有了「趕廟」的習俗。而對於北京而言，明代以都城隍廟廟會最勝。明代的《燕都遊覽志》說：「廟市者，以市於城西之都城隍廟而名也。西至廟，東至刑部街止，亙三里許，其市肆大略與燈市同。第每月以初一、十五、二十五開市，較多燈市一日耳。」[1] 明代一年一度的燈市可轟動九城，能與燈市相比的都城隍廟廟會，其盛況可想而知了。黃淳耀《陶庵文集》卷十二中載：「東城燈市聲闐闐，西城廟市爭臂肩。」[2] 到了清代，大量的寺廟都有了自己的廟市。廟會廣泛分佈，不再專屬於城市中較大的寺廟，它對北京城市的生活、文化都造成了巨大的影響。

廟會在時間分佈上的重要特徵在於其間歇性。它屬於定期的集市貿易。廟市在每月之中定時開放，成為了北京城市中此起彼伏的商業「事件」：

朔望則東嶽廟、北藥王廟，逢三則宣武門外之都土地廟，逢四則崇文門外之花市，七、八則西域之大隆善護國寺，九、十則東城之大隆福寺。[3]

這些大型廟市在城市中的時間、地域分佈具有明顯的離散性，這樣一來，城市的各區域都有自己的廟市。例如，西城先有廣濟寺為其標誌性廟會，後由於廣濟寺翻修，遷往了地面較為寬廣、可容納更多訪客的護國

1　于敏中，等．日下舊聞考：卷 50，北京：北京古籍出版社，1985：796．

2　黃淳耀．陶庵文集：卷 12 // 景印文淵閣四庫全書：第 1297 冊．台北：商務印書館，1986：791．

3　潘榮陛．帝京歲時紀勝 // 帝京歲時紀勝．燕京歲時記．北京：北京古籍出版社，1981：22．

寺。護國寺廟會遂成為西城的特色文化、商業活動。與此類似，東城廟市以隆福寺最為著名，外城宣武門附近之土地廟斜街廟市於每月初三邀集，是宣南地區的核心廟市[1]，亦名動一時。

除了這些核心廟市，在各個區域還有一些規模稍小的廟市。例如西城白塔寺廟市自晚清開始每月逢五、六開市，屆時也是車馬輻輳，頗為熱鬧。[2] 這些較小的廟市散落於北京城區之中，構成了和定期廟會風格互有異同的風景。它們的開辦周期大多要長得多，很多小廟會每年才辦一次，而且經常和神像開光、寺中重要藏品展出時間一致。換言之，這些廟會表現出附著於文化活動的特點。例如北京城之北的覺生寺（大鐘寺），廟市「每至正月，自初一日起，開廟十九日」，阜成門外白雲觀廟會每年正月初一日起，開市十九天。西直門外萬壽寺，則於每年四月開廟半月。[3] 趕廟會同時具有了商業和文化兩方面的意義。與其說它們是「定期開市」，不如說是「定期開廟」。這些廟會的開市日期構成了寺廟的特徵屬性，或者說成了寺廟的「名片」。

廟市的經營範圍很廣，「日用所需，以及金珠玉石，布匹綢緞，皮張冠帶，估衣骨董，精粗畢備」。文人墨客對廟市的記載，當然集中在奢侈品、工藝品等可供收藏的玩好之物上，所謂「羈旅寄客，攜阿堵入市，頃刻富有完美矣」[4]。但實際上廟會出售最多的仍然是「尋常日用之物」，如衣服、飲食以及各種小物件，布匹的買賣尤為繁盛。多樣化的商品貿易，大大增添了廟市的商業活躍度，吸引著大量的居民前來「趕廟」。穩定的客流也為賣者提供了便利。中小商賈入廟市能讓商品為更多人所接觸，自然

1　汪啟淑．水曹清暇錄．卷9．北京：北京古籍出版社，1998：138．

2　胡玉遠．春明敘舊．北京：北京燕山出版社，1999：384．

3　敦崇．燕京歲時紀 // 帝京歲時紀勝．燕京歲時記．北京：北京古籍出版社，1998：51-52．

4　潘榮陛．帝京歲時紀勝．帝京歲時紀勝．燕京歲時記．北京：北京古籍出版社，1998：22．

樂於前來，甚至到廟市開市時，市廛中的商販還會向廟市中轉移。因而北京四大廟市開市時的規模絲毫不亞於一般市廛，乃至廟中空間不敷使用，需要佔用街道。商業與經濟利益，是廟市得以延續不斷、始終繁榮的本質原因。

　　繁榮的廟市，構成了北京城市文化的重要組成部分。最明顯的一點是，它不僅令寺廟、道觀等宗教文化空間的人氣得以保證，而且發展了這些空間在城市中的意義，讓宗教文化空間與城市的日常生活得到了全新的結合。這對於北京城市有著相當重要的意義。眾所周知，宋代以後，隨著人文主義思想在儒學中的貫徹，士大夫的精神世界與帶有神秘色彩的宗教文化之間的聯繫逐漸減弱。[1] 換言之，支撐神秘主義信仰的政治文化被嚴重削弱了，都城當中的寺廟也因而面臨一種潛在的危機。這種危機落實到歷史事實當中，表現為清代京城士大夫佞道禮佛之風尚遠遜於南北朝、隋唐時期。「南朝四百八十寺，多少樓台煙雨中」的盛況，清代北京是大為不如了。然而寺廟空間在清代雖然不如隋唐都城繁盛，卻發展出了另一層意義，亦即寺廟文化的「世俗化」進入了北京城市生活的視野，這正是通過「廟市」這一特殊載體完成的。

　　雖然「趕廟」的居民們很多僅僅是來湊熱鬧買東西，但不可否認的是，在這種商業活動中寺廟是受益者，而非僅僅是場所的提供者。一個典型的例子是廣安門附近的財神廟。該廟於正月初二開放，屆時自驟馬市大街往西沿途均有攤販賣香、賣紙元寶等。香客一路前往，投給香資，請新福商品，如寫有吉祥話的紙魚等。紙元寶寓意新年財運亨通，京城之人趨之若鶩，雖然人潮洶湧、摩肩接踵，仍爭先投香求福。故而寺廟多年間一直香火旺盛。[2] 財神廟本來世俗程度就較高，人氣就較旺，對於那些宗教信

1　孫英剛．神文時代．上海：上海古籍出版社，2013：1-26．
2　肖承熹．老北京的春節廟會 // 舊京人物與風情．北京：北京燕山出版社，1996：232-235．

仰意味較濃的寺廟，廟會的重要性就更大了。東便門附近的蟠桃宮，始建
於明代，於清康熙元年（1662 年）重修，是北京著名道觀之一。該廟規模
不大，但卻因廟會而成為北京知名廟宇。農曆三月初一至初三，蟠桃宮都
要開廟三天，屆時護城河畔茶舖、貨攤林立，遊者進廟燒香、叩拜玉皇，
十分熱鬧。[1] 對於一個小道觀而言，這樣的人氣無疑很大程度上來自於廟市
的號召力。

○ 廟會與城市氣質

廟會的商業化，其意義超越了簡單的「商業衝擊文化」。商業場所為
宗教場所帶來了更多的拈香者，這不僅意味著布施的增多，更重要的是，
人氣保證了宗教文化於城市空間中「在場」，存留於市民的意識中。通過
一次次宗教儀式或是廟會的「重申」，這些寺廟將宗教文化同城市氣質緊
密地聯繫了起來。

作為一種跨商業、文化場域的社會活動，廟會對北京城市中的社會關
係造成了重要的影響。一方面，商業功能極大地擴大了北京商業活動的參
與群體。由於禮教的束縛，以及身體方面的微妙觀念，傳統良家婦女參與
一般市井商業活動時多有不便，而廟會上香這一社會活動則為很多中上層
社會婦女打開了一扇通往外部世界的門扉。例如右安門外有護國泰山中
頂普濟宮，祀碧霞元君，每年夏季廟會之際「男女奔趨」，「士女進香雜
遝」。[2] 這令婦女在一定程度上得以參與到商業活動中，藉趕廟時聚會的習
俗，構成了北京婦女群體的重要文化形式。

---

1 張以容．蟠桃宮 // 胡玉遠．春明敘舊．北京：北京燕山出版社，1999：394-395．

2 李衛，等．畿輔通志：卷 51// 景印文淵閣四庫全書：第 505 冊．台北：商務印書館，1986：165-166；
   周廣業．過夏雜錄：續錄 // 周廣業筆記四種：下冊．上海：上海古籍出版社，2013：281．

即便是社會中較有優勢的群體——官僚士大夫，廟會同樣為他們參與商業活動提供了渠道。士人入市，與商販爭價，素招忌諱。雖然清朝北京習俗對此已放寬很多，但對於謹守禮法之人而言，直接進入集市，仍有諸多顧慮。朝鮮來京使臣就曾賦詩諷刺：「車聲馬跡廠西東，金寶珠璣四海通。百隊旗亭誰是主？王公多是數緡翁。」[1] 與此相比，廟市屬於「進廟上香」的附屬，不似城市規劃的市場那樣以儒家禮法為文化背景，繁文縟節較少，因而對士人而言，去廟市無疑更為輕鬆。事實上，清初慈仁寺廟市是以王士禎為中心的北京詩文社交圈最常聚會的地點。散直出宮，「步行評玩」，構成了士大夫的日常文化生活。

另一方面，「廟市」也為商人融入城市提供了一條通道。清代北京的很多商人都熱衷於資助寺廟，籌辦廟會，這成為商人與寺廟僧侶之間經濟往來的重要形式。

而從「趕廟」之人的購物體驗來看，琳琅滿目的商品，令人目不暇接，這令普通居民「趕廟會」不僅是一種簡單的「獲取商品」的過程，更是一種「博物」的體驗。對於京城百姓而言，生平所見，無非京畿數十里以內；即便是外省來京之人，所習見者亦無非所遊之地。然而多樣的商品，特別是大量帶有奢侈品特點的文玩之物，大大豐富了入市者的認知範圍，形成了一種買者與賣者共同構建的、欣賞「奇珍異寶」的商業文化體驗。明人沈德符記城隍廟廟會事，乃云：「書畫骨董，真偽錯陳，北人不能鑒別，往往為吳儂以賤值收之」[2]。廟會商業活動，特別是奢侈品、收藏品交易的背後，其實是城市文化的底蘊。珍奇物件的轉手，正是文化資源從隱藏不顯的狀態轉入流通的過程。在這一過程中，城市的文化資源不斷被刷新、重寫，構成了城市文化的一部分。即便是對於奢侈品以外的日常所

1 姜溍欽．燕行錄 // 林基中．燕行錄全集：第 67 冊．首爾：韓國東國大學校出版部，2001：58．
2 沈德符．萬曆野獲編：卷 24．上海：上海古籍出版社，2012：514-515．

習見的什物，「廟市」仍然大大豐富了人們的認識。很多參與廟市貿易的商販都是小本經營者，或自產自營，或負擔運販，所售賣者也都是日常賤物。例如售花者，所售商品有本地的佛手、香櫞，也有販自南方的水仙、蘭花等。廟會之時，花農負擔而至，百花齊放，煞是熱鬧；大廟市的花卉，尤為北京城一景。[1] 民俗掌故，凝集在了北京城市文化之中。

　　「廟市」對內城的滲透，更能說明商業空間在北京社會文化中的意義。前面提到過，清朝統治者進入北京後，實行「旗民分治」的政策，將內城民人悉數遷出，店舖也就集中到了附郭街道上。不過，在這一遷徙活動中，內城的寺廟道觀卻被保留了下來，於是「廟市」成為了內城最重要的商業活動。護國寺、隆福寺、土地廟斜街三大廟市中有兩個位於內城，每旬開市四天，可見這類期集廟市的重要性。同時，寺廟還為不願夜間出城的攤販和小商人提供了居所，供他們寄放商品、留宿等。雍正五年，皇帝諭稱，內城商賈「或在客店寺廟，或倚親友居停，或租賃房屋」而逗留[2]，可知此時「旗民分治內外」的局面已難於維持了。最後，統治者亦不得不做出妥協，規定「京城內外客店寺廟以及官民人等，果知其人行蹤來歷，可以深信，方許容留棲止」[3]。這事實上默許了作為商人的民人從城外返回城內。清朝北京「旗民分治」這一標誌著滿漢鴻溝的城市制度，至此出現了鬆動。從這一歷史過程來看，「廟市」的存在意義非常重大：它利用了自己跨越商業與文化的特點，在點滴磨合中，促使城市佈局盡量以較為自然的、符合居民的便利的形態存在，從空間的角度打破了封建政治權力對社會的人為分割，從而在某種程度上重新將設計城市的結構分佈的權力交還

1　翁偶虹 · 花農張老 // 舊京人物與風情 · 北京：北京燕山出版社，1996：110-114 ·

2　乾隆朝敕修 · 大清會典則例：卷 150 // 景印文淵閣四庫全書：第 624 冊 · 台北：商務印書館，1986：695 ·

3　雍正朝敕修 · 上諭內閣：卷 54 // 雍正朝漢文諭旨匯編：第 7 冊 · 桂林：廣西師範大學出版社，1999：55 ·

給了社會。商業與文化的結合在這一歷史過程中表現出了「以人為本」的
蓬勃生命力。

　　我們今天已經很難得知古代僧侶們是如何看待商業空間對佛門清淨地
的滲透的。可以確定的是，平時大多數寺廟都是非常清淨的，只有廟市期
間才會門庭若市。值得注意的是，在廟市這一獨特商業空間中，寺廟本身
反而被抽象化了。佛寺、道觀乃至較為世俗的財神廟、土地廟，它們所舉
辦的廟會並無很大的差別。參與主持廟會的商人，亦無將廟會按行業分化
的行為。就連「趕廟」的城市居民，他們固然會對世俗化程度較高、帶有
明顯功能目的性的廟宇格外青睞，但對於大多數廟宇，人們求仙問佛、投
以香資以求庇佑，構成了一種異常寬泛的城市宗教儀式。城市居民對釋道
之間的差別了解得並不多，廟會之間的差別似乎只剩下了地點和日期，甚
至寺廟的宗教影響力，要取決於寺廟附近的商業繁榮程度：正陽門市廛附
近的關帝廟，也比其他地方要「靈驗」。[1] 廟會一方面將宗教文化的影響力
播撒到城市文化中，另一方面又將宗教文化的特徵性抹平（有時還會依據
商業文化的繁榮度而對宗教文化進行「重整」），這無疑是異常複雜的文
化效應。

　　總之，廟市是北京城市中一種異常獨特的商業空間。它產生於宗教文
化的場所，具有商業空間的內核。然而在廟市之中，商業與文化並非是彼
此孤立的。商業活動為文化活動吸引了城市居民的關注，令文化因素得以
介入城市居民的生活，在城市空間中長盛不衰，其自身亦在民俗文化中凝
聚了下來，構成了北京城市文化精神的一部分。它不只是中國古代宗教空
間與商業空間結合的巔峰，也在世界城市史上以融合宗教與商業而值得大
書特書。即便在遠離西方中世紀宗教文明的東方世界裏，北京廟市這種普

1　此類記載頗多，可見此處比其他地方「靈驗」是清朝人一般印象。例如王應奎・柳南隨筆：卷 2・北
　　京：中華書局，1983：23・

遍化的、抽象化的宗教—商業文化現象，仍是異常少見的。

誠然，隨著民國時期北京社會經濟形勢的變化、新中國以後歷次政治運動的影響，以及北京在現代化過程中城市規劃的不斷變動，大多數廟會都已經湮沒不顯了，然而「趕廟」這一傳統，卻借由數百年的商業習俗以及留存於歷史記憶中的文化痕跡而凝固在了北京文化當中，甚至成為了當今人們追溯北京傳統文化（「老禮兒」）時的標誌性文化符號。這大概便是廟會在北京史上留下的沉鬱回音。

通過以上的論述可以看到，清代北京的商業空間，與步入近代前夜的西歐城市有著巨大的區別。歐洲城市中，商業空間是以經濟貿易特徵留存於歷史上的，它的文化背景是對傳統封建秩序的破壞，以及對新文明曙光的前瞻。而北京商業空間的文化精神就要複雜得多，與傳統文化之間的聯繫也明顯得多。這正是傳統中國人文精神在城市社會中的重要映射。

可以看到，來自國家權力的干涉，與來自商業活動參與者的調適，始終是在北京商業空間的遷移過程中起決定性作用的兩個因素。然而這兩個因素背後，來自中國傳統文化的影響構成了雙方交互的基礎。政治權力始終憑藉儒家禮法賦予國家的優勢地位，以若干普世化的理念為基礎，依照國家心目中神聖首都的模樣，規劃著都城。基於《周禮》的單一市場格局，柵格化的坊市制度，以及後來的「旗民分治」、遷出內城舖戶，其背後都是帶有規劃理念的政治權力。朝廷干預城市，其目的一方面是調和人間的秩序，以天人秩序的合一，換取風調雨順、國泰民安；另一方面，也是通過重新組織城市格局，達到調整城市中不同政治力量的分佈，將王朝的力量基礎安排在「宸居」周圍的目的。

然而商業空間的文化意義，又不僅是政治文化自身構建的一部分。可以看到，都城商業空間從來都沒有因政治權力的規劃而「安分守己」，它先後掙脫了束縛它的數個牢籠，並成功地介入到了傳統文化之中。政治精

英需要商業空間滿足都城的日常生活需求，這是商業在都城中存在的根本原因；而商業空間的文化伸展，則源於政治文化需要繁榮的商業作為其成功標誌。而當商業空間發展到與城市文明相結合，成為城市乃至國家的「名片」後，它的文化意義也就不容否認了。這一步，是通過商業空間的藝術提升，以及其與宗教場所之間的「共軛」完成的。

綜覽商業空間在北京城市中的發展過程，可以看到，傳統文化始終是中國城市中不可忽視的重要因素。店舖修造絢麗多彩的外飾，商人群體對城市生活的介入，甚至商業活動與宗教活動的結合，都反映出了中國商人們力圖用文化將商業活動進行包裹，將「逐利」的商業活動改造為富麗堂皇的文化殿堂的想法。事實上，他們的努力確實獲得了成功：無論是關注著正陽門的士大夫，還是出入於廟會的老百姓，他們都不像朝鮮使臣那樣，視市場為單純的「末業之地」，儘管他們對市場的文化意義理解尚有區別。對於他們而言，市場帶來的身體體驗，消解了儒家文化中對商業的懷疑態度，而令文化觀念在這所城市中變得世俗了許多。

事實上，「文化印象」與商業文明的繁盛，有著直接且密切的關係。車馬輻輳、商賈雲集、百貨陳列、酒坊猶唱，這種商業空間的景象，構成了文化的生活體驗。對於清朝及其治下的北京而言，雖然皇帝一再申明「返質樸」的文化宗旨，但其實質卻不可避免地走向了「質表文裏」，在商業文化的影響下改變了政治文化的內核。商業空間所標誌著的富麗錦繡，將政治權力的文化背景改造了。這大概是商業文化在北京人文精神中最悠長的呼吸。

第四章

出入廟堂：文人官僚的京城生活

《中庸》：「天命之謂性，率性之謂道，修道之謂教。」
朱子的《四書章句集注》有曰：「天以陰陽五行化生萬物，
氣以成形，而理亦賦焉。」

作為人文層面上的意識，歷史文化的底蘊同群體的歷史記憶傳承密不可分；而歷史記憶、對歷史文化的認知，則同歷史文化的沉澱與再闡發有著密切的聯繫。福柯認為，歷史書寫所針對的是「遺跡」，即碎片化的、無意識的材料。[1]當這些標誌著生活軌跡的知識進入文化的領域，由文化的闡發者編織為故事，並形諸語言、文字時，歷史文化的積累與傳播便發生了。而被反復書寫、不斷更新的歷史知識，繼續成為層累的積澱，並在一次次再闡發中不斷刷新人們的歷史記憶，最終便形成了歷史文化的底蘊和氛圍。「闡發」在這個過程中佔據非常重要的位置，它令處於散落狀態的、片面的、僅作為普通生活經驗而存在的知識昇華到文化的層面上，而正是這些零散的意識滋養了共同記憶。這是一個地域、群體的歷史文化底蘊形成的重要途徑。

而具體到北京而言，這座古城包含著豐富的歷史文化記憶。五朝古都的地位，令北京的城市風貌與中華多民族國家的歷史緊密相連。城中的每一座建築都承載了太多的故事，每一個故事中都會閃現出那些過往的歷史人物。他們當中除了皇親國戚、達官貴人之外，當以旅京的官僚士大夫最具文化活力。眾所周知，士大夫在古代中國的文化活動中歷來承擔著重要的使命，在傳統文化的傳承、弘揚中起到了核心的作用，甚至構成了文化

1　米歇爾・福柯・知識考古學・北京：三聯書店，1998：6-9・

的主體。[1] 對於士大夫而言，考論經史、吟詩作賦，是其文化活動的基本形式，而當這些基本的文化活動以北京城市風貌為對象時，北京的歷史文化便開始被闡發、被建構、被積澱了。因此，士大夫不僅是歷史文化的主體，也是其闡發者。

旅京官僚士大夫群體的形成，有其獨特的背景。北京自遼金元以來一直是全國的政治中心，朝廷官員聚集於此，形成了一個規模龐大的社會群體 —— 京官。在看重科舉的明清時期，士大夫中有文才者，若要盡快入仕，取得較好的官位，幾乎都會憑藉科舉謀取功名。而中下級京官職位，正是以科目出身者升官高就的必經之路。這讓京官群體彙聚了全國文人士大夫中的精英。除京官外，京城還有來京考試的各地舉子，其人數也可謂眾多。按照明清兩朝的規定，各省士子若通過鄉試，則須按期到京城參加會試、殿試等更高級別的考試。雖三年一次，但漫長的考試過程，令大量受過儒學文化訓練的士子淹留北京。另外，由於北京是全國的文化中心，一些名士雖然並無科舉任務，也會來京尋訪友人。這種多元文化環境對文人無疑具有巨大的吸引力。

由旅京官僚士大夫群體的結構，可以看到，無論是官僚、士子還是名士，都屬於文人之列。對於他們，辭賦文章乃立身之本。尤其是那些在翰林院、詹事府等衙門司職的官員，詞賦吟詠更是其生活中不可缺少的精神能量。而為了參加科舉考試紛紛來京的各地士子，也往往要利用這一機會交結在京的官員，於是，以文會友，唱和酬答，便成為其最為便利而又風雅的交流方式，這一過程，往往也是旅京官僚士大夫群體對北京的人文及歷史「再闡發」的過程。

從文人官僚的詩歌唱和中我們不難發現，其內容往往會涉及北京的風

---

1 余英時・士在中國文化史上的地位 // 中國知識人之史的考察・桂林：廣西師範大學出版社，2004：
113-122・

土人情以及城市風貌。北京悠久的歷史、繁華的街市、遍佈城中的人文自
然景觀、真偽難辨的城市掌故等等，都在激發著文人的創作熱情。在他們
的筆下，一草一木，一磚一瓦，一人一事，皆成詩句詞章，從平凡的事物
變為帶有歷史滄桑感的「活物」。當平鋪直敘的講述演變為峰回路轉的辭
章並被幾代文人反復演繹之後，本來客觀所指的物質實體，便成為城市文
化氣息的一部分了。這便是我們所說的積澱與闡發過程。可以說，作為客
觀物質文化的建築，其精神與氣質，是在文人的吟詠中不斷昇華的。清代
北京不僅僅是一座物質繁華的都市，更是一座文化厚重且有歷史感的文明
古城。從這一意義上可以說，文人官僚們在重構北京「文化古都」的過程
中，起到了十分重要的作用。

出入宮門

明清時期，北京最為明顯的特徵便是它的皇家屬性。皇城的莊嚴肅穆、禁衛森嚴，不僅隔絕了宮廷內外，也為宮廷增添了神秘感，賦予了「大內禁地」的文化景觀特色。而皇宮中的天子、殿內的陳設、御苑中的園藝，甚至宮中的各種規制等，對於大多數京官而言，都是難得一見，那些旅居京城的文人們更是限於風聞而已。因此，皇家禁中對大多數人而言，除了敬畏之外還有一種神秘感，這種神秘感激發起他們強烈的好奇心。那些有機會出入宮禁、一睹皇家氣派的官員，往往會將每一點見聞，都與皇帝的「天恩」相聯繫，並將此作為生命中的重要記憶加以「珍藏」。而不能入宮者，或探聽於旁人，或考證於書籍，通過各種方式，表達對皇家自然風光的好奇。而他們筆下的記錄，從一種或現實或想象的側面，勾畫出了北京人文特質的一部分。

文人官僚在宮廷中的活動，主要有三大類。為了便於敘述，以下的內容取材於清朝。

○ 朝會觀見

參加早朝等朝會，是官僚出入宮廷最常見的理由。清初定制，「每日聽政必御正門，九卿科道各員齊集啟奏，以為常典」[1]，當時早朝參與者甚

---

1 乾隆朝敕修・清朝通典：卷 52・上海：商務印書館，1935：2347．

多，六部官員分為三班，輪流進奏，內院（內閣和翰林院的前身）官員掌題奏本章者須在場協助處理文書，甚至「並令翰林科道同奏事官齊進侍班記注」[1]。康熙時期，早朝儀制有所調整，高官參與者漸少，中下級翰詹科道侍班仍舊。康熙二十一年（1682 年）定「御門聽政」之制，「每日御朝聽政，春夏以辰初刻、秋冬以辰正初刻為期，啟奏各官，從容入奏。九卿、詹事、科、道原係會議官員，仍每日於啟奏時齊集午門」[2]。每日黎明，漢官從南城等地的寓所，滿官則由內城四隅趕到皇城附近，在午門外集合，屆時列隊魚貫而入，等候上朝。排列整齊、集體行進的形式，賦予了入朝過程以強烈的儀式感。皇帝對這種儀式感也很看重。乾隆帝的《季夏視朝詩》記載了這一情景：

> 詰旦奎中夜易闌，罘罳曙色上金鑾。
>
> 宮懸樂應林鐘律，拜舞班齊九品官。
>
> 何必舍人稱絕唱，所希多士副其難。
>
> 漫言例是鴻臚掌，拱手垂衣敢自安。[3]

　　早朝的儀式感和「面見天子」的榮譽感交織，刺激了官員們的情緒，促使他們將此事以文學形式記錄下來以表達自己激動的心情。故而文人官員有機會上朝者，一般都會有詩賦紀恩。康熙時，詩人顧汧入朝侍班，目睹官員往來穿梭，有詩錄其狀曰：

> 中宵盛服待朝天，月落霜清睇睥邊。
>
> 魚鑰九重循次序，巒坡百折任周旋。
>
> 宮門啟處親瞻日，玉珮聽來凜涉淵。
>
> 始信龍顏真咫尺，千秋常侍袞衣前。

1 乾隆朝敕修·大清會典則例：卷 56// 景印文淵閣四庫全書：第 622 冊·台北：商務印書館，1986：15·
2 中國第一歷史檔案館·康熙起居注·北京：中華書局，1994：899·
3 于敏中，等·日下舊聞考：卷 11·北京：北京古籍出版社，1985：151-152·

　　啟事公卿紛若來，雁行魚貫各沿洄。

　　敷陳有道資良畫，剸決如神仰睿才。

　　勤政樓高百職舉，延英殿敞八紘恢。

　　身依黼座還前立，端為薇垣接上台。[1]

　　官員們經過漫長的步行，親見了百轉千回的宮廊，等待了許久，終於在朱門緩啟後得以一睹龍顏。這種儀式賦予了上朝以強烈的政治文化內涵，在臣子的心中樹立了朝廷「儀制隆重」、莊嚴肅穆的形象。這是強化國家政治權威的一環。

　　而對於另一些官員而言，在入朝的肅穆中，還能感受到朝廷綱紀不僅及於人世，還達於天地。例如趙翼曾寫道：

　　千行鵷鷺集初寅，肅聽鳴鞭拜舞勻。

　　玉燭星雲三殿曉，珠杓雨露九天春。

　　笙墉響入和風度，旗傘光涵旭日新。

　　朝罷獨趨輪直地，早欣發筆寫恩綸。[2]

　　可以看到，早朝本是君臣處理國家政務的場合，但趙翼卻將它同天光、雨露、飛鳥聯繫起來，彷彿天地萬物都服膺於朝廷儀制的安排。這些記載都描繪了官員在常朝前及常朝進行時的興奮心情。

　　當然，對上朝經歷的集體記憶也不都是愉快的。對於那些上朝次數較多、政治熱情相對較低的官員，早起上朝便是苦差事了。毛奇齡《西河集》卷一八七有《早朝詩》，備述早起侍班的痛苦：

　　端門高啟傍青霄，待漏初回金水橋。

　　彩仗暗排雙闕麗，玉階徐引一燈遙。

1　顧汧‧鳳池園詩文集‧詩集‧卷 4// 四庫未收書輯刊：第 7 輯，第 26 冊‧北京：北京出版社，1997：267‧

2　趙翼‧甌北集：卷 4‧上海：上海古籍出版社，1997：71‧

　　　　風飄御琯疑鳴鳳，寒動朝衫許覆貂。

　　　　只愧仙盤頻賜露，侍臣有渴未曾消。[1]

　　清冷的凌晨，群臣飢困不已、忍渴而立，身體上的體驗顯然並不愉悅。雍正五年，因天氣寒冷，朝廷一度准許百官穿較暖的朝服上朝。[2]事實上，那些讚頌上朝盛況的官員，其身體體驗與毛奇齡應無本質區別，亦是在飢渴中侍班。這種身體和心理體驗之間的差異，正說明了來自於政治文化的朝廷權威，對士大夫的心理狀態有著多大的影響。

　　除早朝外，朝廷遇重大典禮，如郊祀等，還會有更為隆重的朝典，屆時文人官員多需輪班參與。其中，與文人關係最密切的，當屬「經筵」，即給皇帝講授儒家經典和古代史書。清代經筵始自順治後期，到康熙時基本穩定，每年春秋於文華殿各舉辦一次。關於經筵的儀式過程，《詞林典故》有所記載：

　　是日，上御文華殿，諸臣赴階下，行禮如儀。詹事府詹事、少詹事及日講官俱入殿西侍班於九卿之次。滿漢經筵講官各按左右立，當講官四人先出班，至講案前一跪三叩頭，起立，讚進講。講書官二人以次折旋，至講案前，進講如儀。講章中遇稱皇上，則拱手鞠躬。講畢，俟上發玉音，群臣皆跪。講經亦如之。禮成，趨階下，行禮如前，復宣上殿，賜茶，畢，駕出賜宴於協和門。[3]

　　由此可見，經筵的儀式感很強，官員行動舉止皆有儀制，遠非今日講座授課之輕鬆隨意可比。禮儀煩瑣，雖然限制了講學者的發揮，但也增添了參與者對儒學在朝廷之中地位的尊重感。主講經筵之官員，稱為「經筵講官」，多由大學士、六部尚書、侍郎等擔任，擔此重任為儒臣之恩遇。

1　吳長元．宸垣識略：卷 2．北京：北京古籍出版社，1981：24．

2　上諭八旗：卷 5// 雍正朝漢文諭旨匯編：第 9 冊．桂林：廣西師範大學出版社，1999：98．

3　鄂爾泰，張廷玉，等．詞林典故：卷 6．瀋陽：遼寧教育出版社，2003：138．

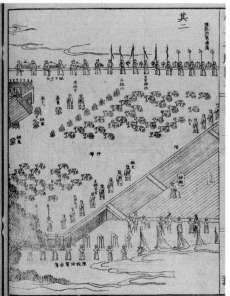

圖 4-1　清代（中期）朝會圖

圖片來源：岡田玉山等編繪的《唐土名勝圖會》卷一，日本文化二年（1805 年）刊。

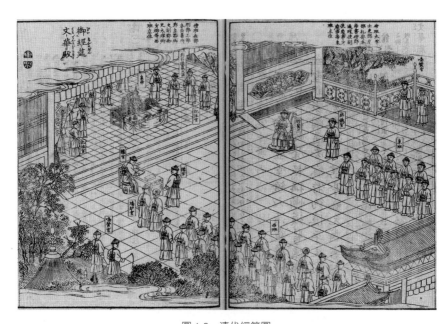

圖 4-2　清代經筵圖

圖片來源：岡田玉山等編繪的《唐土名勝圖會》卷一，日本文化二年（1805 年）刊。

康熙時的名臣陳廷敬曾多次出任經筵講官，其詩文中對經筵的肅穆感，以及經筵中皇帝對經史的敬重感，都有恰如其分的描寫：

> 崇政經帷秘，延英玉陛高。
>
> 聲容肅中禁，寵渥厚詞曹。
>
> 天語開黃卷，乾文上彩毫。
>
> 萬言親講誦，或恐聖躬勞。
>
> 燕寢羅緗帙，高居御氣清。
>
> 泰階懸朗照，乾象法時行。
>
> 燎火千門望，詩書五夜情。
>
> 未央常待旦，求理為蒼生。[1]

1　張廷玉‧皇清文穎：卷 67// 故宮珍本叢刊：第 649 冊‧海口：海南出版社，2000：339‧

經筵的莊重，令皇帝與文人都獲得了同漢文化密切相關的體驗。從場域的角度來看，經筵暫時模糊了宮廷空間中的君臣地位，儒臣「沐恩光而親訓誨」[1]，以人臣之身份教育君主，完成了對君主的儒學規訓儀式。這一儀式周期性地「重申」士大夫在經學訓導中的地位，賦予了經筵中的儒臣以特殊的榮譽感。陳廷敬所謂「聲容肅中禁，寵渥厚詞曹」，正是這種文化體驗的真實寫照。通過經筵，清朝皇帝能夠近距離接觸當時的儒臣，學習漢文化知識，從而了解中國古代的文化內涵，這對清王朝接受漢文化起到了重要的作用。

○ 入宮當直

入宮當直，是清代中下級京官一睹宮中情景的機會。清朝的紫禁城中設有多個機構，有的供皇帝吟詩作畫兼起草章奏，如南書房；有的掌握國家大政，如軍機處；有的則是文化典籍保存、編纂之所，如皇史宬、國史館、起居注館等。[2]康熙時期，官員入直禁中者日漸增多，而宮廷文化活動也逐漸興起。眾所周知，康熙帝崇尚理學，喜愛漢文化，並熱衷於詞章之學。為了便於觀書寫字、講究文義，康熙帝命擇翰林中諳謹有學者日侍左右，因而設置了南書房這一機構。南書房原為康熙帝的書房，因坐落於紫禁城內月華門之南而得名南書房。康熙十六年（1677 年）十一月，康熙帝命侍講學士張英加食正四品俸，高士奇加內閣中書銜食正六品俸，入直南書房，賜第西安門內 [3]，是為南書房肇建之始，詞臣賜居紫禁城亦自此始。

翰林入直南書房，其性質不過是內廷詞臣入宮當直，其身份地位

---

1 蔡世遠・二希堂文集：卷 1// 故宮珍本叢刊：第 592 冊・海口：三環出版社，2000：31．
2 吳長元・宸垣識略：卷 2・北京：北京古籍出版社，1981：24-26．
3 清聖祖實錄：卷 70// 清實錄：第 4 冊・北京：中華書局，1987：891．

並不高，僅為文學侍從，陪同康熙帝讀書、寫字，隨時應召侍讀、侍講。但是，因為常侍皇帝左右，備顧問，又常同皇帝論經史、談詩文，皇帝即興作詩、發表議論等皆要為之記注，特別是皇帝每外出巡幸，南書房的翰林官皆得隨扈，進而翰林官常代皇帝撰擬詔令、諭旨，參與機務。也就是說，南書房的翰林們因接近皇帝，對於皇帝的決策，特別是大臣的升黜有一定影響力。故入直者位雖不顯但備受敬重。此後，奉詔入直南書房的漢人越來越多，在短短幾年內，如高士奇、勵杜訥、熊賜履、張玉書、陳廷敬、葉方藹、王士禎、徐乾學、王鴻緒、朱彝尊、沈荃、孫在豐、韓菼、王掞等一批以文著名者皆得延攬其中。他們得以出入禁宮，與皇帝相唱和。而在出入宮掖的過程中，這些人眼見禁庭風景，對皇城氣象有頗多描寫。其中留下詩作較多的，有高士奇、朱彝尊等人。

高士奇，字澹人，浙江錢塘人。以監生就順天鄉試，充書寫序班。因工書法，得明珠引薦，入內廷供奉，授詹事府錄事。尋以能文，奉特旨入直南書房。康熙十九年（1680 年），康熙帝以其書寫密諭及纂輯講章、詩文，供奉有年，諭吏部授為額外翰林院侍講。此後一直深受康熙帝信用，補侍讀，充日講起居注官，遷右庶子，累擢詹事府少詹事。[1] 作為最早一批「入直南書房」的文人。高士奇對宮廷風光建築尤為注意，將所見宮廷景觀記敘甚多。在其著述《金鰲退食筆記》的序言中，有這樣一番描述：

嘗讀往史所載，秦、漢、隋、唐之宮闕，高者七八十丈，廣者二三十里。而離宮別館，綿延聯絡，彌山跨谷，或至數百所。何其奢侈宏麗可怖也！明因金、元之舊，宮闕苑囿，較秦、漢、隋、唐，僅十之三四，然皇城之中，即屬大內，禁絕往來，惟親信大臣，得賜遊宴。故或記或詩，咸

1　清史列傳：卷 10．王鍾翰，點校．北京：中華書局，1998：684-685．

圖 4-3　清代翰林院

圖片來源：岡田玉山等編繪的《唐土名勝圖會》卷三，日本文化二年（1805年）刊。

自詡為異數。亦有終身官侍從，從未得一至者，聞人說苑西亭台宮殿，無異海外三山，縹緲恍惚，疑信者半。我國家龍興以來，務崇簡樸，紫禁城外，盡給居人，所存宮殿苑囿，更不及明之三四。凡在昔時嚴肅禁密之地，擔夫販客皆得徘徊瞻眺於其下，有靈台靈沼之遺意焉。余自丁巳賜居太液池之西，朝夕策馬過金鼇玉蝀橋，望苑中景物，七閱寒暑。退食之頃，偶訪曩時舊制，約略得之傳聞，又彷彿尋其故址，離宮別館，廢者多矣。脫復十數年，老監已盡，遺跡漸湮，無以昭我皇上卑宮室、約苑囿之儉德，因率筆記之。……紀其興廢，而複雜以時事，欲見昭代之盛，存為太平佳話也。[1]

1　高士奇 · 金鼇退食筆記：卷上 // 明宮史 · 金鼇退食筆記 · 北京：北京古籍出版社，1980：117 ·

　　從高士奇的記述中可知，當時的宮禁之地只有「親信大臣，得賜遊宴」，凡能進入宮廷的人都會引以為傲，「故或記或詩」，「咸自詡為異數」。而由高士奇等官員將宮廷見聞記錄下來，其用意也是要索隱發微，將他人無從目睹的宮廷盛況留傳史乘，進而讓後人能為清代的皇家氣派而自豪。高士奇《經進文稿》卷四有言：「居者既以守近而不知，過者又以匆遽而莫曉。」[1] 這正是一種賦予宮廷景觀以文化生命的行為。為了完成這一使命，高士奇在書中不僅像明朝人編纂《明宮史》那樣，鋪敘宮廷建築，備述其地景色，還大量加入了個人對宮廷自然人文景觀的感受，力圖將宮廷寫「活」。例如他對北海的描述：

　　夾岸榆柳古槐，多數百年物。池中萍荇蒲藻，交青佈綠；野禽沙鳥，翔泳水光山色間，悠然自適。盛夏芰荷覆水，望如錦繡，吐馥流香，尤為清絕。若其春冰乍泮，秋月澄暉，煙靄雲濤，雨朝雪夜，則余八年內直，晨夕策馬過橋頭獨有會心者。

　　而對南海，高士奇的描述就更為細致了，甚至講述了宮中冰上嬉戲之習：

　　禁中人呼瀛台南為南海……寒冬冰凍，以木作平板，下用二足，裹以鐵條，一人在前引繩，可坐三四人，行冰如飛，名曰『拖床』。積雪殘雲，景更如畫。又於冰上作擲球之戲，每隊數十人，各有統領，分伍而立，以皮作球，擲於空中，俟其將墮，群起而爭之，以得者為勝。或此隊之人將得，則彼隊之人蹴之令遠，喧笑馳逐，以便捷勇敢為能。本朝用以習武。所著之履，皆有鐵齒，行冰上不滑也。[2]

　　煙波垂柳的景色，冰上嬉戲的熱鬧，如在眼前。在雕樑畫棟之間，尚有如此富有生機的場面，這正是高士奇所著力描繪的。

1　高士奇 · 金鼇退食筆記：卷上 // 明宮史 · 金鼇退食筆記 · 北京：北京古籍出版社，1980：117 ·
2　高士奇 · 金鼇退食筆記：卷上 // 明宮史 · 金鼇退食筆記 · 北京：北京古籍出版社，1980：118-119 ·

除了以記敘的方式描述宮廷的景色，高士奇還大量加入了詩賦，以藝術的形式加強文化的縱深感。例如在參與一次宮廷宴會時，他曾賦詩以紀：

瓊圖丹垣裏，璿台綠水中。

山光開罨畫，橋影控長虹。

徑轉金衙入，波回桂楫通。

太平多盛事，浩蕩引春風。

淑景初晴後，佳辰上巳前。

藻浮春水碧，花帶曉霞鮮。

藉草沾香醑，臨流對綺筵。

羽觴須盡醉，天語更頻傳。

亭榭水雲隈，軒楹面面開。

地疑仙島近，人自玉墀來。

駕鳳雕甍出，疏龍磴道回。

賦成慚庾信，忝竊侍臣才。

遠勝東堂會，何殊曲水遊。

早鶯啼太液，芳樹繞瀛洲。

厚眷真無極，深恩迥莫酬。

此生懷帝澤，端賴濟川舟。[1]

可以看到，除了頌聖紀恩以外，對宮廷風光的描述，始終是高士奇宮廷詩作的重點。在他的筆下，宮廷生活不盡是深宮大殿的肅穆，還有瓊圖綠水、綺筵羽觴的盛景。作為清代宮廷文化書寫者的先驅，高士奇為清朝京城皇家文化的傳播做出了重要的貢獻。此後，清代出入宮廷的文人，也

1 高士奇．金鰲退食筆記：卷上 // 明宮史．金鰲退食筆記．北京：北京古籍出版社，1980：119-120．

不斷將宮廷掌故、皇室生活，以文字的形式層累堆疊，書寫他們心中的皇家氣象，為清代宮廷不斷塗抹文化的顏料。

另一位對宮廷場景描寫較多的人物是布衣出身的官員朱彝尊。朱彝尊，字錫鬯，號竹垞，浙江嘉興人。康熙十八年（1679 年）舉博學鴻詞，後被召入南書房。與高士奇相比，朱彝尊於仕進更淡，其「傳盛世於史乘」的使命感也沒有那麼濃厚。對於朱彝尊而言，以詩紀盛，更多的是一種有感而發、興之所至的行為，因此他在詩文中所體現的語氣較高士奇要「散」得多。例如其在康熙二十二年（1682 年）所作的賜宴太和門詩：

> 垂衣逢盛際，輯玉盡來庭。
> 白醞三光酒，青歸一葉蓂。
> 新年恩較渥，昨日醉初醒。
> 九奏鈞天曲，風飄次第聽。[1]

同年，康熙帝特賜朱彝尊內城宅第，以便入直。朱彝尊得此便利，此後其詩作中述及宮廷景色者驟然增多。例如當年初秋，朱彝尊入直時有詩詠懷：

> 殘暑秋逾熾，涼風午乍催。
> 微波蓮葉卷，新雨豆花開。
> 宛轉通橋影，清泠傍水隈。
> 夕陽山更好，金碧湧樓台。[2]

詩中雖然賦及內廷水景，但這是自然景物的幽雅與嫻靜，至於頌語亦不過「金碧湧樓台」之暗語而已。在朱彝尊的詩中，宮廷勝景雖然也是眼中所睹、口中所賦的「皇家氣象」，但這種自然景物的體驗，最終關照的

---

1 朱彝尊．曝書亭集：卷 11// 朱彝尊．曝書亭全集．王利民，等，校點．長春：吉林文史出版社，2009：167．

2 朱彝尊．曝書亭集：卷 11// 朱彝尊．曝書亭全集．王利民，等，校點．長春：吉林文史出版社，2009：169．

是詩人的內心，而非君主的思維世界。因而，雖然同為盛世之「雅頌手」，高士奇所力圖建構的是自然、人文交融於皇宮的局面，而朱彝尊則力圖描繪士人暢遊的內心世界。這兩種文化體驗，共同構成了清代宮廷的文化底蘊。

入直禁中，雖然有地位、有榮耀，但也很辛苦。官員須按時入直。尤其是「夜直禁中」之時，寒夜漫漫，岑寂無聊，官員們往往身心俱疲。這種情景，在侍直朝臣的詩中多有流露。如沈德潛有詩曰：

獨宿絲綸閣，虛堂燈火清。

窺簷星漢影，記夜柝鈴聲。

報稱慚鬒鬒，疏慵負聖明。

家園通夢寐，遊釣憶平生。[1]

沈德潛是乾隆四年（1739 年）進士，尋改庶吉士，時年六十七歲。七年，散館後授編修，成為翰林，但已是古稀之年，所以乾隆帝稱其為「江南老名士」，其在侍直中的辛苦可想而知。相同的感受在內閣中書蔣士銓的詩中也有記述。蔣士銓為江西籍詩壇名流，乾隆二十二年（1757 年）進士，他在乾隆十九年（1754 年）考取內閣中書後，寫有夜直詩：

朝衣墨漬帶酸寒，誰喚仙郎上界官。

海內封章留硯北，天邊綸綍在毫端。

畫持襆被花同宿，人散黃扉月自看。

那似鳴機圖畫裏，小窗燈火坐團團。[2]

這裏蔣士銓講的是一人獨自侍直的事情，其寂寥之情躍然紙上。然而這種岑寂有時也會令文人發生奇幻的經歷。例如，道光初年內閣學士斌良趁夜雪入直時，便有詩記瓊華島之景色：

1　沈德潛．潘務正，李言，校點．沈德潛詩文集：卷 14．北京：人民文學出版社，2011：227-278．

2　戴璐．藤陰雜記：卷 1．上海：上海古籍出版社，1985：10．

豐貂裘擁寒飆送，錦鞍兀兀駞殘夢。

平明踏雪過承光，攬轡渾如驂白鳳。

散花媵六大狻獪，萬頃瑤田橫螮蝀。

蘭池流汞宛相侔，華島鑽瓊名巧中。

層巒鱗疊睎玲瓏，曲榭螺盤相錯綜。

丹甍插漢渺虛名，蒼檜拏雲補缺空。

金碧樓台釀粉描，水晶宮闕銀潢凍。

嵯峨番塔湧訶林，高矗峯巔疑卓甕。

古柳環堤縞帶垂，早梅破臘疏香動。

人間何處覓蓬瀛，蜿蜒虹橋堪伯仲。

積素林坰境豈無，風景荒寒懶吟哢。

爭如上苑景清華，慶霄樓聳盤鬆棟。

範水模山畫未能，賦就長楊自矜誦。

歸時說與阿連聽，橐筆金鑾希雅頌。[1]

詩人以堆疊的奇險字詞，描繪夜雪中北海的美麗景色，表達自己一睹勝景時的驚奇情緒。由此不難想見宮廷景色在冥夜之際給文人帶來的衝擊感。

○ 皇帝賜宴

清朝皇帝多喜愛詩賦，好延攬名士，經常召集文酒之會，與朝中文學侍從之臣相唱和。這類皇家宴會，多在瀛台、景山或暢春園舉辦，襟帶山水，方便皇帝和臣子因景賦詩。皇家園林的精雅肅靜，與外城的景色自頗

---

1 斌良‧抱衝齋詩集：卷 28 // 續修四庫全書：第 1508 冊‧上海：上海古籍出版社，2002：380．

不相同，這對習慣了城市園林的文人來講無疑是很新鮮的，對他們的創作欲也是很大的刺激。尤其是在具有特殊意義的皇家宴會上，皇帝與官員之間的文字遊戲，更是一時風流掌故。目前可考的帶有文化屬性的文人賜宴，起於康熙十二年（1673 年）的賞荷宴會。是年六月，康熙帝駕臨瀛台，御迎熏亭，賜諸王以下諸臣及翰林等官宴：「諸臣日理政務，略無休暇，今值荷花盛開，夏景堪賞，朕特召諸王、貝勒等及爾諸臣同宴，以示君臣偕樂，其各盡歡，以副朕優渥至意。」[1] 這次賜宴雖仍以王公大臣為主，但一些翰林官也在蒙恩之列，例如當年科舉榜眼王鴻緒，便以翰林院編修（翰林院下級官員）的身份同皇帝一起泛舟瀛台。驟聆「天語」，王鴻緒備感恩遇，乃賦詩為紀：

迎熏亭敞對蒲荷，帝賞親藩桂棹過。

共識唐堯敦族禮，詎同漢武濟汾歌。

風來琪樹蟬聲滿，水蕩珠窗燕語多。

盛世明良真一德，從容杯酒矢卷阿。[2]

王鴻緒在詩中極力歌頌賜宴過程中感受的「皇恩」，不僅比康熙帝為堯帝、漢武帝，對宴會情景作歷史時間上的回溯，亦將宴會的自然環境作了歡快的描繪。同樣參加宴會的翰林官郭棻，亦有詩紀，其辭略為收斂。

太乙波明影碧霞，斗牛星畔泛仙槎。

百壺湛露聖人酒，十里香風君子花。

蛺蝶過船吹荇粉，鸂鶒出水帶菱芽。

啣杯四望歡無極，身在瀛洲第一艖。[3]

郭棻之名，不著於史，康熙帝稱其「為人老成」。此詩口氣較王鴻緒

---

1 鄂爾泰，張廷玉，編，詞林典故：卷 4，瀋陽：遼寧教育出版社，2003：74。

2 王鴻緒，橫雲山人集：卷 1，續修四庫全書：第 1416 冊，上海：上海古籍出版社，2002：539。

3 徐世昌，晚清簃詩彙：卷 26，聞石，點校，北京，中華書局，1990：882。

收斂很多，不過愉快的心情與王鴻緒並無太大差別。「喞杯四望歡無極，身在瀛洲第一艖」，其得意之情，亦可想見。

康熙帝的這次賜宴，極大地增強了中下層官僚文士對朝廷的認同感。這也是今人目前可以看到的漢人中下級京官參與內廷宴會的最早記載。此後，皇帝不時賜宴於這些以翰林為主體的漢人官僚們。賜宴地點，在禁中以瀛台迎薰亭附近最多，蓋因此處有南海一池，泛舟而宴，較金鑾殿前更為風雅，環境和格調都較為適宜。而在宴會時賦詩也逐漸成習。宴會上的詩自然多屬於「紀恩詩」，內容多為頌聖，但詩中仍然體現出獨特的宮廷文化韻味。例如乾隆時，著名詩人紀昀便有侍宴詩：

> 曲宴蓬山最上層，揮毫紫殿暖雲蒸。
>
> 金莖仙露和杯賜，消渴相如得未曾。
>
> 紅沁丹沙白膩脂，越窯風露滿花磁。
>
> 凡茶不敢輕煎注，上有君王自製詞。[1]

紀昀將這種宴會比作「蓬山」，不難想見與宴文人的激動心情。而「上有君王自製詞」，則講述了乾隆帝在宴會中也有辭賦即興之作。

通常，宮廷宴會的參加者有時僅是皇帝信賴的幾名文臣，但有時蒙此殊榮的官員也很多，能有數十人。例如，雍正四年（1726 年）重陽節宴會，以柏梁體聯句，參加的大小官員竟達到 92 人，甚至連宗室貴戚，也沾染士風，參與到賜宴時賦詩的宮廷活動中。作為天潢貴冑，他們的紀恩詩作更為富麗。乾隆初年和親王弘晝就有侍宴詩作留存下來，其詩曰：

---

1 紀昀．紀文達公遺集：卷 8// 紀曉嵐文集：第 1 冊．石家莊：河北教育出版社，1991：469．

佳節三秋爽，承恩九日中。

香萸含翠色，嫩菊舞金風。

留守頌聲盛，宣徽酌茗充。

臣歡皇澤沛，拜叩玉階東。[1]

　　清代文人官僚在宮廷之中，通過自身的文化素養，一方面記錄了禁中的自然人文景觀，將客觀的景物轉化為一種文化層面上的瑰寶，另一方面在與皇帝進行互動的過程中，參與了皇家富麗文化的編織，影響著皇帝。此外，他們還用自己的方式，描述了宮廷之中的生活。這些文化上的演繹，共同構成了清代宮廷文化的一部分，並為北京人文畫卷增添了雍容華貴的一筆。

1　弘晝·稽古齋全集：卷 7// 四庫未收書輯刊：第 9 輯，第 21 冊·北京：北京出版社，1997：403·

文人聚會

聚會，是在京文人官僚最常見的一類文化活動。從表面上看，朋輩雜聚，僅是一種聯誼方式，但實際上這卻是官僚之間親疏關係、社交網絡的一個直接反映。清廷鑒於明末士人結社相傾，終致覆亡，故而對士大夫之間的交結十分敏感，屢申朋黨之禁，但卻無法斬割文人官僚們利用鄉誼、同年等地緣、人脈之情而組織的聯誼活動。清人謂官僚酬酢無虛，送往迎來，但「不如是不足以聯友誼也」[1]，其中的心情頗堪玩味。

京城文人官僚的聚會大致有這樣幾類，一是官僚上下級之間的應酬；二是同鄉朋友之間的歡聚；三是文人官僚之間的唱和。

○ 官僚之間的應酬

士大夫官僚群體既多官場之人，則其中成員之地位繫於科層等級，殆不可免。官僚的品階高低和行政隸屬的上下級，決定了士大夫官僚之間社交往來的關係。這種應酬純粹是官場往來，多半發生於儀式性較為明確的場合，如紅白喜事等。晚清文人官僚李慈銘，官至監察御史，仕位並不顯著，但每年為應酬也要花費數百兩，佔支出的 30% 至 50%，往往比俸銀收入還高。[2]

1　張集馨．椒雲年譜 // 張集馨．道咸宦海見聞錄．北京：中華書局，1981：80．
2　張德昌．清季一個京官的生活．香港：香港中文大學出版社，1970：65-66．

　　特別是，在這種社交網絡中，大學士、軍機大臣等高級官僚處於核心，是大多數人所奉承的對象，攀附者往往不遺餘力。一個典型的例子是雍正、乾隆時期的大學士鄂爾泰。鄂爾泰在雍正時期以幹練見用，歷任雲貴總督、陝甘總督等職，後入京為大學士、軍機大臣，位望隆重。雍正帝猝然去世，鄂爾泰得奉末命，擁立乾隆帝即位，故而在乾隆初期亦頗得信任，直至乾隆十年（1745 年）去世。雍正帝曾說：「朕有時自信，不如信鄂爾泰之專。」久而久之，在鄂爾泰周圍聚集起一幫趨炎附勢之人。「所到處，巡撫以下，走千里拜謁，虔若天人。」[1] 而鄂爾泰雖一度「私門自然杜絕，無處行其營求」，但久處逢迎中，終於「一切嫌疑形跡，無所避，門庭洞開，賓客車馬麻集，漏盡乃已」[2]。特別是乾隆帝即位後，朝中已形成以鄂爾泰為首的黨派，依附者大有人在，著名人物，如史貽直、尹繼善、仲永檀等皆投其門下。乾隆四年（1739 年），鄂爾泰六十大壽，百官爭先恐後，趨其府上拜壽稱觴，鄂爾泰因懼怕新皇怪罪，不敢接納，故作詩謝客：

> 無然百歲便如何，二十崢嶸六十過。
>
> 官貴倍增慚愧事，恩深徒誦太平歌。
>
> 賓朋介壽思棠棣，兒女稱觴感蓼莪。
>
> 老至情懷難向說，不堪重許賀人多。[3]

　　又如，乾隆中期，外戚傅恆以大學士、軍機大臣的身份掌機要近二十餘年，權勢甚重。為他賞識和重用的將吏不計其數，如畢沅、孫士毅、阿爾泰、阿桂等位至封疆、官拜宰輔的大吏，皆其一手拔擢。執政日久，傅

1　袁枚．武英殿大學士太傅鄂文端公行略 // 小倉山房詩文集：卷 8．上海：上海古籍出版社，1988：1328．

2　上諭八旗：卷 7// 雍正朝漢文諭旨彙編：第 9 冊．桂林：廣西師範大學出版社，1999：159；袁枚．武英殿大學士太傅鄂文端公行略 // 小倉山房詩文集：卷 8．南京：江蘇古籍出版社，1993：1326-1340．

3　鄂容安，等．襄勤伯鄂文端公年譜 // 鄂爾泰年譜．北京：中華書局，1993：111．

恆周圍阿附之人亦形成了一個集團。在傅恆扈從皇帝避暑於熱河期間，其
兄廣成歿故。傅恆乞假返京治喪，一時尚未回京。此時，廣成家的訃告已
遍及京城故舊之家，但在傅家受弔的三天中，前兩天竟無一人來弔。第三
天，傅恆返京，大小官員無不爭先恐後趨勢赴弔，以至於廣成家周圍方圓
數里之內擠得水泄不通。[1]

○ 會館中的同鄉聚會

與趨炎附勢的權勢之交相比，另一類聚會主要發生在一定的社交關係
中。這類聚會不像純粹的官僚趨附之交那樣有明確的中心人物，聚會主題
也沒有那麼政治化，更多的是一種社交關係的敦睦。京官的社會關係十分
複雜，每一類社會關係，都會形成一種社交圈子，大部分聚會都有明確的
社交背景，參與聚會的人亦多半從屬於同一社交圈子。清人的社會交際，
路徑非常明確，最常見的路徑便是同僚、同鄉、同年、同門及師生。一般
文人聚會，即循此關係邀集同伴。同鄉，指的是籍貫為同一省份甚至同一
府、縣的官員。同年，指的是同一年參加鄉試或會試的官員。[2]同門，指的
則是同在一處讀書的官員。師生關係則較為複雜，不僅指學業上的師承，
也包含了科舉考試中考官和考生之間的關係。這五類情況，基本涵蓋了北
京士大夫雅集聚會的人員組成。

聚會文化在清代為在京文人官僚所熱衷，與他們的生存狀態有著直接
的關係。對於在京的小京官而言，客居他鄉，舉目無親，收入又微薄，生
活頗為清苦無聊。他們尤其喜歡利用各類社交關係，組織或參與各種聚

1　趙翼・簷曝雜記：卷2・北京：中華書局，1982：35・
2　參見法式善・會陶然亭記 // 法式善・法式善詩文集・劉青山，點校・北京：人民文學出版社，2012：
　　1151-1152・

會，「假期之內，優遊宴樂」[1]。而這類聚會往往藉助於同鄉「會館」這一場域。

會館始於明代，而以京城會館開其先河。在明朝中葉至晚明嘉靖年間，京師內外城便出現了由地方各省建的會館。進入清代，會館更是迅速發展。乾隆時刊行的《水曹清暇錄》記載：「數十年來各省爭建會館，甚至大縣亦建一館，以致（北京）外城房屋基地價值騰貴。」[2]清代朝廷發佈滿漢分城而居的規定，將北京內城所有的漢人統統遷徙到外城，所以，在北京的正陽、崇文、宣武三門外一帶的漢人居住區便成為會館建築最集中的地方。徐珂輯《清稗類鈔》亦曰：「各省人士僑寓京都，設館舍以為聯絡鄉誼之地，謂之會館。或省設一所，或府設一所，或縣設一所，大都視各地京官之多寡貧富而建設之，大小凡四百餘所。」[3]此外，修史、修書等文化活動也使大批文人官僚逗留京城，對會館的發展更起了推波助瀾的作用，致使會館的數量越來越多。

會館的出現及其發展，一是為在京官員能夠「初至居停」[4]，乃至居住；二是為進京赴試的士子提供館舍，即「公車歲貢士是寓」[5]。因此，會館基本上都是按照籍貫建立的，而且多由在京知名官僚主持捐建。這也使得在各類社交聚會中以同鄉之間的聚會聯誼為多，社交關係最為緊密。

例如，崇文門外的三晉會館，在順治年間由兵部尚書賈漢復所建。賈漢復為山西曲沃安吉人，漢軍旗人。據康熙朝官至大學士的山西陽城人陳廷敬的題《三晉會館記》記載：「尚書賈公，治第崇文門外東偏，作客舍以館曲沃之人，曰喬山書院。又割宅南為三晉會館。且先於都第有燕勞之

1 國家檔案局明清檔案館編．戊戌變法檔案史料．北京：中華書局，1958：184．

2 汪啟淑．水曹清暇錄：卷 10．北京：北京古籍出版社，1998：156．

3 徐珂．清稗類鈔：第 1 冊．北京：中華書局，1984：185．

4 沈德符．萬曆野獲編：卷 24．上海：上海古籍出版社，2012：510．

5 劉侗，于奕正．帝京景物略：卷 4．北京：北京古籍出版社，1980：181．

館，慈仁寺有餞別之亭，公兩以節鉞鎮撫四方，為善於鄉如此。」[1]

建於外城土地廟斜街的「全浙會館」同樣是官員捐贈的。此會館形成於康熙年間。戶科給事中趙吉士將私家園林「寄園」捐出，建立了此會館。趙吉士原為安徽休寧人，後入籍浙江杭州。有記載曰：「土地廟斜街全浙會館，舊為吾鄉趙天羽先生吉士故宅，康熙間捐作會館，雍正十二年重修。」有李衛、陳元龍二人所立之碑，碑中記載了此會館的歷史沿革。原來，寄園初為康熙朝大學士李霨的別墅，其後歸趙吉士，改名寄園。趙吉士是安徽休寧人，而他的兒子卻佔浙籍科舉中式，因而被參劾謫官，他此後久住京師，又以寄園捐作全浙會館。[2] 但在趙吉士身後，其屋舍被豪強所據，趙吉士之孫訟之於官，但仍不得索還，其孫遂捐白金三千兩贖還，其後屋舍又因火災地震而被毀棄。至李衛入覲，「捐俸為倡，兩浙搢紳共輸金成之」[3]。

福建會館亦多由同鄉捐贈，先後有明萬曆時大學士葉向高、清康熙朝大學士李光地、乾隆朝大學士蔡新等「捨宅為館」。民國時期，李景銘作《閩中會館記》，猶記其事。

同鄉會的內容，往往與思鄉有關聯。乾嘉之際蘇州詩人顧宗泰，在擔任吏部主事時，便曾參與蘇州同鄉會，賦詩留念：

> 就中鄉誼聯古交，維桑敬止詩所教。
>
> 蘭台首倡開君庖，扶持大雅愈與郊。
>
> 賓鴻方來燕辭巢，黃花圍席陳嘉餚。
>
> 棗榛栗柿菱芡茭，蟹羹鼊臇和煎炰。
>
> 如澠之酒歡酌匏，夷懌醉止情投膠。

1　戴璐．藤陰雜記：卷 6．上海：上海古籍出版社，1985：73．

2　戴璐．藤陰雜記：卷 6．上海：上海古籍出版社，1985：83-84．

3　吳慶坻．蕉廊脞錄：卷 2．北京：中華書局，1990：65-66．

軟紅輪轂日漰湁，何當抽閒餘味包。

尋盟締簡好事抄，從此一解煙雲嘲。

分曹颺館從誰謏，要使篤契忘形胞。

斜陽欲落薜影捎，夕移漏箭聲頻敲。

及時莫惜鄉園拋，同勵此志輕嘐嘐。[1]

對於外地來京的官員，思念家鄉，是一種油然而生的感情。然而官職的羈絆，都市的繁華，又讓他們留戀京師，不願返鄉。這種矛盾的心態，在同鄉會中經常有所體現。例如在顧宗泰的詩中，便有「維桑敬止詩所教」與「及時莫惜鄉園拋」兩種情緒並行。再如乾隆十一年，大學士陳世倌召集浙江同鄉會，其境況略云：

相國聯桑梓，春明集綏緺。

人才推漸水，台館鬨斜街。

簪盍金花麗，珂鳴玉珮諧。

八騶先引道，雙轂復連輋。

已合人千里，渾忘天一涯。

綴聯非異地，容與屬同儕。

山水迢遙接，年齡次第排。

纏綿展情話，歡笑脫形骸。[2]

車馬絡繹，洵是盛會，令參與集會之人「渾忘天一涯」，思鄉之情亦稍得流瀉。

一般的文人聚會，其內容不外乎飲酒聽戲。宣武門以南不僅私家園林眾多，又是會館聚居之地，官僚士人多居於此，聚會聯誼更為方便。故

1　顧宗泰‧月滿樓詩集：卷33// 續修四庫全書：第1459冊‧上海：上海古籍出版社，2002：431．

2　周長發‧賜書堂詩鈔：卷4// 四庫全書存目叢書（集部）：第274冊‧濟南：齊魯書社，1997：749．

而宣南地區成為北京士人聚會活動最主要的地點[1]，且會館內多建有戲樓，每到節日之際，便演戲慶賀，同鄉齊聚，其樂融融。[2]康熙時京城文人洪升「以詩詞遊公卿」，組織《長生殿》演出，便為一時之盛，以致「諸親王及閣部大臣，凡有宴會，必演此劇。而纏頭之賞殆不貲。內聚班優人請開筵為洪君壽，而即演是劇以侑觴。名流之在都下者，悉為羅致」[3]。雖然《長生殿》的演出，因政治上的原因而中止，但是京城士人聽戲的愛好並未消失。到乾隆年間，四大徽班進京，觀賞戲劇的風氣更為興盛，這令士人聚會更為頻繁。特別是年節期間，在京各衙門例需「封印」不辦公，更是聚會的好時候。屆時官員齊聚團拜，燈紅酒綠，令離家日久的官員頗得歡樂。乾隆初年的詩人陳兆崙曾有描寫團拜活動的詩句，見《紫竹山房詩集》卷九：

> 東西磨蟻走團團，人海窮年聚會難。
>
> 同儕三公猶失憶，下車一揖豈成歡。
>
> 哀絲豪竹追濃笑，綠酒紅燈暖薄寒。
>
> 好為太平傳盛事，掣聞齊拜主恩寬。[4]

在士人的推動下，戲劇與飲饌也產生了文化上的交聯。一個明顯的趨勢是，戲劇的內容，與聚會的主題要契合。康熙後期，詩人陳維崧、杜浚曾感歎京城筵席時點戲不易：「余因及首席決不可坐，要點戲是一苦事。余常坐壽筵首席，見新戲有《壽春圖》，名甚吉利，亟點之。不知其斬殺到底，終坐不安。」陳維崧也曾犯此忌諱，點戲時「見新戲有《壽榮華》，以為吉利，亟點之，不知其哭泣到底，滿堂不樂」[5]。

---

1 魏泉．士林交遊與風氣變遷——19世紀宣南的文人群體研究．北京：北京大學出版社，2008：6-7．

2 胡春煥，白鶴群．北京的會館．北京：中國經濟出版社，1994：5-6．

3 陳康祺．郎潛紀聞：卷10//郎潛紀聞初筆二筆三筆．北京：中華書局，1984：224．

4 陳兆崙．紫竹山房詩集：卷9．四庫未收書輯刊：第9輯，第25冊．北京：北京出版社，1997：576．

5 陳維崧．迦陵詞全集：卷27//陳維崧集：下冊．上海：上海古籍出版社，2010：1543．

文人聚會，經常吟詩作賦，一方面是記錄「清華之遊」的盛況，一方面也是在群相取樂之時抒發情感。這些詩賦成為清代北京繁榮的文化生活的證據，蘊含著近三百年中士大夫行走京華的喜怒哀樂。而在飲饌的場域之中，戲劇故事作為一種文化符號，行使著在場者彼此進行社交活動的媒介的作用。對吉祥如意、同堂為歡的戲劇的喜好，反映出官員群體對朋輩的一種禮敬。眾所周知，在儒家文化中，飲酒之禮，有著明尊卑、別等第的意義；而禮樂本為一體，官員飲饌雖非鄉卿飲酒可比，樂不必拘於鹿鳴四牡，但其內容仍要合乎雅意。場域中的禮學意味，反映出士人生活環境中無所不在的文化氛圍。

○ 文人官僚之間的唱和

在聚會文化中，文人官僚之間帶有文學唱酬性質的雅集，以其文化色彩而格外引人注目。士大夫官僚群體既以文化素質較高的文人為主幹，其領袖人物往往亦是文壇精英。他們也會經常以文人的身份相互結交往來，其表現就是文人之間的唱和。例如，康熙初年的大學士馮溥對邀結文學之士就頗為熱心。綜觀馮溥的一生，他在政治上並無大的建樹，但卻精於詩章，又愛才若渴，以其大學士的地位，「天下士歸之，如百川之赴巨海焉」[1]。馮溥在京做官期間，仿元朝名臣廉希憲的「萬柳堂」，在東城廣渠門外闢地種植柳樹，亦名「萬柳堂」，故當時的文壇名流多蜂聚於萬柳堂，毛奇齡、喬萊、陳維崧、朱彝尊等人皆為其園中的座上客，且皆有詩文紀之。[2] 例如，馮溥曾與毛奇齡、陳維崧等諸名士「雪中遊善果寺，晚歸」。陳維崧與毛奇齡聯句和詩，「令一人唱韻，一人給寫，隨唱隨詠，信占古

---

1 李元度．國朝先正事略：卷 3．長沙：岳麓書社，2008：89．

2 錢泳．履園叢話：卷 20．北京：中華書局，1979：178-179．

叶，不許停晷，亦絕技也」。在聚會時，毛奇齡自稱：「為文每日可一萬字；為詩每日可一千句。」陳維崧則自稱：「腹中尚有駢體文千餘篇，恨手不及寫。」[1] 至乾隆時，萬柳堂已不復存，但北京名士仍頻繁至此緬懷國初風雅。乾隆帝之子成親王永瑆就曾賦詩感歎：

> 野春無門關不住，鎖綠惟憑萬煙縷。
>
> 老僧灑掃御書樓，滿壁雲龍照騰驀。
>
> 國初筆跡此間多，竹色牆邊無片楮。
>
> 不知秋井幾回塌，莓苔掩抑雙猊碇。[2]

還有，在北京西郊的澄懷園更是文人官僚們經常的聚會之地。澄懷園在圓明園福園門南，是雍正帝專為南書房和上書房詞臣所設的寓所。雖然此園偏處城外，咫尺宸居，官員行止須得小心，不敢驚擾天子，但也正是這種共同侍直的經歷，促成了文人相識、歌詠的機會。所以，澄懷園在雍乾時期就成了京官們的一個匯集中心。特別是翰林院與詹事府的翰林們皆寓居於此，每傳歌詠之句，因而此地留下了「翰林花園」的美名。

例如，乾隆二十一年（1756 年），侍郎蔡新（乾隆後期官至大學士）在澄懷園中繪《澄懷八友圖》，八友即蔡新，尚書陳德華，尚書大學士程景伊，尚書張泰開，左都御史觀保，內閣學士周藥欄、周蘭坡，以及少詹事梁錫嶼。此圖記下了八人同直上書房，為諸皇子皇孫師傅的故事，並留有汪由敦為之作的序。[3] 之後「內直諸公，皆有題句」。例如蔣士銓、涂逢震曾賞玩此圖，蔣代涂賦詩二首：

> 水木清華退食同，直疑樓閣在虛空。
>
> 地鄰海淀兼三島，人異淮南正八公。

---

1 阮葵生・茶餘客話：卷 9・上海：上海古籍出版社，2012：188-189・

2 錢泳・履園叢話：卷 20・北京：中華書局，1979：520-521・

3 蔡新・延禧堂憶舊帖 // 蔡新・澄懷園八友圖，卷上・舊貼拓印本，1960・

春滿雲邊天尺五，晝聞花外漏丁東。

仙源小聚群仙影，照取鬚眉一鑒中。

東序談經珮紱連，天分靈境坐群仙。

笑看池水知心跡，同是松身作壽年。

畫裏原兼詩爛漫，人間無此地幽偏。

好風香帶圖書氣，春在先生杖履邊。[1]

蔣士銓，江西鉛山人，以詩聞名於時，乾隆二十二年（1757 年）進士，官翰林院編修。涂逢震，江西南昌人，乾隆四年（1739 年）進士，授翰林院編修，官工部左侍郎。因此，二人都有旅居澄懷園的經歷。除了翰林們之外，一些以文有名的官員雖無上書房差事，也會因故見召，如乾嘉時文人錢泳稱，他嘗於嘉慶十四年夏，應大學士英廉筆墨事之囑，小寓於此。[2] 澄懷園的意義，已經超越了一般的宮廷休息處所，而進入了文化藝術的範疇。

此外，還有一些聚會，其成員構成較為特殊，甚至有更深一層的主題，包含了更濃厚的文化氣息。例如嘉道年間翁方綱等人發起的「為東坡壽」活動，便是一例。

翁方綱（1733—1818），直隸大興人，乾隆十七年（1752 年）進士，翰林院編修，累官至內閣學士。以精通金石、譜錄、書畫、詞章之學知名，書法與同時的劉墉、梁同書、王文治齊名。論詩創「肌理說」。翁方綱平素仰慕蘇軾，名其書房曰「蘇齋」。乾隆三十八年（1773 年），翁方綱偶然間購得宋版《施顧注蘇詩》，遂以此為契機，於每年十二月十九日，遍集同好文人，舉行「為東坡壽」活動。參與者觀摩東坡著述，並以此為題，各賦長句，以紀念蘇軾，為「日下文壇盛集」。

1　戴璐‧藤陰雜記：卷 12‧上海：上海古籍出版社，1985：141‧

2　錢泳‧履園叢話：卷 20‧北京：中華書局，1979：519‧

　　因此可以認為，所謂「為東坡壽」的活動，最初主要是由翁方綱帶領其弟子、友人等以賦詩吟唱為自娛的文學聚會形式，不存在社交的功利性，是再普通不過的文人聚會了。但是，這一活動在清代文學史上所產生的巨大影響與重要意義卻在日後慢慢地發酵。翁方綱去世後，其弟子李彥章、梁章鉅等仍繼續召集此活動，並藉此留下了大量的詩章辭賦。[1]因此，與普通的聚會不同，「為東坡壽」是一種明顯帶有文化目的的士人活動，從而達到一種文化上的交流與建構，更具有強烈的人文氣息。類似活動，在嘉慶以後逐漸增多，如「宣南詩社」等。

　　總之，文人官僚之間的聚會，是一種帶有人文氣息的社交活動。它通過文化的交流，滿足了人們之間的禮敬。在聚會上，士大夫以詩文的形式抒發自己的感情，或是簡單的思鄉、懷友，或蘊含了更為深層的文化追求。不論哪一種，都凝聚了中國傳統文化的精華。

1　魏泉‧士林交遊與風氣變遷 —— 19 世紀宣南的文人群體研究‧北京：北京大學出版社，2008：34-65‧

廠甸訪書

　　清代北京士大夫的文化生活，不僅有眾人齊聚、喧囂熱鬧的一面，也有很多較為個人的行為，尋覓舊書，便是其中之一。尤其是到琉璃廠書市看書買書，更是清代北京文人官僚的常見消遣之一。也正是由於這一文化活動，書籍交易這一商業行為，在北京城市歷史中逐漸帶有了濃厚的文化氣息，成為北京文化氛圍的重要組成元素。清代北京書市，最早以慈仁寺最有名。[1]

○　慈仁寺廟市上的書攤

　　慈仁寺位於今天的北京西城廣安門內大街，為清前期北京南城最大的寺廟之一。慈仁寺乃佔明雙松寺遺址而建，其廂懸勝果妙因圖，乃清朝著名的指畫家傅雯所繪。傅雯係奉天廣寧人，官驍騎校，善指墨，師從高其佩，乾隆時供奉內廷。乾隆九年（1744 年），奉敕為慈仁寺畫勝果妙因圖大橫幀，高丈許，闊二丈餘，寫如來羅漢百餘尊，備極神采。[2] 在慈仁寺僧舍，還藏有清順治皇帝福臨的御畫《渡水牛》。有記載曰：此畫「乃赫蹄紙上，用指上螺紋印成之，意態生動，筆墨烘染所不能到。又風竹一幅，上有廣運之寶，王貽上、宋牧仲輩均見及之，今不知尚存否」[3]。可見，在清

1　陳康祺．郎潛紀聞．卷 8// 郎潛紀聞初筆二筆三筆．北京：中華書局，1984：162．

2　陳康祺．郎潛紀聞．卷 8// 郎潛紀聞初筆二筆三筆．北京：中華書局，1984：54．

3　陳康祺．郎潛紀聞三筆：卷 11// 郎潛紀聞初筆二筆三筆．北京：中華書局，1984：852．

朝帝王的眼裏，慈仁寺有它重要的位置。

　　然而慈仁寺在清初北京文化中的地位，很大程度上卻並非僅僅因為寺廟所代表的宗教文化，而更多地在於這一空間內存在的書市。自清初順治後期起，慈仁寺成為士人購書與交流的重要場域之一。順治時工部郎中張衡有「貸錢過慈仁寺，見心愛書，即傾囊買之攜歸」[1]的故事，可知書市此時已成規模。

　　對慈仁寺書市記述最多的是康熙年間的文人官僚王士禎。王士禎（1634—1711），原名王士禛，字子真、貽上，號阮亭，又號漁洋山人，山東新城人。順治十二年（1655年）進士，康熙十七年（1678年）入直南書房，累官至刑部尚書。在官場上，王士禎不僅為政有聲，且是詩壇領袖，係清初詩壇上「神韻」說的倡導者。康熙帝徵其詩，錄三百篇，曰《御覽集》，這無疑使王士禎在文人中的聲望倍增。王士禎掌清初文壇數十年之久，直至康熙五十年（1711年）逝世，享年78歲。他自順治年間應舉子試入京，至康熙四十三年（1704年）返鄉，其間大多數時間都在北京度過。這期間，他記載了與慈仁寺相關的所有故事。

　　順治己亥年（十六年，1659年），王士禎在京師遇見一個舊書攤：慈仁寺市見鬻故書者賣一敝刺，大書「客氏拜」三字。寶應朱國楨（克生）以三錢得之，賦《客氏行》。予笑曰：「使當天啟時，此一紙過詔旨遠矣！」[2]

　　康熙二十年（1681年）六月，王士禎在慈仁寺市見元代大書法家趙松雪手書杜詩一部，是書「用朱絲欄，字作行楷，末有新鄭高文襄公跋云：『趙文敏書』」。是書備極罕見，「前人以為上下三千年，縱橫十萬里，都無此書」[3]。康熙三十年（1691年），王於慈仁寺市得明代儒士徐一夔《始豐

1　汪啟淑‧水曹清暇錄：卷11‧北京：北京古籍出版社，1998：173‧

2　王士禎‧池北偶談：卷20‧北京：中華書局，1982：487‧

3　王士禎‧池北偶談：卷20‧北京：中華書局，1982：316‧

稿文》十四卷，無詩。王士禛知陳繼儒嘗稱：「一夔《宋行宮考》《吳越國》考，研檢精確。」至此得觀其書，「如《歐史十國年譜備證》《錢塘鐵箭辨》等篇，皆極精核，不獨二考也」[1]。此時正值慈仁寺書市的全盛期，王士禛可以經常在慈仁寺書市上滿足於他對書中孤本、精本的獵取需求，為此他幾乎花掉自己所有的俸祿。王士禛自稱「及官都下三十年，俸錢所入，悉以購書」[2]，以致也有因資卓告匱而漏掉書中精品之事。如他在康熙十九年（庚申，1680 年）冬，在市上見到有《兩漢紀》初印本最精，又有《三禮經傳通解》，亦舊刻，議價未就。旬日市期早過之，二書已為人購去，「懊恨累日，至廢寢食」[3]。康熙四十一年（壬午，1702 年）夏，又「見舊版《雍錄》雕刻極工，重過之，已為人購去矣」。至次年夏，王士禛終於得《陳子昂文集》十卷。他十分欣慰，稱「猶是故物。然如優缽羅花，偶一見耳」[4]。

王士禛在慈仁寺書市上不僅購得書中精品，且得見器物古玩。所謂「於慈仁寺市，見正德錢二，面幕皆有文如蟠螭狀，與今制殊異。正德，又夏國偽年號也，錢不知何年所造」[5]。康熙三十三年（1694 年），他又在慈仁寺市上「得女史瓊如擘窠大書李白登華山落雁峰云云，凡三十三字。筆勢飛動，不類巾幗粉黛中人，末題『瓊如』二字，小印朱篆文二字」[6]。

清初的書市在地點上並非固定，多隨廟市不定期開設。所謂「廟市質僧廊地鬻故書小肆，皆曰攤也」。但王士禛獨鍾愛於慈仁寺。有一則故事曰：「昔在京師，士人有數謁予（王士禛）而不獲一見者，以告崑山徐尚書健庵（乾學），徐笑謂之曰：『此易耳，但值每月三五，於慈仁寺市書攤

1　王士禛．居易錄談．卷中 // 叢書集成初編：第 2824 冊．上海：商務印書館，1936：13．

2　王士禛．漁陽精華錄集釋．李毓芙，等，整理．上海：上海古籍出版社，1999：2046．

3　王士禛．香祖筆記：卷 3．上海：上海古籍出版社，1981：55．

4　王士禛．居易續談 // 叢書集成初編：第 2824 冊．上海：商務印書館，1936：35．

5　王士禛．池北偶談：卷 23．北京：中華書局，1982：557．

6　王士禛．居易錄談：卷下 // 叢書集成初編：第 2824 冊．上海：商務印書館，1936：23．

候之，必相見矣。』如其言，果然。」[1]

另一重要的慈仁寺書市重要記錄者是宋犖。宋犖（1634—1714），字牧仲，河南商丘人，內國史院大學士宋權之子。順治四年（1647年），應詔列侍衛。逾年考試，銓通判。康熙三年（1664年），授黃州通判，累擢江蘇巡撫、吏部尚書。宋犖不僅為官清廉，有「清廉督撫第一」的美譽，且以詩畫有名。宋犖於古董鑒賞頗為自得，曾自云：「余嘗云黑夜以書畫至，摩挲而嗅之，可別真贋。」[2]宋犖的《筠廊偶筆》有云：「慈仁寺窯變觀音，以莊嚴妙麗勝。」[3]也可證宋犖對古玩鑒賞的關注。當時古董商欲抬高價格，輒云「此經商丘宋先生鑒賞者」，以宋犖的品位為招徠，「士大夫言之，輒為絕倒」[4]。可見除了王士禎之外，吏部尚書宋犖也與慈仁寺頗有淵源。

除王士禎、宋犖外，還有不少士人也在詩文中記錄對慈仁寺書市的觀感。王鴻緒《雜詠》詩曰：

> 慈仁寺裏海榴紅，卻與江南色相同。
>
> 移向小庭閒佇立，絳唇微語曲欄風。
>
> …………
>
> 慈仁每月初兼五，松下朱欄列百廛。
>
> 亦有公卿來問直，試評程尉幾文錢。[5]

高珩《慈仁寺》詩曰：

> 一月招提到幾回，長松百丈羽幢開。

1　王士禎·古夫于亭雜錄：卷3·北京：中華書局，1988：68·

2　宋犖·西陂類稿：卷13// 景印文淵閣四庫全書：第1323冊，台北：商務印書館，1986：135·

3　戴璐·藤陰雜記：卷7·上海：上海古籍出版社，1985：78·

4　王士禎·古夫于亭雜錄：卷3·北京：中華書局，1988：68·

5　王鴻緒·橫雲山人集：卷5// 續修四庫全書：第1416冊·上海：上海古籍出版社，2002：662，663；
　　戴璐·藤陰雜記：卷7·上海：上海古籍出版社，1985：80-82·

市人熟識應含笑，又向東廊看畫來。

孫在豐《竹枝詞》曰：

臘後春前春未回，燕京臘月少花開。

明朝十五慈仁寺，買得盆梅屋裏栽。

查慎行的《飲嚴侍御曾榘鶯枝花下作》云：

賣花聲裏過斜街，不記招尋月幾回。

只有繡衣真愛客，印泥封酒必同開。

僦居喜近慈仁寺，移得鶯枝隔歲栽。

報到退朝今日早，東欄昨夜有花開。

孔尚任《燕台雜興》云：

彈鋏歸來抱膝吟，侯門今似海門深。

御車埽徑皆多事，只向慈仁寺裏尋。[1]

從上述詩文中不難看到「國初諸老買書多於慈仁寺」的盛況。[2]詩中的「僦居喜近慈仁寺」，「御車埽徑皆多事，只向慈仁寺裏尋」等句，在表達他們獵書願望的同時，也多少流露出其內心中欲在官場、鬧市中尋求清靜的心理。為此，他們喜歡寓居在慈仁寺的附近，進而在慈仁寺附近形成了一個士人的社交圈子。王士禎自稱，「戊戌，觀政兵部，寓慈仁寺」。又曰：「梁曰緝熙乙未同年，本不相識，時以咸寧令行取入都，亦寓寺中，遂與定交。」[3]王士禎的《慈仁寺雙松歌贈許天玉》、《梁曰緝言輞川雪中之遊》、《竹枝詞》等篇皆完成於寄寓寺中之時。與之同時，與慈仁寺比鄰而居的還有其好友宋犖。[4]此外，除了上述王鴻緒、

1 戴璐·藤陰雜記：卷7·上海：上海古籍出版社，1985：79·

2 雷夢水·北京風俗雜詠續編·北京：北京古籍出版社，1987：14·

3 戴璐·藤陰雜記：卷7·上海：上海古籍出版社，1985：80-81·

4 蔣寅·王漁洋事跡徵略·北京：人民文學出版社，2001：150-152；宋犖·西陂類稿：卷6//景印文淵閣四庫全書：第1323冊·台北：商務印書館，1986：62·

高珩、孫在豐、查慎行、孔尚任之外，王士禛的友人許玭、朱克生等，均是慈仁寺的常客。[1] 同時的文人還有汪琬、馮溥、姜學在等均有文字寫於慈仁寺，可見當時慈仁寺書市對京城士人文化活動的影響之大。[2] 這些人當中有在朝的，如王士禛、宋犖、馮溥、孫在豐等，也有在野的，如孔尚任輩。這說明在書市這個文化圈子中，參與者只論辭賦文章而絕少論及官場等級。同時也說明，至少在康熙前期，文化市廛的中心在慈仁寺。

然而，一場大地震改變了慈仁寺的命運。據戴璐在《藤陰雜記》中記載：「慈仁廟市久廢，前歲復興，未幾仍止，蓋百貨全資城中大戶，寺距城遠，鮮有至者。國初諸大第宅皆在城西，往遊甚便，自地震後，六十年來荒涼已極。」[3] 這次大地震發生在康熙十八年（1679 年）七月，「京城倒壞城堞、衙署、民房，死傷人民甚眾」[4]。由於震中在香河一帶，西城損失尤重，妙應寺、白塔寺俱坍塌，民房倒毀至數萬家，富家大戶遂而遷居轉移。

地震的破壞、富戶的遷徙，西城商業環境一落千丈，致使慈仁寺書市也變得蕭條。康熙後期，慈仁寺書市已露頹勢，秘本難得，淘書日難。[5] 此後數十年間，京城一直沒有大規模的書市。雖然慈仁寺仍然有士人聚會，但對書市的記載迅速減少。道光十九年（1839 年），雲貴總督桂良之兄斌良遊慈仁寺時，已是「偶暇扶藤尋淨域，空餘落葉滿荒蹊」[6]，書市已不見蹤

1　福州府志：卷 60// 中國方志叢書：第 72 冊，台北：台北成文出版社，1967：1152；王士禛，池北偶談：卷 20，486。

2　戴璐，藤陰雜記：卷 7，上海：上海古籍出版社，1985：80-81。

3　戴璐，藤陰雜記：卷 7，上海：上海古籍出版社，1985：80。

4　中國第一歷史檔案館，康熙起居注，北京：中華書局，1994：420。

5　孫殿起，琉璃廠小志，上海：上海書店出版社，2010：3；王士禛，香祖筆記：卷 3，上海：上海古籍出版社，1984：55。

6　斌良，抱衝齋詩集：卷 28// 續修四庫全書：第 1508 冊，上海：上海古籍出版社，2002：381。

影，空留一剎「荒蹊」了。對於慈仁寺與琉璃廠之間相互關聯的變革，清人有《遊肆廠》一詩可證，詩曰：

> 傾城錦繡壓成都，九市菁華萃一衢。
> 坊賈誇人書滿屋，山妻謫我米如珠。
> 紛來燕地衣冠譜，誰仿吳興仕女圖。
> 獨有慈仁名剎廢，日高野鼠繞楹趨。[1]

○ 琉璃廠書市

琉璃廠位於京城之西南的宣武門外。琉璃窯東有遼御史大夫李內貞墓，據該墓志稱，此地遼時為「海王村」。元明時曾設琉璃窯廠，因有「琉璃廠」之稱。[2] 吳梅村琉璃廠詩稱：「琉璃舊廠虎房西，月斧修成五色泥。遍插御花安鳳吻，絳繩扶上廣寒梯。」[3] 清初古董商以其地毗鄰窯廠開始在此經營，琉璃廠火神廟有正月上旬的「廟市」，為京城年俗中重要一環。史載：

自國初罷燈市，而歲朝之遊改集於廠甸。其地在琉璃廠之中，窯廠大門外，百貨競陳，香車櫛比。自初二日至十六日，凡半月。午前遊人已集，而勾闌中人輒於此炫客，必竟日始歸。蕩子輩絡驛車前，至夾轂問君家，亦所弗禁。門東有呂祖祠，燒香者尤眾。晚歸必於車畔插相生紙蝶，以及串鼓，或連至二三十枚。或以山查穿為糖壺盧，亦數十，以為遊幟。明日往，又如之。[4]

1　雷夢水．北京風俗雜詠續編．北京：北京古籍出版社，1987：14．
2　錢大昕．記琉璃廠李公墓志 // 潛研堂集：文集卷 18．上海：上海古籍出版社，1989：299．
3　戴璐．藤陰雜記：卷 10．上海：上海古籍出版社，1985：114．
4　震鈞．天咫偶聞：卷 7．北京：北京古籍出版社，1982：170．

作為廟市的琉璃廠，間有售書者，但並不多。康熙時高士奇曾在此購得唐人王維的《江干雪霽圖》，並賦詩：「山居圖識宣和筆，今藏御府人難窺。我居京師頗留意，日尋斷幀收殘碑。琉璃廠西得茲卷，敗篋零亂縈蛛絲。」[1] 不過總體而言，清初文人對琉璃廠購書的記載絕少。如王士禛雖足跡遍佈南城，但於琉璃廠則不置一詞，可知此時琉璃廠販書尚少。乾隆中期，「若《古夫于亭雜錄》候慈仁書攤故事，久已絕響」，「惟琉璃廠火神廟正月上旬猶有書市及賣熏花零玉者」[2]，可見此時琉璃廠販書者仍然被限定在廟市中，尚未在平日展開活動。

琉璃廠書市的崛起，主要與兩個因素有關。

其一是此地周圍有京城士人流寓之所。隨著清初滿漢分城所形成的遷徙，宣武門外早就聚居了眾多的文人官僚，他們主要居住活動在三個小區：一是琉璃廠附近的街區。二是上下斜街一帶。如康熙朝的王士禛、朱彝尊等就曾寓居於琉璃廠附近的上下斜街一帶，在《藤陰雜記》中有「廠東門內一宅，相傳王漁洋曾寓，手植藤花尚存」的記載。三是半截胡同小區，其中更是名宅錯落。據記載，康熙朝給事中趙吉士的寄園在轎子胡同，刑部尚書徐乾學的碧山堂在神仙胡同，禮部尚書王崇簡的青箱堂在米市胡同，翰林院掌院湯右曾的接葉亭在爛麵胡同，此胡同還有大學士王頊齡的錫壽堂。[3]

第二個因素，即琉璃廠書市勃發之直接契機，則得益於《四庫全書》的編撰。乾隆三十八年（1773 年），清廷詔徵全國書籍，開四庫館，集天下文人學士於京城。據翁方綱《復出齋詩集自注》曰：

1 高士奇・苑西集：卷 11// 四庫未收書輯刊：第 7 輯，第 26 冊・北京：北京出版社，1997：724・
2 法式善・陶廬雜錄：卷 1・北京：中華書局，1959：16-17・由本卷其他內容可以推知該條最早也應該是乾隆十一年之後所記。
3 可以參考戴璐的《藤陰雜記》，朱一新的《京師坊巷志稿》，吳長元的《宸垣識略》，以及陳宗蕃的《燕都叢考》。

　　乾隆癸巳開四庫館，即於翰林院藏書之所分三處，凡內府秘書發出到院為一處，院中舊藏《永樂大典》，內有摘抄成卷，彙編成部者為一處，各省採進民間藏書為一處。每日清晨，諸臣入院，設大廚，供茶飯，午後歸寓，各以所校閱某書應考某典，詳列書目，至琉璃廠書肆訪之。是時，江浙書賈亦奔輳輦下。[1]

　　這種上午編書、下午查訪的工作方式，為琉璃廠書市提供了相當大的空間。由於《四庫全書》修撰事務甚急，編校中的疑惑，頃日便須解決，學者不可能慢慢查訪。當時的編校人員大都在宣武門外選址居住，於是地近宣南的琉璃廠正好滿足了文人對資料的需求。故而書市也從每年一次，先變為每月數次，又逐漸變成日常開設了。甚至有修書文人為求方便，索性居於琉璃廠，如錢大昕、程晉芳、孫星衍、洪亮吉等都曾寄居於此。《孫星衍年譜》曰：「歲己酉，居琉璃廠，校刊晏子春秋，高麗使臣樸齊家為書問字堂額。」《洪亮吉年譜》曰：「乾隆五十四年，應禮部試，居孫君星衍琉璃廠寓齋。」[2]而程晉芳以詩寄給江寧的袁枚告知自己的住處，詩中有「勢家歇馬評珍玩，冷客攤錢問故書」之句。袁枚閱後笑曰：「此必琉璃廠也」[3]。

　　由此可見，琉璃廠書市的發展，與士大夫職任修書、亟須查訪書籍以備考校，有著直接的關係。大約同時，工部員外郎汪啟淑逛琉璃廠時，但見「街長里許，百貨畢集，玩器書肆尤多。元旦至十六日，遊者極盛，奇景異觀，車馬輻輳」[4]。換言之，至乾隆時期，琉璃廠已成為圖書、古玩字畫、古籍碑帖及文房四寶的集散地。雖然，除琉璃廠外，當時京城內城隆

1　陳康祺．郎潛紀聞：卷 3// 郎潛紀聞初筆二筆三筆．北京：中華書局，1984：50．

2　朱一新．京師坊巷志稿：卷下．北京：北京古籍出版社，1982：220-221．

3　戴璐．藤陰雜記：卷 10．上海：上海古籍出版社，1985：114-115．

4　汪啟淑．水曹清暇錄：卷 6．北京：北京古籍出版社，1998：77．

福寺一帶也有較大的書市，但該書市中舊書販賣較少，因而其規模與影響
力均不如琉璃廠。[1]

乾隆後期李文藻曾撰《琉璃廠書肆記》，描述書市狀況甚詳，特輯錄
如下：

琉璃廠因琉璃瓦窯為名，東西可二里許。……橋居廠中間，北與窯相
對。橋以東，街狹，參以賣眼鏡、煙筒、日用雜物者。橋以西，街闊，書
肆外，惟古董店及賣法帖、裱字畫、雕印章、包寫書稟、刻板鐫碑耳。近
橋左右，……遇廷試，進場之具，如試筆、卷紙、墨壺、鎮紙、弓繡、疊
褥，備列焉。[2]

琉璃廠的成就由此可觀，書市藏書極為廣博，京城士人於此尋訪古籍
字畫，往往有意外收穫，成為士人生活中的奇遇。例如平步青尋訪明朝大
臣雷禮的著作，遍訪其家鄉，仍不可得。而有人在琉璃廠書市購書，竟得
到雷禮的《列卿記》[3]。再如，陳夔龍於光緒後期在琉璃廠買到明代發行的大
明寶鈔，已歷時數百年，仍可辨認。陳大為感慨，作《大明洪武通行寶鈔
歌》以紀念[4]。甚至還有人在書市上買到安南國王的詔敕[5]——這些奇異的購
物經歷，都從不同側面表明了琉璃廠書市的發達、觸角的廣泛，故而清代
士人對琉璃廠多有一絲崇拜感。光緒時樊增祥曾有詩云：

畢董殘裝有吉金，陳思書肆亦森森。

會聞醉漢稱祥瑞，何況千秋翰墨林。[6]

琉璃廠既成士人群集之所，其功能也逐漸增加。早在明代，北京書攤

1 震鈞·天咫偶聞：卷7·北京：北京古籍出版社，1982：166·

2 孫殿起·琉璃廠小志·上海：上海書店出版社，2010：4·

3 平步青·霞外捃屑：卷6·上海：中華書局，1959：352-353·

4 陳夔龍·松壽堂詩鈔：卷8//陳夔龍全集：上冊·貴陽：貴州民族出版社，2013：92·

5 陳其元·庸閒齋筆記：卷11·北京：中華書局，1989：276·

6 樊增祥·樊山續集：卷19//續修四庫全書：第1575冊·上海：上海古籍出版社，2002：28·

就多集中於來京趕考士子麇集之處，如大明門、禮部附近[1]，以及清初的慈仁寺周圍，蓋因士子讀書需求孔亟，銷路較好。至乾隆中後期，琉璃廠的書市和科舉考試的關係更緊密了。例如三年一屆的順天府鄉試，士子往往淹留都下，等待發榜。雖然由於房屋緊張，他們大多不能住在琉璃廠，但會經常來買書。[2] 每到發榜時，報房之人在此租賃房屋，張榜以示，士子多來覘視是否中舉。以故，琉璃廠遂成科舉文化之重要地點。每到順天鄉試、會試時節，琉璃廠賣考試用具的舖面，都會掛上「喜三元」的牌子，以為彩頭，招徠顧客。[3]

琉璃廠見證了一代又一代京城士子訪書查故的熱潮。圍繞書市，他們或單獨逛琉璃廠，或相約一同逛琉璃廠，這幾乎成為京城士大夫文化生活中必不可少的樂趣。對於他們而言，這裏是公共圖書館。[4] 正是由於琉璃廠匯集了全國各地的書籍，是京官們、讀書人必須光顧之地，所以，無論是來京參加科試的各地舉子，還是奉敕寓京編書修史的文人官僚，都離不開對琉璃廠的依賴，來廠甸尋書訪書不僅是其生活中的情趣，而且對相當一部分文人來說已經關乎前程與仕途了。據嘉慶時官員錢寶甫稱，嘉慶初年，皇帝「大考翰詹」，往往從明人徐元太《喻林》一書中出題。有人注意到了這一點，前往琉璃廠購書，竟令「琉璃廠書肆搜索殆盡，蓋翰苑諸公爭購讀也」[5]。

而在京官員逛廠，亦逐漸成為其生活中的常態。特別是嘉慶以後，官員在琉璃廠購買書籍字畫、古玩珠寶，加以鑑玩，成為京城風俗之一。即

1 王士禎·香祖筆記·卷3·上海：上海古籍出版社，1981：54-55·

2 震鈞·天咫偶聞：卷3·北京：北京古籍出版社，1982：53·「每春秋二試之年，去棘闈最近諸巷。西則觀音寺、水磨胡同、福建寺營、頂銀胡同，南則裱背胡同、東則牌坊胡同，北則總捕胡同，家家出賃考寓，謂之狀元吉寓，每房三五金或十金，輒遣妻子歸寧以避之。」

3 錢載·蘀石齋詩集：卷14// 嘉興文獻叢刊：第5冊·上海：上海古籍出版社，2011：229·

4 梁啟超·清代學術概論·上海：上海古籍出版社，1998·

5 錢泰吉·曝書雜記：卷上·北京：中華書局，1985：13·

便是官至戶部尚書的翁同龢，也不時於百忙之中抽空前往琉璃廠。[1] 至於其他小官，散直之後前往琉璃廠買書，更是隨處可見。即便是外地官員臨時來京，也不免要買些書。例如同治八年（1869 年），時任直隸總督的曾國藩因事來京，便有琉璃廠之行。[2]

琉璃廠既是依託京官購書之習而開設的，其售書種類與價格，亦不得不隨士大夫之喜好與社會風氣而變動。乾嘉之際，漢學興盛，學人「株守考訂，訾議宋儒，遂將濂、洛、關、閩之書，束之高閣，無讀之者」。昭槤在琉璃廠購求宋儒著述，竟不得，書販曰：「近二十餘年，坊中久不儲此種書，恐其無人市易，徒傷貲本耳！」[3]

咸豐年間，太平軍起，世局澆薄，士大夫談議之風漸衰，「人家舊書多散出市上，人無買者。故直極賤，宋槧亦多」。而同治、光緒年間，隨著政治秩序逐漸恢復，「士夫以風雅相尚，書乃大貴」。所謂「廠肆之習，尋常之物，有數人出價則其直頓增。往往有數人爭購一物，終不能得，別有好事者出重價得之。亦有眾人共爭，賈人居奇不售，遂終不售者。亦有買者明知不直，而故增其聲價，以博具眼者」[4]。特別是張之洞等人編纂《書目答問》之後，士大夫聚書有據，按圖索驥，圖書交易量一路走高。孫殿起追述其事，略謂：

其時宋槧本，計葉酬直，每葉三五錢；殿板以冊計，每冊一二兩；康乾舊板，每冊五六錢，然如孫錢黃顧所刊叢書，價亦不下殿板也。此外新刻諸書，則視板紙之精粗、道途之遠近以索直。[5]

晚清人震鈞亦記載曰：

1　翁同龢．翁同龢日記：第 5 冊．陳義傑，整理．北京：中華書局，1997：2586．

2　黎庶昌．曾文正公年譜：卷 11// 李翰章．曾文正公全集．長春：吉林人民出版社，1995：263．

3　昭槤．嘯亭雜錄：卷 10．北京：中華書局，1980：317-318．

4　震鈞．天咫偶聞：卷 7．北京：北京古籍出版社，1982：163，171．

5　孫殿起．琉璃廠小志：卷 1．上海：上海書店出版社，2010：29-30．

近來廠肆之習，凡物之時愈近者，直愈昂。如四王吳惲之畫，每幅直皆三五百金，卷冊有至千金者。古人惟元四家尚有此直，若明之文、沈、仇、唐，每幀數十金，卷冊百餘金。宋之馬、夏視此，董、巨稍昂，亦僅視四王而已。書則最貴成邸及張天瓶，一聯三四十金，一幀逾百金，卷冊屏條倍之。劉文清、王夢樓少次，翁蘇齋、鐵梅菴又少次，陳玉方、李春湖、何子貞又次，陳香泉、汪退谷、何義門、姜西溟貴於南而賤於北。宋之四家最昂，然亦僅倍成邸，松雪次之，思白正書次之，然亦不及成、張。行書則不及劉、王。若衡山、希哲、履吉、覺斯等，諸自鄶此，皆時下賞鑒，而賈人隨之。至於瓷器，康熙十倍宣、成，雍、乾又倍康熙，而道光之「慎德堂」一瓶，至數百金。又有「古月軒」一種，以料石為胎，畫折枝花卉，絕無巨者。瓶高三寸，索直五百金，真瓷妖矣。因憶《野獲編》云：玩好之物，以古為貴。惟本朝則不然，永樂之剔紅、宣德之銅、成化之窯，其價遂與古敵。蓋北宋以雕漆名，今已不可多得。而三代尊彝法物，又日少一日。五代迄宋，所謂柴、汝、官、哥、定諸窯，尤脆易損。故以近出者當之。又云：沈、唐之畫，上等荊、關。文、祝之書，上參蘇、米。則明人已有此風，然不過方駕古人耳。未如今之超乘而上也。[1]

不過這一局面並未維持很久。光緒二十一年（1895 年），清朝在甲午之戰中戰敗，震痛之餘，思求自強，社會上出現了學習西方的潮流。於是琉璃廠書商大量購入西學圖書，以供士大夫購買。是年康有為在北京籌辦強學會，「遍尋琉璃廠書店，無地球圖」，可見當時北京書市極少有西學書刊販售。不數年，情況即逆轉，「海王村各書肆，凡譯本之書無不盈箱插架，思得善價而沽。其善本舊書，除一二朝士好古者稍稍購置外，餘幾無人過問」[2]。琉璃廠為西學東漸提供了窗口，讓在京官員士人獲得了了解西

1　震鈞・天咫偶聞：卷 7・北京：北京古籍出版社，1982：170-171・

2　孫殿起・琉璃廠小志：卷 1，上海：上海書店出版社，2010：30・

方學說、思考國家變革方式的途徑。當然，僅僅憑一批聚書店舖，自然不能扭轉清末時局，但琉璃廠售書與士大夫風氣之關係，亦不難由此而見。

　　琉璃廠雖為書市，卻也是當時海內名士聚集的唱和之地。作為北京最重要的文化符號之一，書市一直延續到今天。它為在京士人提供了異常豐富的城市文化資源。對士大夫而言，酒樓戲園等日常世俗享受，自不能免，但身為文人，對文化上有所追求，是他們身份屬性的標誌，故而琉璃廠書市便成了他們在這座城市中與人文素養相連接的精神紐帶。逛廠，不僅是簡單的購物消遣，也不都是職責所繫的知識搜集，而是士人通過對文化「博物館」的探訪，完成對自身文化屬性的認知的一種過程，關乎士大夫的群體認同。正是由於這一緣故，琉璃廠才能對北京士人產生如許的吸引力，這也是北京人文氣息的重要組成部分之一。

訪求古跡

　　歷經數百年，清代北京已經是一座擁有大量名勝古跡等歷史文化積澱的城市。一方面，很多歷史古建築久經風霜，但由於時有修繕重建，所以仍屹立在北京的街巷之中。另一方面，有無數歷史上曇花一現的建築，雖然故老口中偶爾還能提到，但其真身已煙消雲散。面對這些或有形或無形的歷史建築文化積澱，清代北京士人採取了文化上的「挖掘」態度。特別是清代中葉以後，士大夫深受乾嘉考據學影響，嗜古成癖，對這些身邊的城市典故，自然不肯放過。他們走街串巷，擷拾國故，查訪那些街市之中或荒野之外的文化古跡，考鏡源流，感歎古意。這些懷古之思，凝聚在詩文中，從而令這些古建築的文化氣息又凝重了一層。清代晚清藏書家繆荃孫曾這樣解釋他藏書的動機：「他日書去而目或存，掛一名於《藝文志》，庶不負好書若渴之苦心耳。」[1] 而清代文人訪求古跡，其心態與此亦大致類似。

○　追尋古跡

　　追尋古跡，是文人在京城郊遊活動中最常見的內容。他們摩挲石碑，瞻仰匾額，欣賞珍玩，述其史事，多懷感歎。其中一種比較常見的感情，

1　繆荃孫‧藝風藏書記‧上海：上海古籍出版社，2007：3‧

是藉助與明清交替有關的歷史古跡，表達對這一歷史過程的感歎。北京留下了大量與明季史事有關的歷史遺跡，對於經歷過或耳聞明末清初社會劇烈變革的漢人士大夫而言，這些遺跡無疑經常喚起他們對國家鼎革、忠烈殉國、故人離散的歷史記憶，而這種記憶促使他們將文化景物、個人遭際與國家興亡聯繫在一起。

例如宣南白紙坊附近的崇效寺，歷史非常悠久，唐代貞觀年間已建寺。[1] 此寺中有大量的唐人墓碣，清初朱彝尊到訪時，曾「尚有殘僧在，同尋斷碣看」[2] 的記載，可知明清之際廟中人事皆非，墓碣自亦無人管理。歷經二百年之風霜，到光緒時陳作霖來訪察時，稱「壁上多嵌唐人墓碣」[3]，可見這些墓志已得到一定的修繕。而更吸引人的是崇效寺中與明清易代有關的文化遺跡。明末名臣楊漣曾為該寺題有「無塵別境」四字，清人士大夫來瞻仰者甚多，如宋犖便曾賦詩：「老槐自是金源物，不與長楸入《舊聞》。無塵別境許重尋，異代翻教託慨深。」[4] 其中，《舊聞》指朱彝尊所撰《日下舊聞》。作為耳聞目睹易代史事的詩人，在對「異代」懷念中，宋犖對「無塵別境」題寫者楊漣抗言直諫、不屈於魏忠賢的風骨，自然別有一番感慨。另外，寺中藏有一幅名畫《青松紅杏圖》，其作者為僧人智樸。此人本為明末洪承疇麾下之將領，洪承疇在松山之戰中被清軍擊敗後，智樸拒絕降清，逃入盤山，削髮為僧。《青松紅杏圖》明為描繪盤山風景之作，暗以「松」、「杏」兩字隱喻洪承疇兵敗松山、杏山之史事，其中明季遺民故國之思、不屈之志，可以想見。此圖由智樸本人帶來崇效寺，遂藏其地。清初士大夫，多仰其畫「意在景外」之獨特意蘊，有所品題。久

1　于敏中，等．日下舊聞考：卷 60．北京：北京古籍出版社，1985：993．

2　吳長元．宸垣識略：卷 10．北京：北京古籍出版社，1981：198．

3　陳作霖．可園文存：卷 9// 續修四庫全書：第 1569 冊．上海：上海古籍出版社，2002：408．

4　戴璐．藤陰雜記：卷 8．上海：上海古籍出版社，1985：93．

之，崇效寺遂成京城重要人文古跡，士大夫來此索觀益眾。

與此類似的，還有魏裔介在興勝寺登高，作詩云：「寺南寺北皆禾黍，獨上危樓望古燕。」[1] 蕭索之中懷古，暗有黍離之悲，別有風味。

除緬懷明末史事外，士人的「訪古」活動，更多地通過考述北京城市結構、重要建築的今昔情況，將眼前的清代北京與史籍中的北京連接起來，從而構建這座城市的歷史。清初思想家顧炎武著有《京東考古錄》一書，雖然此書並非直接書寫北京的古籍，然而它綜述歷代關於北京的記載，將北京附近的許多地名、傳說，一一羅列史實，釐清其來由，亦可稱為訪求文化觀念上的「古跡」。例如考訂金朝皇帝陵墓，顧炎武以為：「金代之陵自上京而遷者十二帝，其陵曰光、曰熙、曰建、曰輝、曰安、曰定、曰永、曰泰、曰獻、曰喬、曰睿、曰恭。……而宣宗自即位之二年遷於南京，三年五月，中都為蒙古所陷，葬在大梁，非房山矣。」[2]

對於士大夫而言，獨樂樂不如眾樂樂，訪求古跡往往與朋輩聚會結合在了一起。北京的漢人士大夫大率居於南城，尤以宣武門附近如宣南坊等為最多。此地又小有林泉，適合士大夫嗜古者相聚遊覽。久而久之，對此地的風物記載也就格外多起來。例如宣南的梁園，為明朝人所建，「引涼水河水入其中，亭榭花木一時稱盛」[3]，明清鼎革之際，園始廢棄。僅就時間而論，該園歷史並不悠久，但很多大臣由明入清，仍延續了明代的生活習慣，經常至此呼友聚飲。一些晚輩也逐漸受邀而來，例如康熙時的名士王士禛便是座上客，曾與龔鼎孳、宋琬、梁清標等「泛舟於此」，頗有唱和。飲酒之後，行令賦詩，王士禛首倡偶用「纈」字，次日，梁清標問「纈」

1　魏裔介 · 兼濟堂文集：卷 19，北京：中華書局，2007：559 ·

2　顧炎武 · 京東考古錄 // 昌平山水記 · 京東考古錄，北京：北京出版社，1962：39 ·

3　戴璐 · 藤陰雜記：卷 5 · 上海：上海古籍出版社，1985：72 ·

字之意，王士禎答道：「不能悉。」[1] 可見這類聚會帶有明顯的文學性質，是典型的「文酒之會」。龔鼎孳等人去世後，許多後輩文人雖然並未經歷梁園的鼎盛時期，但梁園作為一種昔日風流的符號，印在了他們的記憶中，使這一廢園在後人心中佔有了特殊的地位。其中王士禎對此的記述，影響重大。龔鼎孳、宋琬等人謝世後，他仍會前往梁園，懷念舊友，有詩曰：

> 此地足煙水，當年幾溯遊。
>
> 故人皆宿草，衰柳又驚秋。
>
> 門冷鼪鼯窟，霜寒雁鶩愁。
>
> 永懷川上歎，逝者竟悠悠。[2]

今昔對比，不僅煙水之景化為冷門寒霜，舊友也已逝去，可謂情景交融。同時期，陳廷敬也頻繁前往梁園。他雖不像王士禎那樣有強烈的「憑弔感」，但目睹園中景物，亦有一層蕭索之意，亦賦詩曰：

> 佳日樂清曠，登臨池上樓。
>
> 蕭條鴻雁來，城闕颯已秋。
>
> 四邊木葉下，亭午寒翠流。
>
> 俯察林樹變，仰視天雲浮。
>
> 何意京陌間，台榭豁遠眸。
>
> 含嘯媚短景，步屧延阻修。
>
> 陟危興屢奇，永念數子遊。[3]

至乾隆時期，梁園荒廢更甚，但其名尚存。由於文人遊覽梁園者較多，附近乃多起樓亭，借景梁園，以為文人寓居之所。其中名氣較大者為

1　王士禎·香祖筆記：卷 4·上海：上海古籍出版社，1981：74·

2　吳長元·宸垣識略：卷 10·北京：北京古籍出版社，1981：185；王士禎·帶經堂集：卷 54// 續修四庫全書：第 1414 冊·上海：上海古籍出版社，2002：468·戴璐誤以此詩為龔鼎孳所著·

3　陳廷敬·午亭文編：卷 3// 景印文淵閣四庫全書：第 1316 冊·台北：商務印書館，1986：34·

聽月樓、晴雲閣等，皆士大夫雲集之所。乾隆元年（1736年），幼年的朱珪隨先祖至京，即寓於此。汪啟淑記晴雲閣，稱其「俯臨積水，地頗幽靜」，「宛在秦淮河房」[1]，可見此地景致頗有江南之風，幽靜而曠怡。翰林葉觀國居於梁園附近，曾賦詩紀念：

> 年年徙宅避囂嘩，幽曠欣依古水涯。
>
> 巷僻路仍鄰菜市，園荒人尚說梁家。
>
> 高樓迥照東南日，曲徑聞栽紅白花。
>
> 觸詠當時傳盛事，煙波千頃泛雲槎。[2]

「當時傳盛事」，即王士禎、宋琬等泛舟之事。通過這一追述，梁園這一物理上的客觀存在，在幾代文人之間構成了一種文化上的聯繫。只不過，此時龔鼎孳、梁清標等人以荒園廢景、縱酒酣樂以遣貳臣之迷思的故事，已經完全被文酒之會的風流雅韻所替代了。直到乾隆四十四年（1779年），僧人蓮性在梁園舊址上建起壽佛寺，並舉義學、開粥廠，士大夫的賞遊就逐漸變少了。

城外遺跡，士人亦多有訪查。明清以前，北京城市建置尚未固定，故而古代遺跡多有散落郊外者。士大夫好事者亦每每前往探查，以滿足其好奇心。例如廣渠門外有古墓，傳言為秦漢之際策士蒯徹之墓。清初朱彝尊前往訪查，稱：「古阜高可四尺，墓前有井。」[3]再如金元時期的南郊台，亦為朱彝尊、吳長元等人提及。朱彝尊生活在順康時期，而吳長元則為雍乾時期人，他們的記載說明了一些訪古活動的持續性，對一個古跡的尋訪往往有幾代人為之努力。而每有發現，都會留下他們的墨跡，從中不難看到

1　汪啟淑·水曹清暇錄：卷16·北京：北京古籍出版社，1998：248·

2　葉觀國·綠筠書屋詩鈔：卷8// 四庫未收書輯刊（第10輯）：第15冊·北京：北京出版社，1997：223-224·

3　吳長元·宸垣識略：卷12·北京：北京古籍出版社，1981：251·

他們對尋古探幽的摯情。例如查慎行在西山附近甚至找到了明朝宦官張永的墓塚,賦詩留念:「淒涼前代塚,傳是張常侍。煌煌元老文,苔蝕仆碑字。」[1]

○ 書寫城市記憶

探尋古跡的活動,在清代中期成為潮流。士大夫輯錄所見所聞,往往編纂成書,後人轉向參考,形成了訪求古跡的知識鏈。第一位全面描述清代北京建築源流的,是康熙時期的布衣翰林朱彝尊。朱痛感明清鼎革之際「故老淪亡,遺書散佚,歷年愈久,陳跡愈不可得而尋矣」[2],為了挽救明代北京的文化遺存,他在康熙二十五年(1686年)編成《日下舊聞》一書,從逾千種古籍中輯錄出大量關於北京的記載,或考訂名跡,鋪陳史料,或訪摩殘碣,詢問寺僧,可謂嘔心瀝血。該書成為清代士人在北京「訪古」活動的重要依據。

康熙、雍正以後,天下承平日久,創痛漸淡,加之文網日密,勝朝史事多觸忌諱,憑古跡懷念明末史事的風氣已沉淪不顯,而以考據追述古跡源流,成為北京士大夫遊覽這座城市的重要目的。第二位描述北京建築源流的文人為勵宗萬,他是這一風氣之始的重要人物。

勵宗萬(1705—1759),字滋大,號衣園,又號竹溪,河北靜海人。康熙六十年(1721年)進士,館選入翰林院時方十七歲,少年得志,歷官至刑部侍郎,亦是宮中著名畫家。在京期間,勵宗萬發現此時北京城中建置、景物,與朱彝尊的時代差異更大,很多建築已坍圮無存,「土城遺

---

1 查慎行·敬業堂詩集:卷10// 查慎行集:第3冊·張玉亮,辜豔紅校點·杭州:浙江古籍出版社,2014:229·

2 于敏中,等·日下舊聞考:卷160·北京:北京古籍出版社,1985:2581·

址，其為遼、為金、為元，俱不可辨」，而古代燕京寺廟道觀等建築，本來「西山最盛」，但「詢之僧侶，僅存二三十處」，其他古跡更是「迄今半無可考者」。[1] 這種荒廢的現狀，激發了勵宗萬以文字記載拯救古跡於湮沒的使命感，於是他「詳擇採輯，按籍訪核」[2]，撰成《京城古跡考》一書。與朱彝尊不同，勵宗萬出身官宦之家，其父勵廷儀在雍正朝曾任刑部尚書、吏部尚書，他對明朝並無多少懷念之情，訪求古跡更多的是出於一種文化上的追尋，是受傳統人文精神影響的對知識的主動性所驅使的。

第三輪對北京古跡的追尋，則體現于敏中等人奉敕編纂的《日下舊聞考》中。于敏中（1714—1780），字叔子，一字重棠，號耐圃，江蘇金壇人。乾隆三年（1738 年）狀元，授翰林院修撰，以文翰受高宗知，又因敏捷過人，承旨得帝意，累官至大學士兼軍機大臣。于敏中在乾隆朝為漢臣首揆執政最久者。乾隆三十八年（1773 年），開四庫全書館，于敏中為正總裁，而《日下舊聞考》也始修於乾隆三十八年，成書於乾隆四十七年（1782 年）。

此書是在清朱彝尊《日下舊聞》的基礎上援古證今、增補刪繁，逐一考據而成的，是清代官修北京史志中，內容最豐富、考據最翔實的史書。是書將清人興建的苑囿（圓明園等）、宮室等納入到《日下舊聞》的體系中。全書分為 18 門，依次為：星土、世紀、形勝、國朝宮室、宮室、京城總記、皇城、城市、官署、國朝苑囿、郊坰、京畿（京畿附編）、戶版、風俗、物產、邊障、存疑及雜綴。乾隆帝對此書極為重視，以此書誇示清朝建設北京城的功績，所謂「百年熙皞繁文物，似勝三都及兩京」[3]。于敏中等人既奉敕編纂此書，則官府藏書多所參考，遠較朱

1　勵宗萬·京城古跡考·北京：北京古籍出版社，1981：4·

2　勵宗萬·京城古跡考·北京：北京古籍出版社，1981：4·

3　乾隆·御製日下舊聞考題詞二首 // 慶桂·國朝宮史續編：卷 91·北京：北京古籍出版社，1987：893·

彝尊一人之收藏要廣泛許多。故而此書對於北京史資料的收集，亦多有貢獻。

大約在乾隆、嘉慶之際，吳長元為方便士人遊覽城市，而對《日下舊聞考》進行了大範圍刪節，編成《宸垣識略》一書。吳長元，字太初，浙江仁和人。生卒年均不詳，約生活在乾隆朝中期。其所編《宸垣識略》在《日下舊聞考》的基礎上，補入了一些清朝當時的士人對北京古跡的詠歎，其敘事重點已有轉移。至此士大夫依託古跡、探求北京文化的活動，達到了巔峰。

《日下舊聞考》成書數十年後，光緒中後期，滿人學者震鈞撰成《天咫偶聞》一書，將北京士大夫訪求古跡的風氣延續到了清末。震鈞（1857—1920），瓜爾佳氏，字在廷（亭），漢姓名唐晏。震鈞出身滿族官宦世家，是清末士林的名流。清朝後期，國家多故，民族危機十分深重，在帝國主義屢次侵略之下，北京城市舊貌難於保全，特別是英法聯軍、八國聯軍兩次佔領北京城，「萬民蕩析，公卿逃於陪隸，華屋蕩為邱墟」，文化古跡多被荼毒，「京師之為京師，亦僅僅矣」。震鈞出身滿洲文人家庭，自感無力匡救，曾歎道：「於祖父無能為役，況謀國之大而敢知之乎！」於是他將悲憤之情寓於書中，歷數其所見之京師古跡，以為「後人欲睹承平面目者，庶其於此求之」，「昔日之笑歌，所以釀今朝之血淚也」[1]。此書所記之古跡風貌，較之《日下舊聞考》的盛世，已頗為不同，很多建築就此消失了。而當震鈞發現一些劫後餘生的古跡時，記入書中，必強調其「安然無恙」，帶有一絲慶幸感。[2] 然而時局已改，北京古跡所標誌的文化，此時已經不能引領中國走上富強之路了，故而這一北京城市文化記錄，也只能算是清代士大夫訪求古跡的尾聲了。

---

1 震鈞．天咫偶聞：卷 10．北京：北京古籍出版社，1982：224．

2 震鈞．天咫偶聞：卷 10．北京：北京古籍出版社，1982：174．

　　總之，清代士大夫對北京古跡的訪求，表現出了一種獨特的人文關懷。它通過想象與認知的方式，收集關於這座城市各種角落在古代文本中的蹤跡，從而不僅完成了北京歷史文化的「再發現」，也為古都的文化遺存又添新磚。親臨其址的訪古詩篇，構成了北京人文積澱的重要組成部分。對於士人而言，古跡不僅僅是一種旅遊的「景點」，更重要的是古跡背後所蘊含的文化氣息。他們發覆每一點先賢留下的思想痕跡，以古代建築的有形遺產為載體，表達他們尊重傳統、愛護歷史的人文思想，並將其凝聚為北京文化的一部分。

郊坰野遊

　　作為一種文化傳統，通過賞鑒生物之美以完成「格物致知」的過程，從而追求人與自然的和諧，這是中國古代士人人文底蘊的一部分。士大夫的文化追求，不僅在於「得君行道」，也在於「比蹤天性」。董仲舒曰：「人雖生天氣及奉天氣者，不得與天元本、天元命而共違其所為也。」[1]「以元之深正天之端，以天之端正王之政」，大抵可以形容士大夫審視天地之美的性理依據。所謂「天命之謂性，率性之謂道，修道之謂教」，性理之學，本就以順敘天地萬物之本性為本。故而對自然景物之內涵的發現，亦屬士大夫人文精神的重要組成部分。

　　清代北京不僅擁有大量人文歷史古跡，也擁有相當豐富的自然景觀資源。故而，士人在北京城市的文化活動，不僅有針對文物古跡的訪求，也有針對自然風光的欣賞。當然，對於大部分古代文人而言，他們不具備如明代徐霞客那樣遍覽山川的條件，一般僅能開展城郊鄉野的遊覽。特別是，清代北京城市治理水平不高，市容並不潔淨，街道穢惡泥濘不堪[2]，東城往往「捲地黃埃」，一下雨則「滑滑深泥沒膝初」[3]。故而郊遊對士人來說，是難得的排遣心情的方式。清人有言：「一過大通橋，見水，頓覺心曠神怡」[4]，其喜悅之情可見一斑。

1　蘇輿．玉英 // 春秋繁露義證：卷 3．北京：中華書局，1992：69．

2　文廷式．文廷式集：上冊．北京：中華書局，1993：91-92．中國第一歷史檔案館．光緒朝上諭檔：第 24 冊．桂林：廣西師範大學出版社，1996：346．

3　湯右曾．懷清堂集：卷 8．景印文淵閣四庫全書：第 1325 冊．台北：商務印書館，1986：513．

4　戴璐．藤陰雜記：卷 11．上海：上海古籍出版社，1985：126．

　　清代北京士人的野遊，主要目標有兩處。其一為南郊豐台附近，其二為西郊諸寺附近。

○　豐台郊遊

　　豐台地近宣南，距離京城漢人士大夫的聚居處較為近便。其地「為京師養花之所」[1]，故而歷來旅京之人往往聚眾前往遊覽，賞玩花卉。史載豐台「每逢春時，為都人遊觀之地」，「季家廟、張家路口、樊家村之西北地畝，半種花卉，半種瓜蔬。劉村西南為禮部官地，種植禾黍豆麥，京師花賈比比，於此培養花木，四時不絕。而春時芍藥尤甲天下。泉脈從水頭莊來，向西北流，約八九里，轉東南入南苑北紅門，歸張灣。水清土肥，故種植滋茂，春芳秋實，鮮秀如畫」[2]。此地所種植者，有紫薇、夾竹桃、長春、玫瑰等多種花卉。[3] 這一花卉市場，主要供應皇室、官僚。北京乃一國之都，很多人有消費花卉的需求和能力，故而都下花農為種植花卉，亦多所用心。華北地區冬日寒冷，百花難生，花農乃「壞土窖藏之，蘊火坑烜之」，竟令冬季豐台花卉「盡三季之種」，「十月中旬，牡丹已進御矣」[4]。得天獨厚的水土環境，具有消費能力的城市居民，花農精巧的種植技術，都是豐台花田能成規模的重要原因。

　　清代文人對豐台花卉，多所詠歎。康熙時期，此地已成勝遊之所，士大夫往往散處芳叢，任意觀賞，所謂「今日豐台賞花來，鋪茵更坐芳叢下」[5]。花兒的五顏六色，在陽光與露珠的反襯之下，顯得格外嬌豔，令久在

1　吳長元．宸垣識略：卷 13．北京：北京古籍出版社，1981：261．

2　于敏中，等．日下舊聞考：卷 90．北京：北京古籍出版社，1985：1536．

3　于敏中，等．日下舊聞考：卷 90．北京：北京古籍出版社，1985：1533．

4　劉侗，于奕正．帝京景物略：卷 3．北京：北京古籍出版社，1980：120．

5　吳長元．宸垣識略：卷 13．北京：北京古籍出版社，1981：262．

晦暗城中的文人們獲得了不少生氣。王士禛詩云：

　　　　雨雨風風態自殊，花花葉葉不曾孤。

　　　　更添練鵲和蟬蝶，便是徐熙六幅圖。[1]

　　詩中所描繪的花朵，不僅是一束靜態的花，而且具有了時間、場景上的拓展，被置入了一種藝術化的場景中，成了「圖」的一部分。同遊的宋犖亦寫群花攢簇之美，略云：

　　　　溥溥朝露猶未晞，東風吹過珠還瀉。

　　　　珊瑚成堆玉作盤，殷紅膩白紛低亞。[2]

　　除豐台外，北京當時的花卉盛事，還有高梁橋附近極樂寺的海棠花、棗花寺之牡丹、什剎海之荷花、寶藏寺之桂花等。「春秋佳日，挈榼攜賓，遊騎不絕於道。」[3] 至夏則有淨業寺荷花可觀，寺中規矩纂嚴，觀荷須凌晨方可，但仍是「寺前多少衝泥客，誰為看花趁曉來」[4]，遊人如織。

　　對花卉之美的渲染，表現出了士大夫對自然環境之中美好事物的欣賞，亦表現出他們將自身納入自然之中，對自然加以賞鑒，謀求自身與自然和諧相處的努力。有人甚至更進一步，親自參與到栽花植草的園藝工作中，親手製造出自然景觀。乾隆時期，一批文人在寧郡王弘晈的帶領下，將「南中佳種」的洋菊「以蒿接莖」，「枝葉茂盛，反有勝於本植」。「每當秋膡雨後，五色紛披，王或載酒荒畦，與諸名士酬倡，不減靖節東籬趣也。」[5]

　　除豐台賞花外，士大夫在南郊也有其他的遊賞活動。東南郊區地勢平坦，多稻田，較適合日常出遊。人工種植的竹木，自然生長的野草，往往交織成景，正適合士大夫結群出遊，略加玩賞。康熙時期著名詩人嚴我斯

1　王士禛·漁陽精華錄集釋：卷 8·李毓芙，等，整理·上海：上海古籍出版社，1999：1191·

2　宋犖·西陂類稿：卷 5// 景印文淵閣四庫全書：第 1323 冊·台北：商務印書館，1986：57·

3　陳康祺·郎潛紀聞：卷 12// 郎潛紀聞初筆二筆三筆·北京：中華書局，1984：258·

4　高士奇·城北集：卷 1// 四庫未收書輯刊：第 7 輯，26 冊·北京：北京出版社，1997：604·

5　昭槤·嘯亭雜錄：卷 9·北京：中華書局，1980：266·

遊東郊祖園，曾賦詩：

> 泯泯濠梁上，蕭蕭落葉天。
>
> 柳歌魚撥刺，荷碎鷺聯拳。
>
> 曲水縈花圃，晴雲下渚田。
>
> 小山遺勝在，臨眺幾流連。[1]

○ 西山遊覽

與東郊相比，西山附近地勢起伏，多山丘，園林、寺廟往往借景而建。一些寺廟為了招徠遊人，更悉心養護園林，以供觀瞻。故而士大夫對這一地區的遊覽、探訪活動，更為密集。山巒疊翠，險谷流溪，多變的自然景觀往往激發士人的文學創造力和對自然、對天地的關懷。例如極樂寺，雖為養花之地，但古寺寧謐，青苔重重，別有氣質：「徑滑還支石上筇，蘿門盡日碧苔封。兩三竿竹自秋色，千萬疊山皆雨容。詩卷涼生禪榻早，茶爐香壓佛花濃。煩君倒瀉天河水，一洗人間芥蒂胸。」[2]一派涼意中，苔蘚、青竹，點滴禪意與清冷之境產生了文學上的結合，這是自然景觀所賦予的文化氣息。在觀賞自然景物時，士人對天地四時的關懷，往往能有所顯露。特別是如果身處寺中，耳聞梵音，眼觀清景，則心不能不生禪意，暫見眾生。這一意識，往往貫穿於清人詩文之中。例如王士禛遊覽摩訶庵，詩云：

> 鳥如迦陵響，梵是魚山作。
>
> 微雨忽來過，紛紛幾花落。[3]

花鳥動靜，與鐘磬之間，彷彿有所關聯。這種若有若無的感覺，恰恰

1　戴璐・藤陰雜記：卷 11・上海：上海古籍出版社，1985：131・

2　王昶・湖海詩傳：卷 36・上海：商務印書館，1936：1028・

3　王士禛・漁洋精華錄集釋：卷 8・李毓芙，等，整理・上海：上海古籍出版社，1999：1289・

反映出士大夫在僧寺中的獨特心理感受，也反映出寺廟古跡的獨特人文情懷。在這些古跡之中，作為近景存在的植物，與作為遠景存在的山水，共同構成了一種文化的氛圍，引發人們對性命之理的終極關懷。因景生意，因景識知，構成了北京士人人文情懷的重要一環。

　　此外，清朝詩人對城市建築中的自然景觀，如草木、花鳥等，也多所留意。大凡古跡若不廢，則往往有園林竹木之景，以足觀瞻。而若房屋失修坍塌，則荒草叢生，景色衰頹，又是一種別樣的景觀，往往引發士大夫的喟歎。自然景色與人文關懷，在這裏是合一的：人工的房屋之中，一束人工栽植的竹木，抑或一片自然生長的苔蘚，都為寺廟貢獻出了獨特的生機，使古老之中透出一股活力，這也正是士大夫著意描繪的對象。例如十間房一帶的興勝寺，此寺建於明萬曆年間，「土人目為松林」。但清初詩人查慎行查訪其地，松已無存。此寺「後有藏經閣，可眺西山」，北砌石為流觴曲水，其東有閣，曰「明遠」。「春月桃杏雜發，登閣望之，不異錦城花海也。」[1] 清人王吉武有詩云：

> 過雨苔階淨，香塵細不飛。
>
> 經聲清竹院，人語出松扉。
>
> 遲日杏花白，淺寒喞鳥稀。
>
> 園林三月暮，未欲換春衣。[2]

　　整體而言，北京士大夫對郊外野趣的探訪，表現出他們對自然景物的追求。藍天、白雲、高山、流水、草木、土石，在文人的筆下都完成了「被表達」的過程。誠然，與古代士大夫筆下的怪奇景色相比，西山疊翠確實要平實很多，但這並不妨礙士大夫以此為依據，作出豐富的文學演

1　查慎行‧人海記：卷下 // 查慎行集：第 2 冊‧張玉亮，辜豔紅，校點‧杭州：浙江古籍出版社，2014：395‧

2　汪學金‧婁東詩派：卷 17// 四庫未收書輯刊：第 9 輯，第 30 冊‧北京：北京出版社，1997：286‧

繹。身處郊野，親近自然，賦詩紀念，士人將自身納入到了一種關乎「性理」的自然圖景之中，書寫了北京的自然氣息，在想象的世界內構建了人與自然的一種和諧相處的關係。這一過程被大量北京士人反復踐行，後人摩挲詩文，對於這一樸素的生態觀念，不能不有所動容。

綜上所述，北京士人在城市中的活動，為這座城市的文化氛圍增添了濃重的一筆。對於士大夫官僚群體的主體 —— 文士而言，文化活動即是他們生活的一部分，吟詩作賦已是一種本能。詞賦文章，不僅是對文學之美的追逐，更多的是一種工具，是對生活、對耳聞目見、對人生「事件」的文化呈現。特別是「事件」這一面，舉凡聖上賜宴、朋友小酌、賞花看鳥、遊訪古跡，均可作為城市文化生活中有紀念意義的事件，而通過詩賦文章等形式，在記錄之餘，進一步擴大其文化屬性。這是一個「再闡述」的過程。而北京城市中的種種細節，則為他們的文化活動，提供了豐富的憑據。

當古城的煙雲，同士人的文才相遇時，這所城市的文化氛圍便就此奠定了，其人文價值亦得以體現。正如本節開頭所強調的，實物的遺跡從來不曾言說，他們的故事都有賴於作為講述者的人來替他們表達，才能進入文化意識的範疇。而講述人的特質，則對實物遺跡的文化意義，有著重要的影響。這正是本章所著力描繪的內容：具有豐富文學藝術背景的闡述者，如何通過詩文等形式，令遺跡的歷史和現實煥發出文化的生命力。從以上提到的內容來看，清代北京士人利用其文化意識，賦予了北京這座城市以人文情懷的想象；在他們的筆下，北京有了皇室的典雅，有了儒者的禮敬，有了智識的傳承，有了盎然的古意，也有了生態的和諧。這些人文情懷，最終進入了北京文化，成為這座城市文化積澱的重要組成部分。

第五章

構屋與安居：風尚與習俗的規制

《宅經》：「夫宅者，乃是陰陽之樞紐，人倫之軌模，
非夫博物明賢，未能悟斯道也。」
「宅者人之本，人以宅為家，居若安即家代昌吉，
若不安即門族衰微。」

　　北京作為有著悠久歷史的文化古都，其宏偉的宮殿和城牆等大型建築固然是這座城市最醒目的物質文化遺產，但城市的價值不僅僅在於標誌性建築，對於數以萬計在這裏生活過的人們來說，北京實實在在的意義，就是作為人居生活的空間。走過大街小巷，留存至今的房屋仍在向我們訴說著昔日的故事。翻開書報畫冊，字裏行間依稀可見先民的風采。當歷史的塵煙已成過往，昔日的生活離我們日益遙遠，城市空間的幾分舊時模樣仍會勾起我們對歷史的追憶。這些精心構建的人居空間，展示給我們的是一種充滿人文底蘊的文化價值，一種人與自然和諧相處的觀念，一種積極向上的生活情趣。時至今日，那些曾經作為古人住所的房屋有些得以完整保存，有些只能識別出模糊的輪廓。不論如何，透過這些先民們所構建的生活空間與居住環境，我們可以感受並觸摸到這座城市的過往，回味她的故事。

風水觀念中的宅邸選擇

營建住宅是人類進入文明社會的重要標誌之一。《易經》載，上古穴居而野處，後世聖人易之以宮室，上棟下宇以待風雨。當然，應對自然環境是一方面，住宅為人遮風擋雨，提供基本的庇護。更重要的是，住宅是日常生活的起居場所，作為一種私人空間，它還會給人帶來必要的安全感和舒適感。在中國傳統文化中，住宅的選址及營建被賦予了厚重的內涵，即我們今日依舊耳熟能詳的「風水」理論。

○ 堪輿與擇居

「風水」的學名稱「堪輿」，許慎在《說文解字》中對「堪輿」做了如下解釋：「堪，天道也；輿，地道也。」可以看出，「堪輿」的原意本來是有關天與地的道道，是人類對於天、地的認識，是人類與天地、與自然界的關係。[1] 這也可視為人們賦予這個與天與地相關聯的詞彙新的內容，並使它成為了一個特定的專門概念。堪輿，包括在術數類這一個龐大的文化體系中，它雖然在某些方面反映出在正統儒家學說之外的「江湖」道理，但其理論根源卻可在儒學中找到歸屬，即我們可以從《易經》，以及歷代大

1　如漢揚雄《甘泉賦》云：「詔招搖與太陰兮，伏鈎陳使當兵。屬堪輿以壁壘兮，捎夔魖而抶獝狂。」（揚雄‧揚子雲集：卷 5．）又杜甫《有事於南郊賦》：「成陰以結絡，吹堪輿以軒輊。」漢唐時，人們在把堪輿視為風水的同時，也一直以堪輿指天地。

儒對《易經》的理解所作的闡發中找到其理論根源。《易經》講的是後天八卦，據說伏羲氏曾創先天八卦。古人曰：「先天所以立體也，後天所以致用也。」因此，中國的所有術數又被視為從《易經》衍變而來的實用之學。由於《易經》的太極、八卦、陰陽等內容均為中國古代先民對自然的解釋，所以，術數則是中國古代應對自然的實用技術體系。

堪輿對於住宅而言，在漢代的訓詁著作《釋名》中有這樣的解釋：宅，擇也，擇吉處而營之。顯然，堪輿的觀念源自於初民擇吉避凶的樸素經驗，也可說成是人們以趨吉避凶為目的形成的選擇陽宅陰基的技藝和理論。而隨著社會的文明進化，這一觀念逐漸豐滿起來，至明清時期堪輿已經深入人心，成為一種普遍流行的理論，並且形成了一個專門的行業或學問。

託名為黃帝所著的擇宅書《宅經》中有如下論述：

夫宅者，乃是陰陽之樞紐，人倫之軌模，非夫博物明賢，未能悟斯道也。就此五種，其最要者唯有宅法為真秘術。凡人所居，無不在宅。雖只大小不等，陰陽有殊，縱然客居一室之中，亦有善惡。大者大說，小者小論。犯者有災，鎮而禍止，猶藥病之效也。故宅者人之本，人以宅為家，居若安即家代昌吉，若不安即門族衰微。[1]

在風水觀念之下，人之禍福吉凶與宅之吉凶息息相關。古往今來，不唯稗官野史記載了不少關於風水的故事，即使官方史書中也不乏類似記錄。[2] 明初浙江義烏人王褘專論此事，曰：「堪輿家之說，原於古陰陽家者流。古人建都邑、立家室，固未有不擇地者。」[3] 雖然風水說已生出諸多弊端，一些有識之士也提出了異議，但社會上對風水的信仰仍具有普遍性。

1 顧頡‧堪輿集成：第 1 冊‧重慶：重慶出版社，1994：1‧

2 唐蕙韻‧中國風水故事資料類編‧台北：花木蘭文化出版社，2011‧

3 王褘‧王忠文集：卷 20// 景印文淵閣四庫全書：第 1226 冊‧台北：商務印書館，1986：430‧

清人錢泳說：「堪輿家每視地，輒曰某形某像，以定吉凶。雖渺茫不足信，然亦有其事者。」[1] 又有曰，「術家有太歲大將軍之說，凡動土遷移者必避其方，犯者輒不利，其說皆出之陰陽家」。在這些記載中，皆言堪輿不足信，卻又不可不信。而文人於筆記中，也不乏說明堪輿的作用，以及違背其說的危害的例子，說明堪輿之說，不但在下層民眾中有廣泛的市場，而且在社會上層官僚士大夫中間亦頗有影響。這也是各類建築中注重風水理論的思想基礎。

需要強調的是，在中國的術數中，自周秦逮及隋唐，卜筮為其主流。唐宋以降至明清，則堪輿之風大盛。以堪輿為業者日多，有關堪輿風水的著作也不斷湧現。《明史・藝文志・子類》記載明人關於堪輿的著作共 25 家 30 種 268 卷，而《清史稿》則記載了清人關於堪輿的著作共 23 家 30 種 202 卷。堪輿所以興盛，是因為在人們的觀念中，它可能改變人的命運，可能「奪神功、回天命」。此類故事在時人的記載中比比皆是，以下僅就宅之吉凶的故事略舉一二：

學政莫利於廣東。己卯，傅石坡光少同年棠將終任而卒。繼之者為顧根實侍讀元熙，未終任亦卒。再繼者為朱編修階吉，到任數月又卒。於是將為不利之地矣。壬午四月朱編修缺出，以伍石生編修長華補之。六月伍改授廣西右江道，以白小山少詹熔補之，其時伍范任，甫按部南雄未畢事也。傳說學政衙門與運司衙門相接，運司素不利，有道士為之樹天燈杆。自此杆立，運司每升而學政乃不利。三年之中四易學政，其前相繼死者三人，伍到任復不及一月而去。果有關於風水歟。[2]

兵部侍郎英年善堪輿術。一日扈駕遊醇園，令相視園地吉凶。英年駭曰：「是氣尚旺，再世為帝者，當仍在王家。」時光緒己亥九月，已立溥

---

1 錢泳・履園叢話：卷 24・北京：中華書局，1979：641・

2 姚元之・竹葉亭雜記：卷 2・北京：中華書局，1982：33・

儵為皇子矣。孝欽曰：「天下已有所歸，得毋言之妄乎？誠如卿說，當用何法破之？」英年顧視墓旁有老楸一株，夭矯盤拏且百年物，因指樹奏曰：「伐此則氣泄，是或可破也。」孝欽還宮，即遣使伐樹。樹堅如鐵，斧鋸交施，終日不能入寸，而血從樹中迸出。次早趨視，斷痕復合如故，監工者懼而請止。孝欽大怒，自詣園，督數十工人，盡一日之力僕之，中斃一巨蛇，小蛇蠕蠕盤伏無數，急聚薪焚之，臭達數里。後德宗薨，今上仍由醇邸入承大統，英年之言果驗。[1]

以上二則故事，前者為宅（衙門）凶，後者為宅吉。或關乎人之生死，或主宰人之命運前程，且皆有應驗之果，以至於使人不能不信之。這或許就是堪輿的魅力所在。

對於中國人於堪輿近乎「迷信」般的熱衷，西方人多有迷惑不解。明朝末年來華的傳教士利瑪竇就曾談到風水「為中國人所特有」，並對風水的流行表示不解。他說：

在選擇修建公共建築或私宅的地點以及埋葬死人的地點時，他們是按照據說地下的特殊龍頭或龍尾或龍爪來研究地址的。他們相信不僅本家而且全城、全省和全國的運道好壞全要看這些地域性的龍而定。很多最顯赫的人士也對這種深奧的學問感興趣，必要時甚至把他們從很遠的地方邀來請教。這種事可能發生在要修建公共建築或紀念碑的時候，以及為這個目的所使用的機械應如何放置才能避免災禍以及使事業交到好運的場合。就跟占星術家觀察星象一樣，這些地師根據山水田地的相對位置而算定一塊地的氣運和吉凶，而他們的卜算和觀星家的占象是同樣騙人的。把一個家庭的安全、榮譽甚至整個的生存都想象為一定取決於諸如門要開在這一邊或那一邊，雨從左邊還是右邊流入院子，或窗子設在這裏或那裏，房頂哪

1　胡思敬・國聞備乘：卷 1・北京：中華書局，2007：37・

一個要比另一個高等等細節，有什麼能比這更加荒唐的呢？[1]

一個近代早期的西方人，從歐洲經驗出發，很容易將風水視為迷信。此處所提到的「按照據說地下的特殊龍頭或龍尾或龍爪來研究地址」，即風水上的專業術語「尋龍」，這也只是「看風水」的第一步。利瑪竇的觀察道出風水在中國的流行程度，並指出中國人構屋時一些需要關注的細節。如果我們跳出科學與迷信二者非此即彼的二元對立思維模式，或許可以看到這種理念背後的人文關懷與審美趣味。住宅為作息之所，居必求其安，古今中外莫不如此。而住宅的營建，恰是文化的物化過程。有研究者將中國古代典型的房屋佈局稱為「盒子中的盒子」，與歐洲喜好佔據制高點和視控點的炫耀型外向性建築相比，中國人理想中的房屋景觀依戀自然，偏好庇護和捍域型的結構，講求圍合與相對隔離效應。中西方建築的格局差異，源於雙方地域生態與文化傳統的不同。中國的經典風水模型，正是傳統觀念中理想景觀的再現。[2]

就北京而言，傳統的構屋經驗確是「理想景觀」的現實應用，是風水文化的外化。北京是古燕國都城，遼為燕京，金為中都，此後又成為元、明、清三代的首都。長久以來，北京作為首善之區，承載著厚重的中華文明，留下了諸多的歷史遺跡。以住宅而論，明清以來的經典房屋四合院今日仍散佈城中多處，繼續作為人居生活的空間。審視傳統時期北京的房屋，我們可以透過風水這層神秘的面紗，看到這些人居建築所折射出的人文情懷。大致來說，約有三端。

1　利瑪竇，金尼閣．利瑪竇中國劄記．何高濟，譯．桂林：廣西師範大學出版社，2001：63．
2　俞孔堅．理想景觀探源——風水的文化意義．北京：商務印書館，1998．

○ 以親近自然為舒適

這些人居空間親近自然、講求人與自然的和諧。在選址方面注重周邊的人文與自然環境，在佈局方面善於因勢借景、崇尚出自天然，從而不僅趨吉避凶，而且將住所與周圍的自然環境融為一體。

清人周南輯錄的風水書《安居金鏡》中，在住宅選址方面列舉了一些不宜毗鄰之地，其中包括：神前、佛後、古獄、戰場、祭壇、廢址、爐冶、碓房、油坊、壞塚、斷壟、重岡、山衝、水割、交道、閭隍。類似的還有《地理新書》：「凡宅不居當衝口處，不居三交道中央處，不居寺廟及祠社爐冶處，不居草木不生處，不居故軍營戰地，不居正當水流處，不居山脊衝處，不居古城門口，不居對獄門處，不居百川口處。」[1] 顯然，風水書中列舉的這些應該避免的地方或是自然環境不佳，或是人多嘈雜，或是由於安全因素，都不利於作為居所。這些論述，恰好契合我們今天對人居環境的認識。

在住宅的選址方面，風水方面的講究尚不止這些，陽宅的吉利與否，尚有不少我們今天不易理解的門道。但總的來說，一個理想的「風水寶地」，在自然環境方面絕對是一流的。明人高濂引用孫覿的話說，理想的住宅應該「市聲不入耳，俗軌不至門。客至共坐，青山當戶，流水在左」[2]。住宅並非孤立的實體，中國人對自然的熱愛，體現在擇居之時對周邊環境的重視，有道是「居山水間者為上，村居次之，郊居又次之」。而如果不得已居於城區，則要「門庭雅潔，室廬清靚，亭台具曠士之懷，齋閣有幽人之致」[3]。

1　王洙，等·地理新書校理：卷2·湘潭：湘潭大學出版社，2012：74·

2　高濂·遵生八箋（重訂全本）·王大淳，校點·成都：巴蜀書社，1992：303·

3　文震亨·長物志：卷1·北京：中華書局，1985：1·

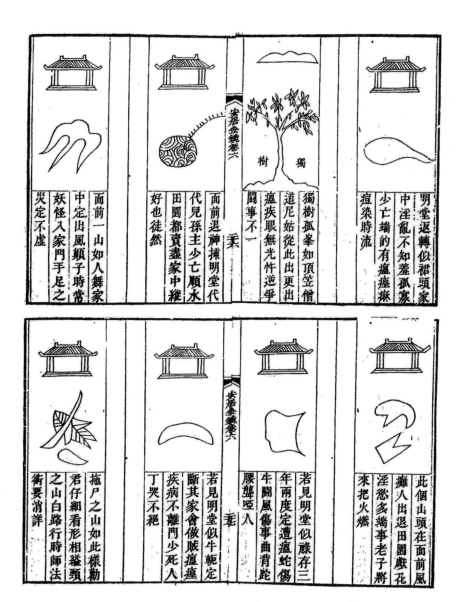

圖 5-1　清人周南輯《安居金鏡》所列凶宅圖（部分）

圖片來源：周南．安居金鏡．卷六．壽南堂藏版．

　　住宅的選址講究周邊的自然環境，在房屋構建與佈局方面國人更是強調自然之美。林語堂觀察到：「中國人對於房屋和花園的見解，都以屋子本身不過是整個環境中的一個極小部分為中心觀點，如一粒寶石必須用金銀鑲嵌之後，方能襯出它的燦爛光輝。所以一切人為的痕跡愈少愈妙，筆直的牆垣，應有倒掛的櫊藤間節的遮蔽著。」[1] 可以說，這一觀察是細緻入微的，房屋和園林必然出自人工，然而構建者又力求不露出人工痕跡，以達到「雖由人作，宛自天開」的境界。[2] 正是這種親近自然的心理，使得古人在構建人居空間之時必與花草樹木相伴，與青山綠水相望。理想的人居空間佈局古人曾設計如下：

　　門內有徑，徑欲曲；徑轉有屏，屏欲小；屏進有階，階欲平；階畔有花，花欲鮮；花外有牆，牆欲低；牆內有松，松欲古；松底有石，石欲怪；石面有亭，亭欲樸；亭後有竹，竹欲疏；竹盡有室，室欲幽；室旁有路，路欲分；路合有橋，橋欲危；橋邊有樹，樹欲高；樹陰有草，草欲青；草上有渠，渠欲細；渠引有泉，泉欲瀑；泉去有山，山欲深；山下有屋，屋欲方；屋角有圃，圃欲寬；圃中有鶴，鶴欲舞；鶴報有客，客不俗；客至有酒，酒欲不卻；酒行有醉，醉欲不歸。[3]

　　這一幅美妙的自然圖景在今天估計只能重現在設計圖紙上了，如果讀者能穿越到近代以前的北京，類似的人居空間恐怕是不少吧。特別是元明清三朝，作為首都的北京達官眾多、士商雲集，宅邸與園林建設甚為可觀。在彼時的北京，找到這樣具有林泉野趣的空間殊非難事。我們今日翻閱《帝京景物略》、《天府廣記》、《日下舊聞考》諸書，昔日北京的房屋與園林美景即歷歷在目，其中契合這種理念的處所隨處可見。近代著名文

1　林語堂．生活的藝術．西安：陝西師範大學出版社，2003：204．

2　計成．園冶圖說．趙農，注釋．濟南：山東畫報出版社，2003：37．

3　陳繼儒．小窗幽記．陳橋生，評注．北京：中華書局，2008：168．

學家林語堂稱讚北京的美好，首先即在於北京的「自然」。他說：「在北京，人生活在文化之中，卻同時又生活在大自然之內，城市生活集高度之舒適與園林生活之美為一體，保存而未失……設計這個城市的是個巧奪天工的巨匠，造出的這個城市，普天之下，地球之上，沒有別的城市可與比擬。既富有人文的精神，又富有崇高華嚴的氣質與家居生活的舒適。」[1]繁華的都市中不失自然之美，令人豔羨。

○ 寬敞的庭院與平房

這些人居空間在構建之時講求視野的開闊與空間的宏大，以收「明耳目、達視聽」之效應，普遍低屋的構屋方式又保障了單個住宅的風景視角。這樣的空間融居住與休閒於一體，住宅不僅是日常作息場所，也是理想的休閒空間。

清末人孫寶瑄曾將北京居所與南方居所做過比較，表達了自己對北京住宅的讚美和喜愛之情，他在日記中說：「居京師時，往往庭院中多古槐，綠蔭四合，疏簾半垂，與二三高侶，讀書彈棋其中，仙境也。到南方來，樓高院隘，如坐深坑，此樂轉不復有。」他的結論是，「居則必京師之屋，以其爽塏異於它處也」[2]。與南方樓高院隘的居所相比，北京帶有庭院的平房要理想得多，因為其本身佈局與周圍環境保障了居所的風景視角，從而不會感到壓抑。深諳國人住宅心理的林語堂曾指出，「房屋」一詞應該包括居室的物質環境，「因為人人知道擇居之道，要點不在所見的內部什麼樣子，而在從這所屋子望出去的外景是什麼樣子。所著眼者實在在屋子的地

---

1 林語堂·京華煙雲（上）·張振玉，譯·長春：東北師範大學出版社，1994：196·
2 孫寶瑄·忘山廬日記 // 鄧雲鄉·北京四合院·北京：人民日報出版社，1990：178·

位和四周的景物」[1]。

作家老舍也曾將北京與歐洲都市倫敦、巴黎等做了比較，最後認為這些城市都不如北京，一個重要的原因就是北京城的住宅不擁擠、周圍有空地且遠處有風景。他說：「北平在人為之中顯出自然，幾乎是什麼地方既不擠得慌，又不太僻靜：最小的胡同裏的房子也有院子與樹；最空曠的地方也離買賣街與住宅區不遠。這種分配法可以算——在我的經驗中——天下第一了。北平的好處不在處處設備得完全，而在它處處有空兒，可以使人自由地喘氣；不在有好些美麗的建築，而在建築的四圍都有空閒的地方，使它們成為美景。每一個城樓，每一個牌樓，都可以從老遠就看見。況且在街上還可以看見北山與西山呢。」[2]

無疑，在歐風美雨浸染下的現代城市裏，林立的高樓擁擠在一起，屋內像是六面封閉的小籠子，屋外是一片茫茫的水泥森林，如此無形中給人一種壓迫感與局促感。十八世紀英國訪華使團成員將中西城市建築佈局做了比較，並對北京這種「平房寬路」的格局印象深刻：「初進北京大門，第一個印象是它同歐洲城市相反，這裏的街道有一百呎寬，但兩邊房屋絕大部分都是平房，歐洲城市街道很窄，但房子很高，從街的這一頭向那一頭望，兩邊房子好似彼此互相傾斜靠近一起。」[3]與十八世紀的歐洲城市相比，北京城坊巷格局下的平房構造無疑讓人感到舒適自在。

寬闊的平房建築一向是我國古代的建築風格，至明清時期，這種建築風格已構成中國城市建築的形態特徵，它來源於中國的傳統文化，《易經》中「寬以居之」的思想應該是這種家居理念的根源所在。對於中西方建築觀念上的差異，乾隆皇帝的宮廷畫師耶穌會士王致誠在給其國人回信時說

1　林語堂．生活的藝術．西安：陝西師範大學出版社，2003：204．

2　老舍．想北平 // 老舍經典作品．北京：當代世界出版社，2011：251．

3　斯當東．英使謁見乾隆紀實．葉篤義，譯．北京：群言出版社，2014：345．

過這樣的話，他說：「眼睛看慣了他們自己的建築的中國人，對我們的建築方式就不甚感興趣了。……高樓大廈使他們驚恐，在他們看來，我們的大街像是在高山中開掘出來的，我們的房子像是無邊無際的鑿了洞眼的岩石，就像熊或其他野獸的洞穴。我們的樓層在他們看來簡直難以忍受。他們不明白我們怎麼能冒著摔斷脖子的危險，每天上下一百次到五層樓。康熙看歐洲建築圖時說：『歐洲一定又小又窮，因為它沒有足夠的地皮來發展城市，因此人們不得不住在半空中。』而我們的觀念不同，我們有我們的道理。」[1]中西建築及文化的差異，在外國傳教士那裏得到了論證，而產生差異的原因在於文化觀念對房屋建築的不同影響。

當然，歐洲城市這種高樓密佈的建築格局並非僅僅是土地緊張的緣故，中歐之間城市住宅佈局的不同源自雙方居住觀念的差異。或許，由於中國人更早講求「宜居」的觀念，傳統時期北京城這種開闊的空間格局，使得居住者四望皆是低矮的平房與自然美景，在家中還可以在獨立的庭院中賞景娛樂。這樣的居所融居住與休閒於一體，日常生活的空間即是休閒的空間，與我們今日提倡的宜居觀念不謀而合。

○ 院牆的安全感

這些人居空間特別在意心靈的舒適感與安全感，在佈局時講求圍合與相對隔離效應，打造出一個注重隱私與安全的獨立空間。如此營造出一種祥和安寧的氛圍，讓居住者感到放鬆自在。

院牆是中國傳統建築的一大特色，傳統時期北京的居所亦不例外。乾隆五十八年（1793 年），來華的英國使團成員即觀察到院牆在住宅中的普

---

1 朱靜．洋教士看中國朝廷．上海：上海人民出版社，1995：197．

遍存在。他們在進入北京城後，看見皇城以東「不顯眼的普通人家的住宅，每一所房屋前面都有一面牆或一幅門簾，為的是不使街上來往行人看到房子裏院」[1]。而使團在北京館舍的建築結構「同一般中國大官的府第相同，整塊園地由一個高的四方形磚牆圍起，在一邊的角端由一個小門通過一個小窄便道進到裏面」[2]。這種觀察是非常寫實的，在彼時的北京城，院牆與居所可以說是如影隨形，也可說院牆是居所不可或缺的部分。

對中國人來說，院牆的作用當然不是簡單的遮蔽外人的目光。有道是「牆乃居室之表，有內外之分、親疏之別，為宅之最重者，可以禦奸，可以壯觀」[3]，牆之設，所以劃分出一個我者與他者的界限，以分內外親疏，進而作為一種安全的防範。清人李漁也說：「界牆者，人我公私之畛域，家之外廓是也。」[4]院牆作為一種標識，明確劃分出私人空間的範圍。在傳統時代，構屋必自院牆始，院牆給人必要的安全感。「國之宜固者城池，城池固而國始固；家之宜堅者牆壁，牆壁堅而家始堅。」[5]院牆的重要性由此可見一斑。這種非院牆無以成屋的觀念直到民國還很濃厚，在一本園藝教科書《庭園術》中，作者仍堅持在房屋庭園四周需用牆垣圍繞，以便與外方隔絕，「俾塵囂之音，末由入內；且藉為防禦，而免人之踐踏」[6]。

院牆的意義在於構造了一個圍合與相對隔離的空間，空間以內即是我者，空間以外即是他者，這種人為構建的空間昭示著「家」的存在。「家」的四面都是圍牆，只有一個院門與外界相接，院門以內是一個獨立的世界，這樣的相對隔離效應給居住者帶來安全感與家的認同，住在其中也顯

1　斯當東．英使謁見乾隆紀實．葉篤義，譯．北京：群言出版社，2014：348．
2　斯當東．英使謁見乾隆紀實．葉篤義，譯．北京：群言出版社，2014：358．
3　張宗法．鄒介正，等，校釋．三農紀校釋．北京：農業出版社，1989：647．
4　李漁．閒情偶寄．北京：人民文學出版社，2013：169．
5　李漁．閒情偶寄．北京：人民文學出版社，2013：168-169．
6　樀士童．庭園術．上海：中華書局，1936：25．

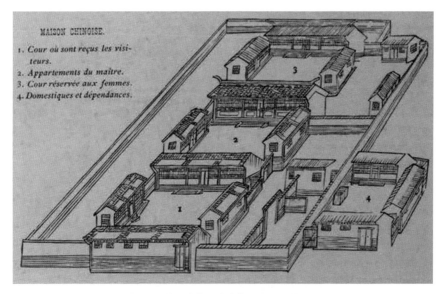

圖 5-2　外國人筆下的清代四合院及其圍牆

圖片來源：Alphonse Favier. Péking.histoire et description. 1897：460．

自在。在住宅以外的不遠處，或許就是繁華的大街，而住宅內清靜寧謐如故，這大概就是「結廬在人境，而無車馬喧」的境界吧。

　　當然，隔離並不等於隔絕，圍合並非封閉，否則老北京這種帶有圍牆的構屋方式與今日的歐式樓房相比就失去了特色。典型的歐式樓房是一個六面圍合的立方體，構造了一個高度封閉的空間，在保障安全的同時也失去了觀賞周圍景致的視野。這個空間過於封閉，有時候甚至讓人感到沉悶、壓抑。老北京的住宅與此迥然不同，院牆圍合的是一個平面的空間，這個空間上下皆是開放的，上可通天、下接地氣。在住宅內部，一般又有一個開放的庭院，庭院作為家內的公共空間，作為聚會和賞景之所。居住者在俯仰之間可見綠樹紅花、藍天白雲。如此巧妙的人居空間是履行中庸之道的典範。也就是說，太過封閉的空間讓人壓抑，過於開放的空間則會讓人喪失安全感，而老北京這種院牆加庭院的格局恰到好處地解決了這一困境。

屋宇之制與治宅風尚

自元朝開始，北京城發展成為一座大型城市，人口規模的擴張意味著對應的住宅數量的增加。長期以來政治中心地位的存在，使得北京城聚集了大量的官僚和文人，強勢的政治與經濟力量保障了北京城房屋建築的規整和宏大特徵。民國官修北京志書評價說：「輦轂之下，建築典偉，屋宇弘麗，設置之周至，雖一草一木，具見匠心。」[1]

○ 屋宇規制與城市格局

中國傳統都城的空間格局的基礎首先是由城牆、宮殿等大型建築和街道、坊巷的佈局來奠定的。但對於小區域來說，房屋的規制則形成了具體的社區風格。北京作為元明清三朝都城，為萬方輻輳之地、天下觀瞻所繫，故歷代政府都力圖實現房屋的整齊劃一。

今天的北京城的基本格局形成於元代。在元代大都建成之後，政府即有意識地統一民居的佈局。至元二十二年（1285 年），「詔舊城居民之遷京城者，以貲高及居職者為先，仍定制以地八畝為一分；其或地過八畝及力不能作室者，皆不得冒據，聽民作室」[2]。元朝政府不僅統一每處住宅的佔地規模，而且為了確保能夠充分利用這八畝的空間，政府規定富有階層和

---

1 吳廷燮．北京市志稿（七）．北京：北京燕山出版社，1997：212．
2 宋濂，等．元史：卷 13．北京：中華書局，1976：274．

官員優先佔地建房。政府還禁止多佔，或者財力不足的家庭冒佔宅地。這一政策有力地保障了宅第的規整，形成了整齊劃一的市容市貌。

元朝形成了規整的屋宇佈局，奠定了此後數百年北京城市空間的基本格局。以清代為例，清政府為保障京城房屋的整齊，也多次頒佈政令。康熙五十年（1711 年），朝廷議准：「正陽門外大街東西兩邊房屋，並珠市口民房，以新溝為限，准其修理蓋造。至小街有溝者，以溝為限，其無溝並街道彎斜不整，或一面係空地者，均以左右鄰房不佔官地者為度。仍於本戶下注明礙道尺寸，立冊存案，日後更造清出還官。」[1] 這一制度在於保障在房屋修建時能留出規整的街道。雍正十二年（1734 年），清廷議准：「京師重地，房舍屋廬自應聯絡整齊，方足壯觀瞻而資防範。」所以規定完整堅固的房屋不得無端拆賣，如果迫不得已，只允許拆賣院內的房屋，臨街房屋一概不得拆賣。但有些房屋年久失修，而房主又無力整修，礙於禁令，只能放任房屋自然傾圮。所以，乾隆八年（1743 年）清廷出台了妥協方案，即准許房主在向官府備案後拆賣部分自有住房，同時規定：「京城廬舍，觀瞻所繫。今旗民臨街房屋，准其拆賣，雖屬便民之舉，但不為設法辦理，恐將來拆毀過多，不足以肅觀瞻。」所以，拆房之前，地方官當查看房屋方位。如果房屋處於偏巷，可准許拆除，「即行築牆遮蔽，聯絡整齊」，「其餘臨街房屋，不可建築牆垣者，仍一概不准拆毀」[2]。清廷的這些禁令，即在保障京城房屋的整齊周密，以肅觀瞻。

○「大治宅第」及其時尚

對土地與房產的投資，歷來是古人在投資取向上的首選。明清時期，

---

1 乾隆・大清會典則例：卷 150// 景印文淵閣四庫全書：第 624 冊・台北：商務印書館，1986：704・
2 乾隆・大清會典則例：卷 127// 景印文淵閣四庫全書：第 624 冊・台北：商務印書館，1986：42・

隨著商品經濟的發展和社會財富的增加，城市居民的上層更是把營建房屋作為其投資的重要籌碼，即使普通的民人士子也大都願將積蓄用於營建住宅。清代《竹枝詞》曰：「深深畫閣曉鐘傳，午院榴花紅欲燃。搭得天棚如此闊，不知債負幾分錢。」[1] 這正是對京城「大治宅第」的社會時尚的生動描述。

　　居宅向有定制，明洪武二十六年（1393 年）定：「官員營造房屋，不許歇山、轉角、重簷、重栱及繪藻井，惟樓居重簷不禁。」又規定：「品官房舍門牖不得用丹漆，市民廬舍不過三間五架，不許用斗栱，飾彩色。」[2] 清承明制，在規制上大同小異。但是，在城市經濟不斷發展的推動下，定制已形同虛設，早在明朝嘉靖年間即出現了違制建房的現象。萬曆時人顧起元曾評論說：「嘉靖十年以前，富厚之家多謹禮法，居室不敢淫，飲食不敢過；後遂肆然無忌……嘉靖末年，士大夫家不必言，至於百姓有三間客廳費千金者，金碧輝煌，高聳過倍，往往重簷獸脊如官衙然，園圃僭擬公侯，下至勾欄之中，亦多畫屋矣。」[3] 普通人家尚且如此，朝廷中的高官貴戚尤其錦衣玉食，宅第堂皇富麗。降及清代，尤其在康雍時期，伴隨經濟的又一次繁榮，奢侈之風更為盛行，所謂「時際昇平，四方安樂，故士大夫俱尚豪華」[4]。時人特別是對於房屋的建造尤為熱心。京城不僅是官僚薈萃之地，也是滿族貴族的聚居之地。京城衙門沒有寢於其內的規制，這樣，不但蒞任職官的漢人官僚需要京城有其居邸，且外任的滿族官員任滿回京也必於京城構屋，這自然使北京形成了府第鱗次櫛比的現象。

　　按照滿漢分城而居的原則，滿族官員居於內城，所以內城中，貴族官

1　李虹若·朝市叢載：卷 7·北京：北京古籍出版社，1995：151·
2　龍文彬·明會要：卷 72·北京：中華書局，1956：1400·
3　顧起元·客座贅語：卷 5·上海：上海古籍出版社，2012：114·
4　錢泳·履園叢話：卷 7·北京：中華書局，1979：193·

僚居住的大宅隨處可見。其宅第規制為「門或三間或一間，**巍峨華煥**，二門以內必有聽事，聽事後又有三門，始至內眷所住之室，俗稱上房，其巨者略如宮殿。大房東西必有套房，曰耳房，左右有東西廂，必三間，亦有耳房」。「或從二門以內，即以回廊接至上房，其式全仿王公邸第。蓋內城諸宅多明代勳臣之舊，及入國朝，而世家大族乃又互相仿效，所以屋宇日華。」[1]

這些府第大宅，多為明朝權貴所遺。但是，對於入主京城的滿族新貴而言，他們除了依據權勢和地位將其據為己有之外，還在不斷爭購、增建府第，增飾崇麗。而且，即便是宅廣府闊、富麗精雅之所，主人也樂此不疲。如位於大佛寺東街路西的「寶文靖公第」，「屋宇院落雖多而不統一，蓋集之久而成者」。此後，寶鋆又購得馬大人胡同西口路北一座宅子。是宅「壯麗莊嚴，宏敞精工，兼而有之，為東城第一。乃那彥成尚書舊宅，其後人於同治間售於寶相」。然寶鋆「終身不居，歿後僅奉其神主。如此大宅，空閒數十年，可見當日之寬綽」[2]。又如，崇禮在東四北六條胡同西口內，「有大宅一區，棟宇華好」。崇禮本內務府旗人，由圓明園苑丞起家，升至郎中，出為粵海關監督時，「粵亂初平，百貨填積，故稅收最旺。歸京後，大治第宅，極有富名」。此外，「俊星東（俊啟）在光緒初年任粵海關監督，連任凡三年，任滿歸京，廣造房舍，建築宏麗，侔於府第」[3]。

清代文人金聖歎在談到他對房屋營建的感受時說：「本不欲造屋，偶得閒錢，試造一屋。自此日為始，需木需石，需瓦需磚，需灰需釘，無晨無夕，不來聒於兩耳。乃至羅雀掘鼠，無非為屋校計，而又都不得屋住。既已安之如命矣。忽然一日，屋競落成，刷牆掃地，糊窗掛畫。一切匠作

1　徐珂．清稗類鈔：第1冊．北京：中華書局，1984：186．
2　崇彝．道咸以來朝野雜記．北京：北京古籍出版社，1983：6．
3　崇彝．道咸以來朝野雜記．北京：北京古籍出版社，1983：44，49．

出門畢去，同人乃來分榻列坐，不亦快哉！」[1] 可見，房屋的營建雖瑣碎、勞累，甚至令人有刻無安寧的感覺，但一旦房屋落成，仍會給屋主人帶來無限的歡樂，這也正是人們千百年來所形成的居家意識。正如清初文人李漁所言：「人之不能無屋，猶體之不能無衣。」[2]

○ 上層社會的居家風格

居家意識除了表現在人們對營建房屋的物質投入與精神投入上，還更多地表現在房屋的建築風格上。由於人們的文化素養、個人品格、經濟條件以及生活的地理環境的不同，居家行為與意識也會有所不同，從而形成不同的居家風格。這裏我們不妨仍以對「大治宅第」最為熱心的官僚階層為例進行分析。

眾所周知，科舉制為中國社會各階層的人士打開了進入仕途的大門，它在為四民身份的可變性提供了制度保障的同時，也使官僚隊伍的成分變得複雜。不同出身的官僚，他們的居家意識也往往有所不同，但是最能體現其中差別的還是官僚們的社會價值取向及其人生追求，換個角度說，在房屋風格上也可看到官僚們複雜的雙重或多重人格。如京師繩匠胡同，又名丞相胡同，「嚴分宜之賜第在焉。毗連半截胡同，中有一宅，舊為海昌查小山所居，今歸吾鄉大銀台姚公亮府。宅內聽雨樓者，東樓賞鑒書畫處也。曲檻長廊，宏樑巨礎，規模軒敞，罕有其倫」[3]。這座大官僚府第除了顯示主人地位的高貴之外，還暴露了主人為官時的聚斂。所謂「堂之東隅，地有巨窖，……蓋當日藏 珍異之所也」。此外，他也保持了文人的一些

1 王實甫‧金聖歎評點本西廂記：卷 7‧金聖歎，評點‧南京：鳳凰出版社，2011：164‧
2 李漁‧閒情偶寄‧北京：人民文學出版社，2013：120‧
3 梁紹壬‧兩般秋雨盦隨筆：卷 3‧上海：上海古籍出版社，1982：131‧

習慣。

　　由於居家風格往往是主人身份與個性的表現，府第中趨於豪華瑰麗者便多為皇親國戚的貴族府第。如明代的「成國公園」，是一座亦園亦居的建築，從居邸到園林，建築中無處不體現出貴族居高臨下的氣派和森嚴的等級。時茶陵李東陽作《成國公槐樹歌》有云：「東平王家足喬木，中有老槐寒逾綠。拔地能穿十丈雲，盤空卻蔭三重屋。憶昔前王初宅時，高門馺馬相追隨。五朝恩露簪纓重，四世威名草木知。」又有公安袁宏道作《適景園小集》，因成國公園又名適景園，「都人呼十景園也」。袁宏道詠其園曰：「一門復一門，牆屏多於地。侯家事整嚴，樹亦分行次。」[1] 其重門復道，高牆多屏，即使樹木也高大而行次分明，追求的無非是華麗高貴的風格，也是主人對自己身居王侯地位的一種炫耀。

　　19 世紀的英國人見到的「梁公府」，同樣是一典型的貴族住宅，在講究禮法的同時，更注重高貴與華麗。英國人記述說：

　　（梁公府）由東西兩座四方形庭院組成，兩座庭院南北方向上相互平行，彼此之間有一條帶頂的長廊相通。每座庭院內都有多組建築，均為普通的中國建築風格。東邊庭院各個場所富麗堂皇，內有舉行隆重典禮的房間。房屋均為綠色琉璃瓦頂，下有粗大的木柱支撐；山牆和後牆都是堅固的磚石結構；正面磚牆從地面始，只有三英尺左右，其餘部分，包括門，都是輕便的木格結構，木格上糊紙；木格窗子正中是大塊的玻璃窗，主要房間的玻璃窗裝飾得非常優雅；房間內部，雖然未經整修，仍然非常漂亮；典禮用的房間，天花板上裝飾著金龍，金龍浮在藍底的圓圈裏，藍底的圓圈又位於綠色小方格正中，這些綠色小方格則由綠色和金色的浮雕窄條相互交叉而成。……公府西側庭院由一些不太炫麗、但不失優雅和品味

1　劉侗，于奕正·帝京景物略：卷 2·北京：北京古籍出版社，1980：55·

的建築組成，房屋均為普通的灰色瓦頂。……各種道德說教的鎦金文字刻在裝飾木板上，懸在不同建築的入口處，……整座庭院為一道高牆所包圍，牆南北長 760 英尺，東西寬 378 英尺。整個建築的整體特徵是，它一度曾經是一處高貴的所在，但很快便沒落了。[1]

外國人沒有說錯，這是一所追求豪華氣派卻又「不失優雅和品味的建築」，符合中國古代的貴族喜好附庸風雅的生活狀況。這屬於一種類型。

另一種類型為官僚的住宅。官僚與貴族雖同為社會上層，但地位不比貴族，其追求也略有差異，特別是文人出身的官僚，在追求高貴的同時，更偏重於風雅。

清朝「南沙蔣中堂溥，賜第在內城李廣橋左。堂室宏麗，廊房曲折，有平台更爽塏，高柳碧梧，環列牆垣。春時桃李盛放，每置酒，延夢堂英協辦諸公觴詠焉」[2]。其居邸建築中廊台曲榭、柳梧桃李、詩酒觴詠，遂將宅第裝點出幾分雅氣。又如「劉文清公故第在驢市胡同西頭，南北皆是，其街北一宅改為食肆，余幼時屢過之，屋宇不甚深邃，正室五楹，階下青桐一株，傳為公手植。街南牆上橫石，刻劉石菴先生故居七字，今屋皆易主」[3]。劉文清即乾隆年間位居卿貳之列的劉墉，青桐一株加上石刻，使劉墉之府第的風格體現出文人的主基調，而「屋宇不甚深邃」，又是他為官清廉、甘於儉約之個性的流露。

此外，英國人 D.F. Rennie 所見到的官僚文人住宅也頗為典型，由於他的記載十分詳細，敘述了許多為時人司空見慣而不甚留意的問題，以故，此處也將不厭其煩地轉錄如下：

1　D. F. Rennie. Peking and the Pekingese During the First Year of the British Embassy at Peking (Volume 1). London: John Murray, 1865：56-57.

2　汪啟淑．水曹清暇錄．卷 6．北京：北京古籍出版社，1998：84．

3　震鈞．天咫偶聞．卷 3．北京：北京古籍出版社，1982：61．

今天下午，應 Parkes 和 Wade 兩位先生的請求，我陪他們去了 Hang-ki 的私人住所，Hang-ki 曾跟他們表示過，希望能用西方的外科醫術看看病。我們發現，Hang-ki 住在一所精美的宅院裏，宅院就在城牆西北角附近的一條街上。……我們穿過兩座庭院，來到客廳。客廳乾淨而優雅，呈長方形，有兩道敞開的隔板，隔板上部雕刻得十分精美。這樣一來，客廳彷彿被分成了三個房間。中間那間，門朝著院子，設有公務接待的座位，座位比地面稍高，共兩個，上面都鋪著墊子，兩個座位之間有一張小桌，兩個座位彼此隔開，桌子上涼著茶。邊上的兩個房間同中間部分的陳設一模一樣。每個房間側面都有一張紫檀櫃，櫃上擺著一座鐘和一對漂亮的花瓶；兩扇窗子之間，有一張桌子，桌子四周擺著紫檀木凳子，凳子上鋪著墊子。邊上的紫檀櫃上陳列著書籍，約有幾千卷。我的視線落在一套四百五十卷的書上，那是清朝學者對中國典籍注釋與闡述的論著。我們西方人在書脊上標書名，並按這種方式擺放書籍，而中國人卻把書名寫在邊上，並把那個部分露在外面讓人看。房間的牆上掛著花鳥和山水畫，對此 Hang-ki 傾注了大量的心血，他說，這些畫有兩百多年歷史，是用指尖和指甲畫的，出自前朝一位名家之手。畫面確實是粗線條的，很有表現力，小一點的鳥兒畫得非常精細，那些細線顯然是用指甲畫的。[1]

從幽雅的客廳到紫檀櫃上陳列著約有幾千卷的書籍，再到房間的牆上掛著花鳥和山水畫，無處不表明主人文人的氣質和高雅的生活情調。

1　D. F. Rennie. Peking and the Pekingese During the First Year of the British Embassy at Peking (Volume 1). London: John Murray, 1865: 106-107.

經典住宅：老北京的四合院

　　在中國，四合院的歷史幾乎與中國的文明同步，自考古所得陝西扶風縣鳳雛村的第一四合院開始，經過三千餘年的嬗變，明清時期北京的四合院一脈相承地成為其最終的表現形式，它已成為一種物化的文明。木構架體系、庭院式組合又構成其建築上的最基本特點。而四合院建築尤以北京的最具特點。

○　四合院的建築結構

　　清人夏仁虎曰：「京師屋制之美備甲於四方，以研究數百年，因地因時，皆有格局也。戶必南向，廊必深，院必廣，正屋必有後窗，故深嚴而軒朗。大家入門即不露行，以廊多於屋也。夏日，窗以綠色冷布糊之，內施以捲窗，晝捲而夜垂，以通空氣。院廣以便搭棚，人家有喜慶事，賓客皆集於棚下。正房必有附室，曰套間，亦曰耳房，以為休息及儲藏之所。夏涼冬燠，四時皆宜者是矣。中下之戶曰四合房、三合房。貧窮編戶有所謂雜院者，一院之中，家佔一室，萃而群居。」[1]這就是中國最傳統的庭院式住宅，俗稱為四合院。對於四合院在中國居家中的普遍性，長期生活在中國的朝鮮使臣朴趾源說過這樣的話：「雖有大小奢儉之別，規模大率相

1　夏仁虎·舊京瑣記：卷 10·北京：北京古籍出版社，1986；40·

同耳。」[1]

此外，朴趾源還以異國人的視角，對四合院住宅所講究的坐北朝南，前堂後室，重門多進，中軸對稱等原則，以及磨磚對縫，黃松木架，風火雙簷，方磚墁地等技法都作了較為詳細的概述。他說：「凡室屋之制，必除地數百步，長廣相適，劃劃平正，可以測土圭、安針盤、然後築台。台皆石址，或一級，或二級、三級，皆磚築而磨石為甃。台上建屋皆一字，更無曲折附麗。第一屋為內室，第二屋為中堂。第三屋為前堂，第四屋為外室。外室前臨大道，為店房、為市廛。每堂前有左右翼室，是為廊廡寮廂。大約一屋長必六楹、八楹、十楹、十二楹，兩楹之間甚廣，幾我國平屋二間。未嘗隨材短長，亦不任意闊狹，必准尺度為間架。屋皆五樑或七樑。從地至屋脊測其高下，簷為居中，故瓦溝如建瓴。屋左右及後面無冗簷，以磚築牆，直埋椽頭，盡屋之高，東西兩牆各穿圓窗。面南皆戶，正中一間為出入之門，必前後直對。屋三重四重，則門為六重八重，洞開則自內室門至外室門一望貫通，其直如矢。所謂洞開重門，我心如此者，以喻其正直也。」[2] 可見，滿洲入主中原，傳統的四合院居住模式不但未有絲毫改變，反而成為一種建築文化和居家文化深刻地影響著時人的生活。

一般情況下，有一個院落的稱為「小四合院」，小四合院佈局簡單，按照「凡家宅住房，五間三間，循次第而造」[3] 的規則，它至少應該有稱作正房的北屋三間，屋內由隔斷分成一明兩暗，或兩明一暗；有東西廂房各兩間，南房三間。而且小四合院有臥磚到頂、起脊的瓦房。院子裏有磚墁的十字甬道，可通到東西南北屋的正門，屋門前都有台階兒。由兩到三個院落組合的稱中四合院，多個院落組合的稱大四合院。根據靳麟先生《四

---

1 朴趾源‧熱河日記：卷 1‧上海：上海書店出版社，1997：15‧
2 朴趾源‧熱河日記：卷 1‧上海：上海書店出版社，1997：15-16‧
3 計成‧園冶注釋：卷 1‧趙農，注釋‧北京：中國建築工業出版社，1981：76‧

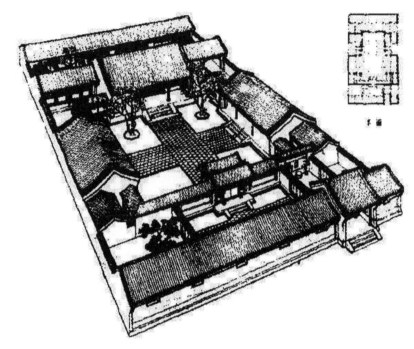

圖 5-3　北京典型四合院住宅

圖片來源：王其明．北京四合院．北京：中國書店，1999：7．

合院》一文的描述：中四合院正房五至七間，由正房和耳房組成，屋內有
木隔斷或落地罩，有的正房和廂房帶有廊子。廂房與耳房之間有『過道
兒』，可以通裏院。裏院的月亮門後立有影壁。大四合院「正房是前廊後
廈，後邊有罩房。東西廂房南邊的花牆子中間有一座『垂花門』……東西
廂房都有抄手遊廊，與垂花門相通。有的花牆子在垂花門兩旁，鑲上兩
三個『漏窗』。正房與廂房之間，有圓月亮門兒，可以從過道到後院去，
有的有『過廳』，可以穿行」。「外院，東西各有一道花牆，中間是月亮
門，……可以從這個門到跨院去。南房有穿山遊廊」，於是，形成東西南
北互相通連的幾個院落。[1] 有清一代，京城仕宦人家的四合院多為上述深宅

1　靳麟．四合院 // 北京文史資料研究會．北京往事談．北京：北京出版社，1986：83．

高牆的大四合院，高牆內有多個院子連接組合，堂屋、客廳、書房、寢室、廟宇等，無一不由院落環繞。

四合院建築尤以北京的四合院最具特點，清代北京的四合院在民國之後也得到保留。近人回憶說：「以過去的北京而言，住所一般都是由一個或若干個四合院（或三合院）組成的。庭院是四合院佈局的中心，不但是來往、採光、通風的樞紐，而且也常是休息和家務的場地。一般『小康之家』都住這種建築比較簡單樸素的四合院。比較大型或中型的住所，它的形式是由兩個或兩個以上的單體四合院組成的複合體，沿著一條軸線排列起來，形成一連串的幾進院落，有的又在兩側伸出跨院。這種『高級住宅』的建築規模大，質量也更加考究一些，而且往往還帶有花園。」[1]

此外，現當代文人也留下了諸多關於北京四合院（三合院）住宅的記載。1913 年初秋，童年的冰心隨著母親進入北京，住在北京東城鐵獅子胡同中剪子巷十四號，「這是一個不大的門面，就像天津出版社印的老舍先生的《四世同堂》的封面畫，是典型的北京中等人家的住宅。大門左邊的門框上，掛著黑底金字的『齊宅』牌子。進門右邊的兩扇門內，是房東齊家的住處。往左走過一個小小的長方形外院，從朝南的四扇門進去，是個不大的三合院，便是我們的家了」，「這個三合院，北房三間，外面有廊子，裏面有帶磚炕的東西兩個套間。東西廂房各三間，都是兩明一暗，東廂房作了客廳和父親的書房，西廂房成了舅舅的居室和弟弟們讀書的地方。從此房廊前的東邊過去，還有個很小的院子，這裏有廚房和廚師父的屋子，後面有一個蹲坑的廁所。北屋後面西邊靠牆有一座極小的兩層『樓』」[2]。

《城南舊事》的作者林海音在北京度過了美好的童年，多年以後，她

---

1 金寄水，周沙塵．王府生活實錄．北京：中國青年出版社，1988：6-7．

2 冰心．冰心精選集．冰心自傳．北京：北京燕山出版社，2005：214-215．

將「城牆、天橋、四合院兒」列為「北京三寶」。她對四合院格局有一個簡明的歸納，即「四面房子，中間包著一個院子」，「當然，它也不是那麼簡單。北京的四合院，有千百種樣式，中國房屋構造是以北為上的，所以一進大門是一溜南房，然後進了二道門，裏面的三面北、東、西。北房俗稱上房，一向是主人房；東、西為廂房。四面還有跨院，院裏有小房間，當做堆房、廚房、傭人房。北房裏面兩邊還有耳房，是主人儲藏衣物等用的。專講四合院的房屋構造，就一時講不完」[1]。

四合院不僅是散文的素材，而且也反復出現在以北京為背景的小說之中。這些長期生活在北京的作家，對四合院建築有相當寫實的描寫。在張恨水的《啼笑因緣》這部小說中，作者說：「原來北京城是個四四方方的地方，街巷都是由北而南，由東而西，人家的住房，也是四方的四合院。」故事男主人公樊家樹就住在一個大四合院中：「他住在一個很精緻的上房裏。那屋子是朱漆漆的，一帶走廊，四根紅柱落地；走廊外，是一個很大的院子。」[2] 樊家樹給自己的意中人沈鳳喜租住的房子，「乃是一所獨門獨院的小房子，正北兩明一暗，一間作了沈大娘的臥室，一間作了鳳喜的臥室，還空出正中的屋子作鳳喜的書房。外面兩間東西廂房，一間住了沈三玄，一間作廚房，正是一點也不擠窄」，從門外看「一帶白牆，牆頭上冒出一叢綠樹葉子來，朱漆的兩扇小門，在白牆中間閉著，看去倒真有幾分意思」[3]。

在林語堂的名著《京華煙雲》中，作者借曼娘的視角詳細描述了曾公館的四合院大宅第格局。先是大門以外的院牆和大門的構造：「白牆有一百尺長，門口是高台階，有二十五尺寬，左右兩邊兒的牆成八字狀接著

1　林海音·城牆·天橋·四合院兒 // 林海音文集·在胡同裏長大·南京：江蘇文藝出版社，2011：112·
2　張恨水·啼笑因緣·北京：北京出版社，1981：1-2·
3　張恨水·啼笑因緣·北京：北京出版社，1981：76·

大門，門是朱紅，上有金釘點綴。門的頂上有一個黑漆匾額，刻著一尺高的金字『和氣致祥』。門旁有個白地撒金的長牌子，上寫『電報局副總監曾公館』九個鮮綠的字。門口兒高台階前面擺著兩個做張嘴獰笑的石獅子。大門前的橫路正對大門那一段，向後展寬，後面端立一段綠色的影壁牆。」這是大型四合院大門以外的格局。在大門以內，住宅的佈局則包含房間、庭院、長廊等等，「曾公館宅第寬大，有四層院子深，在正院兒的東側，有一條榆樹交蔭的狹長小徑，還有若干縈回曲折供散步的走廊通往正院兒西邊的幽深的庭院」[1]。關於居住的安排，家庭之主曾氏夫婦住後中院，少爺曾平亞住在西側後院兒，「院子是在曾氏夫婦居住的後一排房子的西邊，屋子的前面接著一個長廊，高出地面二尺，平亞住的院子與正院兒有牆相隔，有一個六角門相通，門兩邊各有桃樹一株。院子裏鋪著又老又厚的二尺方的灰色磚，由各色石卵鋪成的小徑，圖形不一，迤邐婉轉。有一座假山，一個水池，由三層高石階通上走廊。正廳有屋三間。下人房在西邊，與正房隔離」[2]。作為曾平亞的未婚妻，曼娘來到曾家之後，住在正院大廳西面的一個靜心齋，「這是在正院大廳西面的一個跨院兒，在西邊有個旁門兒通到平亞的院子」，這個房子有三間屋子，「房子向南，東邊有個走廊通到僕人住的屋子。靠著白色的南邊圍牆，有一叢清瘦疏落的竹子，和竹子相伴的是立在一旁的一塊又高又瘦玲瓏剔透的石頭，灰藍色，八尺左右高。這個地方真是具有素淡質樸、高雅幽隱的靈淑之氣。但是這個院落設計得仍然十分敞亮，白天晴空在望，夜晚月升之時，得見明月，毫無阻礙閉塞之弊」[3]。總之，曾公館的佈局非常巧妙，「這所大宅第所有的院子，設計建造得都是各成格局，但家人住在一起又很方便。每個院子都

1　林語堂・京華煙雲（上）・張振玉，譯・長春：東北師範大學出版社，1994：116-117・

2　林語堂・京華煙雲（上）・張振玉，譯・長春：東北師範大學出版社，1994：138・

3　林語堂・京華煙雲（上）・張振玉，譯・長春：東北師範大學出版社，1994：119・

幽靜、嚴謹，看著絕沒有跟別的院子接連的感覺」[1]。

○ 四合院的建築特徵

通過對四合院的考察，我們不難發現它有三大特徵：

其一，是它的封閉性，「高牆深院」，所謂「重門東向，朱樓環繞，外牆高照，內宇宏深」[2]。《論語》中的「譬之宮牆，賜之牆也及肩，窺見家室之好」之句，可以說明牆垣的起源很早。而且，這種高牆垣的房屋建築模式一直延續到明清時期，它不僅用於官紳大戶的住宅，也用於普通的民居。所謂「峻宇雕牆」「家徒壁立」，即是對無論富者還是貧者都以牆院為居室之端的描述。

對居家而言，院牆是國的城牆觀念的延伸。清初文人李漁說：「國之宜固者城池，城池固而國始固，家之宜堅者牆壁，牆壁堅而家始堅。」[3]即院牆是居家者出於安全防護的需要所建。同時，院牆的建造，還是區別貧富、劃分內外的界限的標誌，它可以展示居室外部的美觀。所謂「昔人貧富，皆於牆壁間辨之。故富人潤屋，貧士結廬，皆自牆壁始。牆壁者，內外攸分而人我相半者也。俗云：『一家築牆，兩家好看』」。「界牆者，人我公私之畛域，家之外廓是也。」[4]清人張宗法說：「牆乃居室之表，有內外之分，親疏之別，為宅之最重者，可以禦奸，可以壯觀。有圍牆、護牆，造應泰否；有間牆、女牆，治分彼此，有照牆、隔牆，設關吉凶。」[5]

乾隆五十八年（1793 年），來華的英國人即對中國的院牆產生了好

1 林語堂·京華煙雲（上）·張振玉，譯·長春：東北師範大學出版社，1994：116-117·
2 葉夢珠·閱世編·卷10·上海：上海古籍出版社，1981：218·
3 李漁·閒情偶寄·北京：人民文學出版社，2013：168-169·
4 李漁·閒情偶寄·北京：人民文學出版社，2013：168-169·
5 張宗法·三農紀校釋·鄒介正，等，校釋·北京：農業出版社，1989：647·

奇，他們在進入北京城後，看見皇城以東「不顯眼的普通人家的住宅，每一所房屋前面都有一面牆或一幅門簾，為的是不使街上來往行人看到房子裏院」[1]。但對中國人而言，圍牆的作用絕不僅僅是用來遮蔽外人的目光，在更大程度上，它使一個有著共同經濟來源的家庭可以獲得相對獨立於外部的世界。如清雍乾之際，「南沙蔣中堂溥，賜第在內城李廣橋左。堂室宏麗，廊房曲折，有平台更爽塏，高柳碧梧，環列牆垣」[2]。其牆垣內是一充滿雅趣的空間。而且，院牆也圈定了居住空間的大小。十九世紀的英國人在京城見到的「梁公府」，「整座庭院為一道高牆所包圍，牆南北長 760 英尺，東西寬 378 英尺」[3]。可以說，這種住宅，將整個社會按家庭劃分成一個個小小的社區，它是中國傳統農業社會以家庭為單位的自給自足經濟結構模式與宗法制觀念在地域空間的投影。

四面圍合與住宅內外劃分界限是北京四合院的基本特徵，而這也是傳統禮制的要求。《易經》曰：「家人，女正位乎內，男正位乎外，男女正，天地之大義也。」這種注意嚴內外之辨的居家思想反映在住宅佈局上：四合院四面圍合，僅有一個院門通向外界；進入大門之後並不能對住宅一覽無餘，因為有壁影、垂花門等設置遮擋視線；四合院內的房屋互不相連，正房與倒座房相對、左右側廂房相望，各自獨立成棟；宅內以垂花門為界，把作為客廳、傭人住的南房（倒座）和作為家族居室的北房（後罩房）、東西廂房分為內外兩院。[4]通過這樣的佈局，傳統禮制所要求的男女有別、內外有制落在了實處。可見，這種組合重疊的四合套院，為社會上

---

1 斯當東．英使謁見乾隆紀實．葉篤義，譯．北京：群言出版社，2014：348．

2 汪啟淑．水曹清暇錄．北京：北京古籍出版社，1998：84．

3 D. F. Rennie. Peking and the Pekingese During the First Year of the British Embassy at Peking (Volume 1). London: John Murray, 1865: 56-57.

4 王其明．北京四合院．北京：中國書店，1999；尼躍紅．北京胡同四合院類型學研究．北京：中國建築工業出版社，2009．

層城居者的房屋模式，帶有一定的普遍性。而以牆和院為特徵的家居建築，所體現的嚴謹的群體組合與空間結構的封閉性，是儒家的禮法精神的反映。由於坊巷格局及經濟地位的限制，四合院的規模差異巨大，但其總體格局則大體類似。

其二，四合院在佈局上講究方正和中軸線對稱的建築手法與風格，正房、正廳、垂花門等位於其上，而廂房左右對稱，分立兩側。其中正房作為長輩居所，是整個住宅的中心；兩側廂房為晚輩居所；外院倒座房為傭人居所。從建築上講，正房的開間、高度等標準都是最高的，其他房屋按照重要性依次遞減。這是封建倫理綱常長幼有序、上下尊卑的社會關係與家庭關係的完美體現，其建築格局是對中國傳統倫理道德的最佳詮釋。

四合院的房屋設計，講究四方四正，四合裏面含一個井字，縱橫有序地排列出一個家族的等級序列。通常，四合院的建築沿著中軸線向縱橫兩個方向鋪展，層層套疊，大體上建在中央縱軸線上的為門房、堂屋、主要住房，建在左右縱軸線上的則是客廳、書房、次要住房等。在前堂後寢的總原則下，縱軸線上的房屋有著嚴格而又約定俗成的長幼有序的排列順次。據張馭寰先生提示，他所考察的清代北京民居建築四合院的分佈特徵如下：「一般都由兩進到三進甚至四進，以中軸為對稱，院子內有倒座、垂花門、廂房、正房、耳房……一般將大門開在正房方向的東南角，採用『坎宅巽門』的方式。」[1]

清人震鈞於《天咫偶聞》中的記載佐證了張馭寰先生的調查記錄。他說：「（北京）內城房式異於外城。外城式近南方，庭宇湫隘。內城則院落寬闊，屋宇高宏。門或三間，或一間，巍峨華煥。二門以內，必有廳事。廳事後又有三門，始至上房。廳事上房之巨者，至如殿宇。大房東西必有

1　張馭寰．我國民間居住房屋之一瞥 // 中國古建築學術講座論文集．北京：中國展望出版社，1986：
　　201-210．

套房，名曰耳房。左右有東西廂，必三間，亦有耳房，名曰盝頂，或有從二門以內，即回廊相接，直至上房，其式全仿府邸為之。」[1]這進一步證明了當時社會上層官紳之家的宅居與王公貴族的府第雖有大小之別，但在建築結構上是一致的。而且，這種建築結構或形態，不僅遍及河北、東北以及南方各地，甚至在北部熱河地區也不例外，所謂「韃靼區（指熱河地區的滿族——引者注）住房建設構造和室內家具的擺設同中國內地相差無幾」[2]。

　　總之，在四合院自成體系的民居建築中，處處都可以看到傳統文化的巨大影響，方方正正的井字格局，隱含著居中與四面的方位意識。方正、對稱，又是儒家平和、中正的中庸思想的具體體現，而中軸、軸線的對稱和排列的有序性，則是封建倫理綱常長幼有序、上下尊卑的社會關係與家庭關係的完美體現。所以，四合院的民居，以儒家的禮法為標準，融入了陰陽五行學說的價值判別，而在使用與分配上的等級劃分，則是對傳統倫理道德的奉行與恪守。上述文字可以說明，自周公制禮作樂，經孔子「齊之以禮」，最終形成傳統文化系統而嚴密的典制，它以政治規範和道德規範作用於人們的思想和行為，由此建立起嚴格的空間等級序列。

　　其三，巧妙地構造私人空間也是四合院的一大特色。太過封閉的空間讓人壓抑，過於開放的空間則會喪失安全感，而四合院建築是履行中庸之道的典範。從整個坊巷格局看，每個四合院四面都是圍牆，只有一個院門與外界相接，保持相對的隔離，給整個家族帶來安全感與家的認同；從單個四合院看，其中的房屋又各自保持獨立，而同時面向庭院開放，這樣既無損於家族內部的聚合，又營造出一個個相對獨立的家庭空間。這種以院牆和庭院為特色的構屋方式是人們心靈需求的映射：人類既要享受群體生

1　震鈞．天咫偶聞：卷 10．北京：北京古籍出版社，1982：212-213．

2　斯當東．英使謁見乾隆紀實．葉篤義，譯．北京：群言出版社，2014：348．

活的樂趣，又要品味個體私人空間的自由。

　　中國古代講求家庭和睦、推崇聚族而居制度，其中三世同堂、四世同堂的不在少數。欲使諸多家人聚於一處而又恪守男女防嫌之禮，在空間佈局上不得不煞費苦心。而四合院這種四面構屋、中間庭院的佈局既滿足了家人適時聚會的需求，又能保證各個小家庭享受相對獨立的空間，如此則兼顧了禮制與人情，營造了和諧的家庭氛圍。

○　四合院中的庭院

　　庭院的存在是四合院最顯著的特徵。在房屋環繞之中，獨有一片開闊的空地，可供種樹養花，可供閒暇小憩。庭院猶如國畫的留白，從而營造一種人與自然和諧相處的生活空間。深諳中國文化的林語堂曾說：「中國式的居室與庭園，示人以更奧妙的姿態，值得特別加以注意。這個與自然相調和的原則，更進一步。因為在中國人的概念中，居室與庭園不當作兩個分立的個體，卻視一整個組織的部分。」與西方住宅之外的草坪不同，中國的庭院本來就是住宅不可分割的部分，「在中國人『家』的概念中，要有一所房子，一口井，一塊放養家禽的場地，還有幾棵柿樹棗樹，都要安置在一個寬敞的空間裏」[1]。對於「第二故鄉」北京，林語堂描述說：「北平是清靜的。這是一所適於住家的城市，在那裏每一所的房屋有一個院子，每一個院子中都有一個金魚缸和一棵石榴樹。」[2]張恨水也將北京住宅與南方對比說：「北平人家，和南方人是反比例，屋子儘管小，院子必

1　林語堂．吾國與吾民．西安：陝西師範大學出版社，2002：316．

2　林語堂．迷人的北平 // 姜德明．夢回北京：現代作家筆下的北京：1919-1949．北京：三聯書店，2009：223．

定大，『天井』二字，是不通用的。因為家家院子大，就到處有樹木。」[1]
以上正是北京四合院中庭院格局的絕佳寫照，也是住過四合院人的真切感
觸。在深宅大院中，閉合的圍牆界定了私人空間，而廣闊的庭院則塑造了
開放的格局，從而緩解了空間中的壓力，讓人自在閒適。

　　庭院作為四合院不可或缺的部分，給居住之人留下了深刻印象。作家
張恨水在多篇文章中滿懷深情地表達了自己對庭院的摯愛。據他的文章，
他在北京住過三處四合院建築。第一期住在未英胡同三十六號，「以曠達
勝」。整個住宅有五個大院子，其中一個院子大到可以踢足球。第二期住
在大柵欄十二號，「以曲折勝」，前後左右共有大小七個院子，每個院子
中都有一些花草樹木，比如進大門第一院有老槐兩棵，正院之東的院子有
棗樹兩棵、櫻桃一棵、紫丁香一棵；西側的長院有葡萄架，有兩棵小柳，
有一叢毛竹；臥室之後的大院子有一棵大的紅刺果樹與半畝青苔。第三期
住在大方家胡同十二號，「以壯麗勝」，「單是正院四方走廊，就可以蓋重
慶房子十間」，由此可見庭院之廣闊了。[2]

　　對庭院的摯愛自然也融入了張恨水的小說之中，在《啼笑因緣》這部
名著中，作者對庭院著墨之處頗多。在小說開頭，男主人公樊家樹首次出
場地即是庭院，時間設定在四月的下旬，「他住在一個很精緻的上房裏。
那屋子是朱漆漆的，一帶走廊，四根紅柱落地；走廊外，是一個很大的院
子，平空架上了一架紫藤花，那花像絨球一般，一串一串，在嫩黃的葉叢
裏下垂著。階上沿走廊擺了許多盆夾竹桃，那花也開的是成團的擁在枝
上。這位青年樊家樹，靠住了一根紅柱，眼看著架上的紫藤花，被風吹得
擺動起來，把站在花上的蜜蜂，甩了開去，又飛轉來，很是有趣。他手上
拿了一本打開而又捲起來的書，卻背了手放在身後。院子裏靜沉沉的，只

1　張恨水 · 啼笑因緣 · 北京：北京出版社，1981：1 ·

2　張恨水 · 兩都賦 · 影樹月成圖 // 張恨水散文：第 1 卷 · 合肥：安徽文藝出版社，1995：212-213 ·

有蜜蜂翅膀振動的聲音，嗡嗡直響。太陽穿過紫藤花架，滿地起了花紋，風吹來，滿地花紋移動，卻有一種清香，沾人衣袂。家樹覺得很適意，老是站了不動」[1]。四月下旬的北京，庭院中藤花盛開，微風習習，陽光滿地，歲月靜好，這一段充滿生活情趣的閒暇時光，是多麼令人神往！

在四合院中，庭院即是一家一戶的私人小花園。在這片私有領地上，既有觀賞性的各種鮮花和常青樹，也有梨樹、棗樹等果樹，甚至還有應季的蔬菜，所以老舍先生形容北京是「花多菜多果子多」，這些花草樹木增添了家庭生活的情趣。

○ 四合院中的家居生活

數百年來，四合院作為北京的典型住宅，一代代人生活於斯。雖然我們無法穿越到遙遠的古代，但居住者留下了諸多記載。透過這些飽含深情的文字，昔日四合院中生活的場景依稀浮現，展示出一幅幅四季鹹宜的家居畫卷。作家張恨水稱讚說：「北平是以人為的建築，與悠久時間的習尚，成了一個令人留戀的都市。所以居北平越久的人，越不忍離開，更進一步言之，你所住久的那一所住宅，一條胡同，你非有更好的，或出於萬不得已，你也不會離開。」[2]

春天是萬象更新的季節。作家郁達夫將北京描述為一個只見樹木不見屋頂的綠色都會，冰心則將北京比作一所遍地有樹、處處有花的大公園。在初春的日光中，花草樹木都瞬間萌生出新綠，北京城很快變成一片綠色的海洋。在四合院的庭院中，冬天的蕭瑟情景也一掃而空，空氣中都是植物生長的味道。

1　張恨水‧啼笑因緣‧北京：北京出版社，1981：2‧

2　張恨水‧兩都賦‧影樹月成圖 // 張恨水散文：第 1 卷‧合肥：安徽文藝出版社，1995：212-213‧

北京四季生活中，當以夏季最佳。清代北京諺語「天篷魚缸石榴樹」，正是對夏季家居景致的形象白描。清人記載說：「京師五月榴花正開，鮮明照眼。凡居人等往往與夾竹桃羅列中庭，以為清玩。榴竹之間必以魚缸配之，朱魚數頭遊泳其中。幾於家家如此。」[1] 在明豔的陽光下，火紅的石榴花、夾竹桃，再配上游動的金魚，這是北京人家夏日庭院中的必備景致。與如此明豔的景致相對應的，則是四合院中清幽的夏日綠意。作家張恨水將北京形容為「碧槐城市」，稱這裏是無處不見槐。盛夏時分，不論槐樹、柳樹或是葡萄架，庭院中正是綠葉榛榛，如同為宅第撐開了一把大涼傘。有如此美景，暑熱的夏季平添了幾分清涼。在樹蔭滿地當中，石榴花與夾竹桃的紅色透過簾子映入室內，紅綠相照，最堪消夏。

北京的秋季最有韻味，也引得無數文人著墨讚頌。作家郁達夫說，自己不遠千里從杭州趕回北京，不過是想飽嘗「這故都的秋味」。所謂北京的秋味，正是這秋高氣爽的意境。郁達夫在《故都的秋》裏說自己願意在皇城之中隨意租住一間小屋，「早晨起來，泡一碗濃茶，向院子一坐，你也能看得到很高很高的碧綠的天色，聽得到青天下馴鴿的飛聲。從槐樹葉底，朝東細數著一絲一絲漏下來的日光，或在破壁腰中，靜對著像喇叭似的牽牛花（朝榮）的藍朵，自然而然地也能感覺到十分的秋意」[2]。而老舍《住的夢》則稱秋天一定要住在北京，他稱讚說，「天堂是什麼樣子，我不曉得，但是從我的生活經驗去判斷，北平之秋便是天堂」。「論天氣，不冷不熱。論吃食，蘋果，梨，柿，棗，葡萄，都每樣有若干種。至於北平特產的小白梨與大白海棠，恐怕就是樂園中的禁果吧，連亞當與夏娃見了，也必滴下口水來！果子而外，羊肉正肥，高粱紅的螃蟹剛好下市，而良鄉的栗子也香聞十里。論花草，菊花種類之多，花式之奇，可以甲天下。

1　敦崇·燕京歲時記 // 帝京歲時紀勝·燕京歲時記·北京：北京古籍出版社，1981：70·

2　郁達夫·郁達夫散文選集·上海：上海文藝出版社，1985：132·

西山有紅葉可見，北海可以划船 —— 雖然荷花已殘，荷葉可還有一片清香。衣食住行，在北平的秋天，是沒有一項不使人滿意的。」[1]如此美食，滿滿都是美好生活的氣息。

　　北國的冬天正是白雪紛飛的季節，也是家中最為溫馨的時節。北京的四合院中，樹木已落盡葉子，在一場大雪之後，萬籟俱寂，「整個院落是清寒，空洞，乾淨，潔白」，而大樹的影子在雪地上映出各種各樣的圖案。但對住家而言，房屋早已貼上新的窗紙，「屋子裏，煤爐子裏正生著火，滿室生春，案上的菊花和秋海棠依然欣欣向榮」。在夜色之中，透過窗子觀賞院中的雪和月，可堪玩味。[2]在郁達夫的記憶中，四合院中的冬日，正是享樂的大好時節：「房屋之內，你只教把爐子一生，電燈一點，棉門簾一掛上，在屋裏住著，卻一輩子總是暖燉燉像是春三四月裏的樣子。尤其會得使你感覺到屋內的溫軟堪戀的，是屋外窗外面鳥鳥在叫嘯的西北風。天色老是灰沉沉的，路上面也老是灰的圍障，而從風塵灰土中下車，一踏進屋裏，就覺得一團春氣，包圍在你的左右四周，使你馬上就忘記了屋外的一切寒冬的苦楚。若是喜歡吃吃酒，燒燒羊肉鍋的人，那冬天的北方生活，就更加不能夠割捨；酒已經是禦寒的妙藥了，再加上以大蒜與羊肉醬油合煮的香味，簡直可以使一室之內，漲滿了白漾漾的水蒸溫氣。」[3]

1　老舍・「住」的夢 // 老舍全集：第 15 冊・北京：人民文學出版社，2013：396・
2　張恨水・兩都賦・影樹月成圖 // 張恨水散文：第 1 卷，合肥：安徽文藝出版社，1995：212-213・
3　郁達夫・北平的四季 // 姜德明・夢回北京：現代作家筆下的北京：1919—1949・北京：三聯書店，2009：135・

第十六章

園居：踐行人與自然的交流

《老子》曰：「道大，天大，地大，王亦大。
域中有四大，而王居其一焉。
人法地，地法天，天法道，道法自然。」
《莊子・天道》曰：「夫明白於天地之德者，此之謂大本大宗，與天和者也；
所以均調天下，與人和者也。與人和者，謂之人樂；與天和者，謂之天樂。」

　　在中國古代，人文思想及精神不僅有儒家對「禮」的強調，也有對「天人合一」的多重闡釋及解構。「天人合一」的概念，儒、道、釋三家均有闡述，其最早源於莊子，後被西漢董仲舒構建為「天人合一」的思想體系，引申為天人感應之說。這一學說所要表達的思想命題是，人類的生理、倫理、政治等社會現象，都是自然的直接反映。

　　對於古代社會的知識階層而言，「天人合一」思想的實踐落實到人的個體上，更多地體現在處理人與自然的關係上。如果我們從京城的歷史遺跡中去找尋，能夠給我們答案的，應該是那些古人曾經棲息過的生活空間及私家園林。在園林中，那些有文字記載或者沒有留下文字的山石、草木、溪水都會告訴我們，古人在這裏感受到的大自然的境界。

　　中國有著悠久的造園歷史，造園藝術方面的山水園風格尤為世界所矚目。但本書所關注的並非園林藝術本身，而是造園者與園林的關係。在城市發展的過程中，園林建築構成了城市建築一個重要的組成部分，這在世界各國都是一個十分普遍的現象。然而，園林卻並非城市的產物，它是人類對大自然山野風光的模擬與再造，也是對「道法自然」的心靈追求的一種踐行。

　　追溯中國古代園林的發展，我們不難發現，園林起源於古代帝王的囿苑和園圃。《說文解字》曰：「囿，苑有垣也……一曰禽獸曰囿」，「園，

所以樹果也」，「圃，種菜曰圃」[1]，「苑，所以養禽獸也」[2]。可見，最初的
囿苑是指狩獵場所，園圃是指蔬菜瓜果種植場所，完全屬於山野的產
物。秦漢以後，統治者於囿苑內修建樓館以作歇息之用，囿苑逐漸向園
林轉化。而東漢時期莊園經濟的發展更帶動了私家園林的興起，到了隋
唐以後，私家園林才逐漸步入其成熟階段。但這一時期的園林或遊離於
城鄉之間，或仍屬於鄉野，而不屬於城市。如《書堨錄》記載：長安城
「公卿近郭皆有園池」。唐代大詩人王維所建的名園「輞川別業」即在
山谷之中，他自稱「余別業在輞川山谷」[3]。

宋代城市的發展，帶動了園林的城市化，人們在由鄉野遷居到城市
的同時，在自覺與不自覺之中將帶有山林自然風格的園林帶入到城市
中，於是，園林開始成為城市中的重要建築物，對此時人並沒有吝惜筆
墨。在北宋李格非所著的《洛陽名園記》中，我們可以找到關於洛陽城
中的私家名園的 20 餘處記載。《都城紀勝》中所記，南宋都城杭州城門
內外也有 50 多個「園苑」，皆屬私家園林的性質。

城市私家園林的全盛時期當為明清兩代，特別是在清代，中國進入
了傳統經濟的高度繁榮和文化發展的成熟期，推動了以經濟實力、文化
修養以及人格化為依託的園林建築進入其發展的高峰期。而江南一帶山
水相連的自然環境使這一地區城市園林的發展翹居於全國的首位，蘇
州、江寧、杭州、揚州等地的私家園林尤其興盛。所謂「江寧、蘇州、
杭州，為山水之最勝處」，「揚州則全以園林亭榭擅場」[4]。這個地區著名
的私家園林有樂園、獅子林、拙政園、歸田園、息園、繡谷、懷雲亭、

1 許慎・說文解字：第六下・北京：中華書局，1963：129・

2 許慎・說文解字：第一下・北京，中華書局，1963：23・

3 王維・輞川集並序・楊文生・王維詩集箋注：卷三・成都：四川人民出版社，2003：328・

4 歐陽兆熊，金安清・水窗春囈：卷下，謝興堯，點校・北京：中華書局，1984：46・

瞿園、涉園、逸園、靈岩山館、寒碧山莊、水木明瑟園等。[1] 徐珂於《清稗類鈔》中列舉的江寧名園有隨園、薛廬園、胡園、又來園、韜園等，這些園林皆為入清之後所建。乾隆時文人李斗在其《揚州畫舫錄》中也借遍遊江南的文人官僚劉大觀之口道出「杭州以湖山勝，蘇州以市肆勝，揚州以園亭勝，三者鼎峙，不可軒輊」[2] 的評論與感慨。

相比江南而言，由於受限於氣候和水資源等自然條件，北方的城市園林無論是數量還是構園技巧都不及江南之勝。但這並沒有影響到時人對造園的熱情，園林仍然屬於社會名流們在構建居邸時不可或缺的建築規劃，在城市空間中私家園林仍然佔有重要一席，它構成北方大小城市的主要建築之一。如北方的港口城市天津，列入名園的有問津園、一畝園、中隱園、沽水草堂、水西莊、棗香莊、懷園、南溪、浣花村、楊園、郭園、寧園、七十二沽草堂、帆齋、虛舟亭、嶺南軒等。[3] 而作為全國政治、經濟和文化中心的北京，由於經歷了遼金元明清五個朝代的都城歷史，不乏皇親貴戚、達官文人寓居。北京城不僅有皇家園林，而且私家園林的發展也居北方城市之首，在相當程度上可與江南園林競勝。

1　錢泳・履園叢話：卷 20・北京：中華書局，1979：519-529・

2　李斗・揚州畫舫錄：卷 6・北京：中華書局，1960：151・

3　重修天津府志：卷 22// 中國地方志集成・天津府縣志輯：第 1 冊・上海：上海書店出版社，2004：430-432・

遼金元時期的私家園林遺址

有關北京城園林的記載，可以追溯到遼金建都時期，被後人以名園記錄下來的園林遺址有魚藻池、釣魚台、萬柳堂、遂初堂、海子，以及燕京八景等。這些園林大多坐落在今天北京的西南角，即遼金都城的遺址。

目前，有關遼金元時期京城園林的描述大都出自明清文人之手，由於年代久遠，遼朝的故事幾乎沒有留下可以為之傳誦的內容，現在能夠見到的多為金元時期的園林史話。所以，我們的敘述也將從金朝開始。但必須強調的一點是，金朝的中都城幾乎是遼朝燕京城的複製，金中都的園林應該可以在一定程度上反映遼人燕京的園林狀況。

○ 魚藻池

魚藻池俗名金魚池，位於宣武門外西南，天壇之北，建於金朝章宗時期（1190—1208 年）。但後人對金朝魚藻池的相關記載卻極為簡略。例如，明劉侗、于奕正在《帝京景物略》中說：

金故有魚藻池，舊志云：池上有殿，榜以瑤池。殿之址，今不可尋。池泓然也，居人界而塘之，柳垂覆之，歲種金魚以為業。魚之種，深赤曰金，瑩白曰銀，雪質墨章，赤質黃章，曰玳瑁。[1]

---

1 劉侗，于奕正・帝京景物略：卷 3・北京：北京古籍出版社，1980：102・

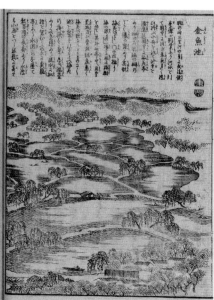

圖 6-1　清代中期的金魚池

圖片來源：岡田玉山等編繪的《唐土名勝圖會》卷四，日本文化二年（1805 年）刊。

明末清初孫承澤在《天府廣記》中有曰：

金時在燕京城內，章宗所鑿，池上舊有瑤池殿，其地在天壇之北，遍
地皆泉，人鑿以養金魚。[1]

明人見到的魚藻池已是「久廢」的園林，但周邊一帶依然「亭榭極
盛」，明人在此構建起新的園林。如孫承澤說他曾有一處居室在此，「余
家（孫承澤自稱）有別業在天壇北，即金人魚藻池北，小亭數楹。題曰閒
者即是主人」[2]，這裏所說的別業就是孫承澤自家的園林。而且，孫承澤還
說：在魚藻池「之東為李戚畹十景園，又東為李方伯本緯園，中有三三
徑、曲曲房，極為幽雅。月池在涿州城西南一十五里，廣三頃餘，其形如

1　孫承澤．天府廣記：卷 36．北京：北京古籍出版社，1982：537．
2　孫承澤．天府廣記：卷 36．北京：北京古籍出版社，1982：537．

月」。而且孫承澤在建屋時發現了元代書法家鮮于樞刻於磚石上的手記，確認元代的鮮于樞曾在這裏構園居住，「治地得古磚，有碎石刻鮮于太常字，蓋伯機故園也」[1]。著名歷史地理學家侯仁之先生說：金朝遺跡「殘留至今者唯魚藻池一處，即今宣武區之青年湖」[2]。

○ 釣魚台

釣魚台在阜成門外南十里花園村，應該是魚藻池的北面，也屬於金朝的園林遺址，而後元人也在此建園。據《帝京景物略》記載：

> 近都邑而一流泉，古今園亭之矣。一園亭主，易一園亭名，泉流不易也。……出阜成門南十里，花園村，古花園。其後村，今平疇也。金王郁釣魚台，台其處。郁前玉淵潭，今池也。有泉湧地出，古今人因之。郁台焉，釣焉，釣魚台以名。元丁氏亭焉，因玉淵以名其亭。馬文友亭焉，酌焉，醉斯舞焉。飲山亭，婆娑亭，以自名。今不台，亦不亭矣。堤柳四垂，水四面，一渚中央，渚置一榭，水置一舟，沙汀鳥閒，曲房人邃，藤花一架，水紫一方。自萬曆初，為李皇親墅。[3]

這段記載講述了釣魚台的變遷史，即釣魚台最初由金人在此垂釣建台而得名，元人、明人繼之於此構園。誠如孫承澤所言，釣魚台「有泉自地湧出，金人王郁隱居於此，築台垂釣。元人丁氏建玉淵亭，馬文友又築飲山、婆娑諸亭，後為李戚畹別業」[4]。而這裏的李戚畹，當為明朝國戚李偉。

但是，晚清震鈞在其記載中將釣魚台說成是魚藻池的別名。他說：「釣

1　孫承澤．天府廣記：卷 36．北京：北京古籍出版社，1982：537．

2　侯仁之．北京城的生命印記．北京：三聯書店，2009：492．

3　劉侗，于奕正．帝京景物略：卷 5．北京：北京古籍出版社，1980：213．

4　孫承澤．天府廣記：卷 37．北京：北京古籍出版社，1982：553．

魚台,俗名望海樓,即金代同樂園,又名魚藻池,今為行宮。每歲中元節日,遊人多聚此。名為觀河燈,實無燈可觀。」[1]震鈞的記載似應有誤,雖然魚藻池與釣魚台都有泉,也都有可以垂釣的魚,還提到了李戚畹的別業,但卻無法證明二者在地域上的重疊,倒是將其看作兩個地域相近的園林更為合理。而且,從明人的記載來看,魚藻池在金朝為帝王章帝所建,屬於皇家園林,明代以後變為私家園林。釣魚台自始就是私人園林。

○ 萬柳堂

蒙古人在修建元大都時,雖然將城址移到了遼金的東北,但其大內卻偏向西南,與金中都有重疊相交之處,故在西南一帶仍然留下不少元人所建園林的遺址,這一帶被元人稱作南城。清人戴璐記載說:

豐台在宛平縣西草橋南,為近郊養花之所。元人園亭皆在此。今每逢春時,為都人遊觀之地。自柳村、俞家村、樂吉橋一帶有水田。橋東有園,其南有荷花池。牆外俱水田,種稻。[2]

元朝的園林以「萬柳堂」「遂初堂」等最有名。萬柳堂係元朝宰輔大臣官居一品的平章政事廉希憲的別墅,是當之無愧的名園。最早記載萬柳堂的應該是元人陶宗儀。陶宗儀在《南村輟耕錄》中說:

京師城外萬柳堂亦一宴遊處也。野雲廉公一日於中置酒,招疏齋盧公、松雪趙公同飲。時歌兒劉氏名解語花者,左手折荷花,右手執杯,歌小聖樂云。……趙公喜,即席賦詩曰:萬柳堂前數畝池,平鋪雲錦蓋漣漪。主人自有滄州趣,遊女仍歌白雪詞。手把荷花來勸酒,步隨芳草去尋

---

1 震鈞‧天咫偶聞:卷9‧北京:北京古籍出版社,1982:198‧

2 戴璐‧藤陰雜記:卷11‧上海:上海古籍出版社,1985:129‧

詩。誰知咫尺京城外，便有無窮萬里思。[1]

上述記載是說，廉希憲在自家的別墅中置酒宴請了盧疏齋與趙松雪二人，席間有歌女手執荷花勸酒，趙松雪即席賦詩，盛讚萬柳堂，其中「萬柳塘前數畝池，平鋪雲錦蓋漣漪」之句，將萬柳堂池水之廣，景色之美，盡收眼中。

需要提及的是，廉希憲是維吾爾人，即元朝的色目人。但他是個漢化很深的維吾爾人。他在萬柳堂中宴請的兩人，盧疏齋即元散曲大家盧摯、趙松雪即元四大書法家之一的趙孟頫，足見廉希憲十分禮遇漢族文人，這與他長期接受儒家文化的薰陶是有直接關係的。

《元史》記載：廉希憲，字善用，布魯海牙子也，元代的朝廷重臣。十九歲入侍忽必烈。「希憲篤好經史，手不釋卷。一日，方讀《孟子》，聞召，急懷以進。世祖問其說，遂以性善義利仁暴之旨為對，世祖嘉之，目曰廉孟子，由是知名。嘗與近臣校射世祖前，希憲腰插三矢，有欲取以射者，希憲曰：『汝以我為不能耶？但吾弓力稍弱耳。』左右授以勁弓，三發連中。眾驚服曰：『真文武材也。』」[2]廉希憲多年出鎮關中，任京兆、四川道宣撫使等職，為忽必烈立下了汗馬功勞，顯示了傑出的軍事才能和政治遠見，以功高出任平章政事、中書平章政事等要職，死後追封為魏國公，諡號「文正」。

清人孫承澤曾有記載，「廉公為元初偉人，世祖曾令受帝師戒。希憲曰：臣已受孔子戒矣。元主曰：汝孔子亦有戒耶？對曰：為臣當忠，為子當孝，孔子之戒如是而已。……廉公丁母憂，親率族行古葬禮，勺飲不入口者三日，慟者嘔血不能起，寢臥草土，廬於墓旁，宰執以憂制未定，欲

1　陶宗儀・南村輟耕錄：卷 9・北京：中華書局，1959：110・
2　宋濂，等・元史：卷 126・北京：中華書局，1976：3085・

極力起之,相與詣廬,聞號慟聲,竟不忍言」[1]。廉希憲以孔子弟子自居,其忠孝觀也完全遵從了孔子之禮。如此漢化的高級官僚在元朝執掌朝政達數十年之久,使得我們對元朝的文化認同不得不有新的認識角度。

或許由於元人陶宗儀等對萬柳堂的方位沒有給出明確的記載,明清時期文人的筆記中出現了不同地區的萬柳堂。

一說是明萬曆時文人蔣一葵認為萬柳堂在釣魚台附近。他在《長安客話》中記載說:

萬柳堂今廢,曲池殘樹,遺跡依然。……元人別墅,萬柳堂外有匏瓜亭、南野亭、玩芳亭、玉淵亭,今俱廢。[2]

蔣一葵斷定萬柳堂在釣魚台附近,相比鄰的玉淵潭,其玉淵亭為元代丁氏修建。另幾個亭有元人王惲的匏瓜亭、虞集的南野亭、王士熙的玩芳亭等,均以詩證之。

另一說是崇禎時文人劉侗、于奕正在《帝京景物略》中,把萬柳堂置入「草橋」條目下,稱「萬柳堂」在距豐台不遠的草橋。文曰:

草橋去豐台十里,中多亭館,亭館多於水頻圍中。而元廉希憲之萬柳堂,趙參謀之匏瓜亭,栗院使之玩芳亭,要在彌望間,無址無基,莫名其處。[3]

兩說在遺址上各執己見,又都認為,萬柳堂是元代右丞相廉希憲的別墅,周圍確曾有過不少名亭。兩說所描述的萬柳堂周圍景致也十分相近。因此萬柳堂遺址的位置的不確定性就成了永久的遺憾。萬柳堂的位置在清人的記載中多以不確定為詞。如成書於乾隆年間由大學士于敏中主撰的《日下舊聞考》中有這樣的按語:朱彝尊在《萬柳堂記》中說,萬柳堂「故

1 孫承澤・春明夢餘錄:卷 64,北京:北京古籍出版社,1992:1245-1247・
2 蔣一葵・長安客話:卷 3・北京:北京古籍出版社,1982:64・
3 劉侗,于奕正・帝京景物略:卷 3,北京:北京古籍出版社,1980:121・

老相傳在今豐台左右」[1]。孫承澤的《天府廣記》說得也很模糊：「萬柳園，元廉希憲別墅，在城西南為最勝之地。」[2]採取了泛指的方法。由於年代久遠，萬柳堂至清代已無痕跡。

此外，廉希憲生前曾兩次得到忽必烈的賜宅。一次是平定隴蜀，時朝議欲棄兩川，希憲力言不可，率兵收復。事聞，世祖「嘉之曰：『希憲真男子也。』進拜平章政事，賜宅一區。時希憲年三十矣」[3]。另一次是至元十二年（1275 年），荊南戰事告捷，忽必烈鑒於廉希憲在那裏的威望，委以重任後，「賜田以養居者，馬五十以給從者」[4]。但是，所賜之田宅在何處，並沒指明，所以無法確定是否與萬柳堂有關。

○ 遂初堂

遂初堂為元詹事張九思別墅。其「繞堂花竹水石之勝甲於都城」，其園在「今右安門外西南，泉源湧出，為草橋河，接連豐台，為京師養花之所」，與萬柳堂比鄰。「元人廉中丞之萬柳園，趙參謀之匏瓜亭，栗院使之玩芳亭，張九思之遂初堂，皆在於此。」「玩芳亭，元栗院使別墅。亭多花草，一時文人騷客來遊賞者，多有題詠。王士熙詩：每憶城南路，曾來好畫亭。蘭花經雨白；野竹入雲青，波景浮春砌，山光撲畫卣，褰衣對薜蘿，涼月照人醒。」[5]

可以說，這些建於元朝的私家名園多建在西南遼金舊城遺址一帶。清人吳長元在《宸垣識略》中把萬柳堂放在了「郊坰」卷中，稱其在右安門

1 于敏中，等．日下舊聞考：卷 56．北京：北京古籍出版社，1985：913．

2 孫承澤．天府廣記：卷 37．北京：北京古籍出版社，1982：561．

3 宋濂，等．元史：卷 126．北京：中華書局，1976：3088．

4 于敏中，等．日下舊聞考：卷 56．北京：北京古籍出版社，1985：3094．

5 孫承澤．天府廣記：卷 37．北京：北京古籍出版社，1982：562．

外草橋附近，與孫承澤所記相同。書中稱：「野云廉公希憲，於都城外創造園亭，名花幾萬本，京師號為第一。」在後面的記述中又載：「豐台在右安門外十八里，居民向以藝花為業。草橋河接連豐台，為京師養花之所，元人園亭皆在於此。」[1] 由此說明，吳長元也認為，京城西南一帶，多有私人的宅院或別墅。

但這些私家園林在明初早已成為荒野，至清朝則更是蹤跡皆無，晚清人震鈞說：「城南隙地，最多古園。國初尚存封氏園、刺梅園、王氏怡園、徐氏碧山堂、趙氏寄園、某氏眾春園，皆昔日名流燕賞，騷客盤桓之所。今不過二百年，已如阿房、金谷，不可復問。而宣南士夫亦無復經營之力矣。」[2] 也就是說，到了晚清時，連明代的私家園林也「不可復問」了。但是，在一代又一代時人的筆墨中，我們依然可以找尋到中華文明的履跡，看到古代文化在交流與融會中向前發展的步伐。

1 吳長元・宸垣識略：卷 13・北京：北京古籍出版社，1981：259，261・
2 震鈞・天咫偶聞：卷 7・北京：北京古籍出版社，1982：159・

明代京城的別墅與花園

　　明朝是京城私家園林發展的鼎盛時期，史上留下了諸多有關構園的記載，而構園者的個人旨趣、文化素養、家庭財力以及其仕宦生涯的境遇等，都在不同程度上影響著京城私家園林的興衰。

　　明代的私家園林仍是傳統山水園風格的延續，名苑多集中在水域。「自地安門橋以西，皆水局也。東南為什刹海，又西為後海。過德勝門而西，為積水潭，實一水也，元人謂之海子」[1]。明代諸名園咸萃此地。如積水潭，水域不大卻很精緻，文人頌為「一曲池台半碗花」。再如城西南「右安門外南十里草橋，方十里，皆泉也。會橋下，伏流十里，道玉河以出，四十里達於潞。故李唐萬福寺，寺廢而橋存，泉不減而荇荷盛」[2]。這些水域之地皆因風光秀麗，成為達官貴人構建私家園林的選址。但遺憾的是，不過百餘年光景，這一帶的名園到了清代便幾乎蕩然無存。

　　京城外之西堤、海淀，天涯水也。皇城內之太液池，天上水也。遊，則莫便水關。志有之，曰積水潭，曰海子，蓋志名，而遊人不之名。遊人詩有之，曰北湖，蓋詩人名，而土人不之名。土人曰淨業寺，曰德勝橋，水一方耳。……坐太師圃、晾馬廠、鏡園、蓮花庵、劉茂才園，目存水北。東望之，方園也，宜夕。西望之，漫園、湜園、楊園、王園也。[3]

1　震鈞．天咫偶聞：卷 4．北京：北京古籍出版社，1982：85．

2　劉侗，于奕正．帝京景物略：卷 3．北京：北京古籍出版社，1980：119．

3　劉侗，于奕正．帝京景物略：卷 1．北京：北京古籍出版社，1980：18-19．

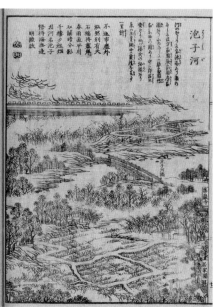

圖 6-2　清代（中期）泡子河風光

圖片來源：岡田玉山等編繪的《唐土名勝圖會》卷三，日本文化二年（1805 年）刊。

在西直門而西北的高梁橋一帶：

水從玉泉來，三十里至橋下，荇尾靡波，魚頭接流。夾岸高柳，絲絲到水。綠樹紺宇，酒旗亭台，廣畝小池，蔭爽交匝。歲清明，桃柳當候，岸草遍矣。[1]

在崇文門東城角，有窪然一水，稱泡子河。在其東西兩岸亦多園亭。

南之岸，方家園、張家園、房家園。以房園最，園水多也。北之岸，張家園、傅家東西園。以東園最，園水多，園月多也。[2]

從文獻記載看，明朝的園林可以分作以下幾類：

1　劉侗，于奕正．帝京景物略：卷 5．北京：北京古籍出版社，1980：191．

2　劉侗，于奕正．帝京景物略：卷 2．北京：北京古籍出版社，1980：52-53．

○ 皇親國戚園

　　明朝初年的北京私家園林，不乏以皇親國戚名號、爵位命名者，這些人大都是隨著明成祖朱棣打下天下的功臣勳舊。例如，英國公園，是英國公張輔的賜第。張輔與其父榮國公張玉在朱棣發動的靖難之役中居有首功，「賜第之堂，曲折東入，一高樓，南臨街，北臨深樹，望去綠不已。有亭立雜樹中，海棠族而居。亭北臨水，橋之。水從西南入，其取道柔，周別一亭而止。亭傍二石，奇質，元內府國鎮也」[1]。又如成國公園，園主朱能，也是隨朱棣馳騁沙場的功臣，死後，封成國公。其「園有三堂，堂皆蔭，高柳老榆也。左堂盤松數十科，盤者瘦以矜，幹直以壯，性非盤也。右堂池三四畝，堂後一槐，四五百歲矣。……樹傍有台，台東有閣，榆柳夾而營之，中可以射。繇園出者，其意蒼然。園曰適景，都人呼十景園也」[2]。

　　這些園林雖有山水亭台，但卻拙樸無華。即便是「太師圃」也不過是徒有虛名而已。「太師圃」又稱定國公園，園主是丞相徐達之子徐景昌，但其荒蕪之象讓它看起來不過是一所未經修飾的園圃，所謂「土垣不堊，土池不甃，堂不閣不亭，樹不花不實，不配不行，是不亦文矣乎。園在德勝橋右。入門，古屋三楹，榜曰『太師圃』，自三字外，額無扁，柱無聯，壁無詩片。西轉而北，垂柳高槐，樹不數枚，以歲久繁柯，陰遂滿院。藕花一塘，隔岸數石，亂而臥，土牆生苔，如山腳到澗邊，不記在人家圃」[3]。這些皇親國戚園是身份地位的象徵，其園林代表著貴氣，而缺少文化品位。

1　劉侗，于奕正．帝京景物略：卷 1．北京：北京古籍出版社，1980：43．
2　劉侗，于奕正．帝京景物略：卷 2．北京：北京古籍出版社，1980：54．
3　劉侗，于奕正．帝京景物略：卷 1．北京：北京古籍出版社，1980：29．

　　進入嘉靖萬曆年間，隨著社會經濟的發展，明朝的私家園林也進入到其興盛的時期，園林的構建也步入了追求山水詩情、亭閣畫意的階段。如駙馬萬煒的曲水園，「燕不饒水與竹，而園饒之。水以汲灌，善渟焉，澄且鮮。府第東入，石牆一遭，徑迢迢皆竹。竹盡而西，迢迢皆水。曲廊與水而曲，東則亭，西則台，水其中央。濱水又廊，廊一再曲，臨水又台，台與室間，松化石攸在也。木而化歟？聞松柏槐柳榆楓焉，聞化矣，木尚半焉」[1]，是一令「曲廊與水而曲」的設計，與之相似的還有冉駙馬的宜園，以石取勝。這些園林的設計表達了構園開始追逐文化內涵的取向。

○　李園與米園

　　明中後期，最著名的園林還屬位於西北海淀的「李園」與「米園」。時人劉侗說：「園林寺院，有名稱著而駢列以地，如淨業寺、蓮花庵之附水關，李園、米園之附海淀者。」[2]

　　李園，又叫清華園、李皇親園、李戚畹園、李戚畹別業。《明水軒日記》稱：「清華園前後重湖，一望漾渺，在都下為名園第一。若以水論，江淮以北亦當第一也。」[3] 李園的主人是錦衣衛都指揮僉事李偉，李偉以女嫁嘉靖帝，生子朱載垕，即隆慶帝。隆慶帝賜李偉養贍莊田七百頃。神宗朱翊鈞即皇帝位，加李偉中軍都督府同知，晉武清伯。

　　最早記載李園的文獻是明萬曆年間蔣一葵所作的《長安客話》，書中云：「面陽有貴人別業在焉，都人稱李皇親莊，木土甚盛。」[4] 沈德符在《萬

1　劉侗，于奕正．帝京景物略：卷2．北京：北京古籍出版社，1980：63．

2　略例 // 劉侗，于奕正．帝京景物略．北京：北京古籍出版社，1980：7．

3　于敏中，等．日下舊聞考：卷79．北京：北京古籍出版社，1985：1316．

4　蔣一葵．長安客話：卷4．北京：北京古籍出版社，1982：69．

曆野獲編》中指出，此園主人為武清伯。「海淀……有戚畹李武清新構亭館，大數百畝，穿池疊山所費已鉅萬，尚屬經始耳。」[1]但事實上，構建李園的是第二代武清侯李文全以及第三代武清侯李銘誠。

崇禎年間，劉侗、于奕正在其《帝京景物略》中已將李園作為京城的重要景觀著意描述。文中說：

武清侯李皇親園之，方十里，正中，挹海堂。堂北亭，置「清雅」二字，明蕭太后手書也。亭一望牡丹，石間之，芍藥間之，瀕於水則已。飛橋而汀，橋下金鯽，長者五尺，錦片片花影中，驚則火流，餌則霞起。汀而北，一望又荷蕖，望盡而山，劍鋩螺矗，巧詭於山，假山也。維假山，則又自然真山也。山水之際，高樓斯起，樓之上斯台，平看香山，俯看玉泉，兩高斯親，峙若承睫。園中水程十數里，舟莫或不達，嶼石百座，檻莫或不周。靈壁、太湖、錦川百計，喬木千計，竹萬計，花億萬計，陰莫或不接。[2]

從上述記載來看，李氏的清華園以牡丹和芙蓉為最，以綠蝴蝶和紅鯉魚稱奇。對此，《燕都遊覽志》記述頗詳，書中云：「武清侯別業額曰清華園，廣十里，園中牡丹多異種，以綠蝴蝶為最，開時足稱花海。西北水中起高樓五楹，樓上復起一台，俯瞰玉泉諸山。」[3]由此可知，清華園的確不愧有「都下名園第一」的稱號，其廣植牡丹、芙蓉，「足稱花海」，又引「綠蝴蝶和紅鯉魚稱奇」，其疊山理水之技巧已經達到明萬曆年間的山水園之巔峰。

米園，又名「勺園」，為米萬鍾所建。米萬鍾（1570—1628），號友石，係宋代著名的書畫家米芾後裔，其先輩早已遷居北京。本人在萬曆中

1　沈德符・萬曆野獲編：卷 24・上海：上海古籍出版社，2012：512・

2　劉侗，于奕正・帝京景物略：卷 5・北京：北京古籍出版社，1980：217-218・

3　于敏中，等・日下舊聞考：卷 79・北京：北京古籍出版社，1985：1316・

登進士，官至太僕少卿。他好蓄奇石，有米芾愛石遺風，亦能造園，在北京海淀曾造「勺園」，「構房疊石，植木穿地，甚得山水意趣」[1]；更擅長書畫，其書法與董其昌齊名，有「南董北米」之譽，畫善山水，亦作花卉。其所作山水，取法北宋以前，《無聲詩史》稱之為「施為巧贍，位置淵深，不作殘山剩水觀」[2]，筆墨雖細潤，而氣勢蓬勃。他的傳世作品有《勺園圖》卷和《陽朔山水》軸。描繪自家園林的「勺園」卷，樹石精工，用筆不苟，構圖也有視覺張力。如此一位集傳統文化之大雅精粹於一身的文人，由他所構之園林也必然是園林精華中的精華。明劉侗、于奕正記載曰：

> 米太僕勺園，百畝耳，望之等深，步焉則等遠。入路，柳數行，亂石數垛。路而南，陂焉。陂上，橋高於屋，橋上，望園一方，皆水也。水皆蓮，蓮皆以白。堂樓亭榭，數可八九，進可得四，覆者皆柳也。蕭者皆松，列者皆槐，筍者皆石及竹。水之，使不得徑也。棧而閣道之，使不得舟也。堂室無通戶，左右無兼徑，階必以渠，取道必渠之外廊。[3]

清人孫承澤在《天府廣記》中記載曰：

> 海淀米太僕勺園，園僅有百畝，一望盡水，長堤大橋，幽亭曲榭，路窮則舟，舟窮則廊，高柳掩之，一望彌際。旁為李戚畹園，鉅麗之甚，然遊者必稱米園焉。[4]

對於李園與米園，時人葉向高有過最經典的評價，曰：「李園壯麗，米園曲折。米園不俗，李園不酸。」[5]雖然孫承澤認為「遊者必稱米園焉」，但似乎二園的水平很難比出上下。李園同樣受到文人的追捧，自萬曆以來

1 吳孟夏·中國畫論·卷2·合肥：安徽美術出版社，1995：188·
2 薑紹書·無聲詩史·卷4·張裔，校注·太原：山西教育出版社，2015：79·
3 劉侗，于奕正·帝京景物略·卷5·北京：北京古籍出版社，1980：218·
4 孫承澤·天府廣記·卷37·北京：北京古籍出版社，1982：574·
5 劉侗，于奕正·帝京景物略·卷5·北京：北京古籍出版社，1980：218·

盛讚詩文不絕，留下了「總似仙源徑易迷」[1] 等名篇名句，但這些詩文也記下了它的衰落。明崇禎進士、清大學士梁清標的《李園行》，就見證了「君不見石家金谷誰為主，丞相平泉亦塵土」[2] 的情況。

此外，李氏在城南三里河故道還建有新園，米氏建有漫園。

時雨則淳潦，泱泱然河也。武清侯李公疏之，入其園，園遂以水勝。以舟遊，周廊過亭，村曖隍修，巨浸而孤浮。入門而堂，其東梅花亭，非梅之以嶺以林而中亭也，砌亭朵朵，其為瓣五，曰梅也。鏤為門為窗，繪為壁，甃為地，範為器具，皆形以梅。亭三重，曰梅之重瓣也，蓋米太僕之漫園有之。亭四望，其影入於北渠，渠一目皆水也。亭如鷗，台如鼇，樓如船，橋如魚龍。……園也，漁市城村致矣，園今土木未竟爾。計必繞亭遍梅，廊遍桃、柳、荷蕖、芙蓉，夕又遍燈，步者、泛者，其聲影差差相涉也。計必聽遊人各解典，具酒，且食，醉臥汀渚，日暮未歸焉。[3]

足見，明人的構園熱情已經近乎癲狂。

○ 文安園與杏園

文安園與杏園屬於供文人官僚唱和吟誦的園林，坐落於京城西北。史稱，「王文安英有園在城西北，種植雜蔬，井旁小亭環以垂柳」。杏園在京城東，「文敏（楊榮）隨駕北來，賜第王府街，植杏第旁，久之成林」[4]。兩個園林，一個是雜蔬、垂柳，一個是杏林，沒有人工的雕琢，一派自然風光，頗似複製魏晉時的自然山水風格。但是，在無花無水的園圃中，士

1　孫承澤·天府廣記：卷 44·北京：北京古籍出版社，1982：763·

2　徐世昌·晚清簃詩彙：卷 22·聞石，點校·北京，中華書局，1990：680·

3　劉侗，于奕正·帝京景物略：卷 3·北京：北京古籍出版社，1980：104·

4　孫承澤·天府廣記：卷 37·北京：北京古籍出版社，1982：565-566·

人們同樣可以頤養心性。

王英（1376—1449），字時彥，號泉坡，江西金溪縣人。明代宿儒，在翰林四十餘年，以詩文典雅謹嚴著稱，官至禮部尚書。楊榮（1371—1440），字勉仁，建安（今福建建甌）人。累官至大學士，內閣三楊之一。二人皆歷仕成祖、仁宗、宣宗、英宗四朝，但相對於政治作為方面的名臣，二人更可被視為文壇領袖。

據孫承澤記載，王英曾邀集翰苑諸公宴集其園，其中有錢習禮、李時勉、陳德遵、曾鶴齡等。有關此次出城遊幸的過程為：

九月五日早朝侍經幃，退，偕出西安門，而李公暫還私第。於是四人者，聯轡出宣武門，西行五六里，下馬令從者煮茗，而李公至。飲茗罷，南行而西，至天王寺。……出寺又西北行二百步，至予小圃，傍井多柳，其西曠然，遠山亭亭，微露秀色，如修眉半出天際。乃酌酒坐柳陰下，錢公喜獨盡量飲。既乃至李公園，又東出古城北，繞城河流如練，沿流行數十步，登城，蹬道倚斜，荊棘叢生，微風蕭颯，幽思浩然。達李公園劇飲，坐近羊（楊）棗樹多濃陰，日將夕乃還。明日錢公以江山留勝跡為韻，各賦五詩，屬予記。[1]

在楊榮的杏園中還留下了著名的《杏園雅集圖》。此圖出自宮廷名畫家謝庭循之手，所繪為正統二年（1437年）大學士楊榮、楊士奇、楊溥、王英、王直、周述、李時勉、錢習禮、陳循，以及畫者本人共十人聚會楊榮家杏園中的情景，另繪童子九人、僕人五人，共計二十四人，其中有畫家本人的自畫像，同時還繪出了杏園的環境風貌、臨時設置的家具、遊樂具、炊飲具等，再現了一幅朝廷翰林官們宴樂的歷史畫面，也可視為當時仕宦生活的真實寫照，被後人稱為寫實的傑作。楊榮的《杏園雅集序》保

1　孫承澤・天府廣記：卷37・北京：北京古籍出版社，1982：565-566・

存完整，其中有云：「適休假之辰，館閣諸公過予，因延於所居之杏園。永嘉謝君庭循旅寓伊邇，亦適來會。時春景澄明，惠風和暢，花卉競秀，芳香襲人，觴酌序行，琴詠間作，群情蕭散，衎然以樂。謝君精繪事，遂用著色寫同會諸公及當時景物。」[1]圖卷後保留著當時雅集者手跡，其人題詩各一首，最後為清人翁方綱的考跋。

由此不難看出，這些文翰的所謂別墅、園林與皇親國戚的園林有著很大的差異，它們多以自然淳樸相尚，更具有書卷氣和生活氣息，所謂「彼時開國之始，風氣淳厚，上下恬熙，官於密勿者多至二三十年，少亦十餘年，故或賜第長安，或自置園圃，率以家視之，不敢蘧廬一官也」[2]。

明人的共同之處是大都喜歡將別墅式的園林建在內城之外，或內城水域周圍。除了上述諸園之外，於城外造園的還有虎坊橋的梁家園，崇文門外的祝氏園；伴水的有什剎海的劉茂才園，泡子河的方家園、張家園，積水潭劉伯世的「鏡園」等。但這些園林在清初多已廢棄。其中，「（崇文門外）祝氏園向最有名，後改茶肆，今亦毀盡」[3]。「梁園在京城外之西南廢城邊，引涼水河入其中，亭榭花木，極一時之盛。」[4]清初也全無蹤跡可見。

1 孫承澤．天府廣記：卷 37．北京：北京古籍出版社，1982：566-567．

2 孫承澤．天府廣記：卷 37．北京：北京古籍出版社，1982：566．

3 震鈞．天咫偶聞：卷 5．北京：北京古籍出版社，1982：153．

4 孫承澤．春明夢餘錄：卷 3．北京：北京古籍出版社，1992：1255．

清朝的京城名園

　　進入清代，構園及園居生活，作為一種文化已是文人官僚們追求的社會時尚，在某種意義上，園林即是宅第的別稱，是家居空間的重要組成部分。清朝的私家園林主要由兩部分組成，一是王府花園，二是官僚士大夫園林。與明以前不同的是，清代的私家園林大多不再是建於城外郊野的別墅、別業，而是以家居的方式出現，即完全構建於宅邸之內，與家居形

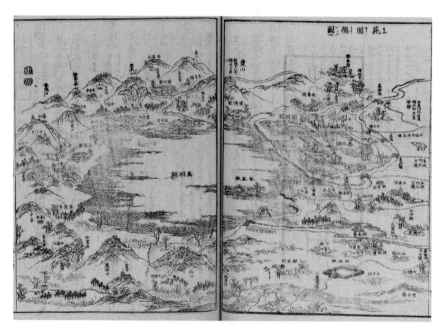

圖 6-3　清代中期西郊園林分佈圖

圖片來源：岡田玉山等編繪的《唐土名勝圖會》卷四，日本文化二年（1805 年）刊。

成一體。故清代京城的私家園林也就遍佈城市的各個區域，且其中不乏名園。

○ 王府花園

就園林的氣勢與規模而言，自然以王府花園為勝。崇彝在《道咸以來朝野雜記》中說，清代「京師園林，以各府為勝，如太平湖之舊醇王府、三轉橋之恭王府、甘水橋北岸之新醇王府，尤以二龍坑之鄭王府為最有名。其園甚鉅麗，奧如曠如，各極其妙」[1]。在上述王府園林中又以位於宣武門內西單牌樓一帶的鄭親王府的惠園最有名。相傳此園出自清初園林名家李笠翁李漁的手筆，是園「引池疊石，饒有幽致。……園後為雛鳳樓，樓前有一池水甚清冽，碧梧垂柳掩映於新花老樹之間，其後即內宮門也」，「樓後有瀑布一條，高丈餘，其聲琅然，尤妙」[2]。據稱，是園的構建緣於親王府邸的一筆飛來的銀子。「德濟齋夫子嗣簡親王爵時，邸庫中存儲銀數萬兩。王見，詫謂其長史曰：『此禍根也，不可不急消耗之，無貽禍於後人也』。因而散給其邸中人若干兩，餘者建造別墅，亭榭軒然。故近日諸王邸中以鄭王園亭為最優，蓋王時建造也。[3]

可見，清代滿族新貴進京，並未中止京城園林的發展。而園林的發展，在於時人對園林的熱衷。

○ 怡園

怡園坐落於橫街西七間樓，即今宣武門外，東起米市胡同南部路西，

---

1 崇彝‧道咸以來朝野雜記‧北京：北京古籍出版社，1983：96‧

2 錢泳‧履園叢話：卷 20‧北京：中華書局，1979：520‧

3 昭槤‧嘯亭雜錄：卷 6‧北京：中華書局，1980：180‧

西至南半截胡同，南止南橫街，又名七間房。相傳為明代嚴嵩的別墅，順康時期學士王崇簡、王熙父子在此營建為別業。「怡園跨西、北二城」，佔地甚廣，「鋪張盡致，石為張南垣所堆」[1]，而張南垣是江南疊山壘石的名家，園主諸景多出其手，是故怡園為清初北京具有江南宅第園林特色的名園之一。「有額曰席寵堂，曰耆年碩德，曰曲江風度，皆聖祖御賜。」[2]「極宏敞富麗」，亦是文人唱和歌詠之所。

據戴璐記載：時怡園「賓朋觴詠之盛，諸名家詩幾充棟」[3]。有名者為胡南苕會恩的《牡丹》十首，浙江海寧查嗣瑮輯的《公孫枚孫景曾庚辰招同年飲怡園》。此外，浙江仁和湯右曾也有《怪園感舊》詩作。這些人都是康熙年間以詩文聞名的翰林官僚，但是園在乾隆初年已經衰敗。乾隆初年的軍機大臣汪由敦作《感宛平酒器》詩，有「華屋難追金谷盛」之句，注云「怡園毀廢數年」。戴璐又綴其後續云：

是為乾隆戊午（乾隆三年）。此後房屋拆賣殆盡，尚存奇石老樹。其席寵堂「曲江風度」賜匾，委之荒榛中。今空地悉蓋官房。相傳吾鄉沈侖翁太史少遊京師，被酒過橫街，值怡園諸姬歸院，失避，以爆竹炙面而歸。故先君上元絕句云：「宣南坊里說遺聞，丞相園林步障分。猶記笙歌歸院落，一時憔悴沈休文。」[4]

可見，怡園至乾隆朝早已荒廢，歷時「不及百年，池塘平，高台摧」[5]。

1 戴璐．藤陰雜記：卷 9．上海：上海古籍出版社，1985：107.
2 吳長垣．宸垣識略：卷 10．北京：北京古籍出版社，1981：204．
3 戴璐．藤陰雜記：卷 9．上海：上海古籍出版社，1985：107．
4 戴璐．藤陰雜記：卷 9．上海：上海古籍出版社，1985：107．
5 徐珂．清稗類鈔．第 1 冊．北京：中華書局，1984：196．

乾隆末年，吳長垣所見到的是「今亭館已圮，其地析為民居矣」[1]，園林四處鞠為茂草，僅餘荒石。

○ 萬柳堂

清初，萬柳堂再度成為京城的名園，但園主是康熙朝大臣馮溥。馮溥（1609—1691），字孔博，號易齋，益都（今青州）人。康熙初年拜文華殿大學士，加太子太傅。馮溥在政治上「無可訾，亦無可稱」[2]，是個沒有多大建樹卻立身平穩的太平官，平生愛才若渴，因而「天下士歸之，如百川之赴巨海」[3]。他精於詩章，在京做官期間，仿元人廉希憲的萬柳堂，在東城廣渠門外闢地種植柳樹，亦名「萬柳堂」。

清人戴璐說：「國初，益都相國馮文毅仿廉孟子萬柳堂遺制，既建育嬰會於夕照寺傍，買隙地種柳萬株，亦名萬柳堂。」[4] 其後，錢泳也稱馮溥「仿元時廉希憲遺制，亦名萬柳堂」，並說，當時如毛奇齡、喬萊、陳維嵩、朱彝尊輩皆有詩文紀之。[5] 需要說明的是，兩個萬柳堂雖同名卻不同址，元廉希憲的萬柳堂在釣魚台附近或距豐台不遠的草橋，而清初馮溥的萬柳堂在京師廣渠門外：

其廣三十畝，無雜樹，隨地勢之高下，盡植以柳，而榜其堂曰「萬柳之堂」。短牆之外，騎行者可望而見其中。徑曲而深，因其窪以為池，而累其土以成山，池旁皆蒹葭，雲水蕭疏可愛。[6]

1　吳長垣．宸垣識略：卷 10．北京：北京古籍出版社，1981：204．
2　劉大櫆．劉大櫆集：卷 9．吳孟復，標點．上海：上海古籍出版社，1990：302．
3　李元度．國朝先正事略：卷 3．長沙：岳麓書社，2008：89．
4　戴璐．藤陰雜記：卷 6．上海：上海古籍出版社，1985：68．
5　錢泳．履園叢話：卷 20．北京：中華書局，1979：520．
6　劉大櫆．劉大櫆集：卷 9．吳孟復，標點．上海：上海古籍出版社，1990：302．

閒暇之日，召集文人名士，在此吟詩作賦。故有關萬柳堂的描述，多見於當時文人的詠物詩詞。諸如朱彝尊詩曰：

十里沙堤萬樹楊，秋容猶未點新霜。小車稷下將歸日，上巳城東舊醉鄉。坐立部歌聽總好，田園樂事話方長。千秋祖帳羸疏傳，錄別尊前有和章。

又如嚴繩孫《柳枝詞》：

丹禁城南小苑開，萬株新柳拂煙栽。[1]

嚴繩孫與朱彝尊、姜宸英被譽為「江南三布衣」，他們與馮溥的交往，說明在達官與士大夫之間有著共同的精神追求。

萬柳堂又稱「亦園」。戴璐根據高珩的《亦園記》，記有「萬縷將披細柳，知濃陰行埒蘇堤」之句，馮溥自己也有《亦園春興》詩，曰：「小築城隅柳滿堤，綠雲低護草初齊。」次首：「亂飄柳絮鋪新徑，細數桃花過野塘。」[2] 此外，嚴我斯有《題亦園》，毛奇齡有《亦園修禊》。[3]

但同怡園一樣，馮溥的萬柳堂也不及百年便已廢毀。乾隆時詠古敘事詩人嚴遂成有詩記「萬柳堂」曰：

盧趙風流去已賒，野雲池柳有棲鴉。新荷驟雨瀟瀟夜，寂不聞歌解語花。

戴璐對詩中描述的景象解釋說：

此乾隆初年也，近則柳枯水涸，橋斷亭傾，石氏石刻尚嵌壁上，無復知為益都別墅矣。壁粘履郡王七古覃字韻詩，極為盛衰感慨。[4]

所以，嘉道時人錢泳說：「昔之所謂蓮塘花嶼者，即今日之瓦礫蒼苔

1　戴璐・藤陰雜記：卷 9・上海：上海古籍出版社，1985：68-69・
2　戴璐・藤陰雜記：卷 9・上海：上海古籍出版社，1985：70・
3　戴璐・藤陰雜記：卷 6・上海：上海古籍出版社，1985：68・
4　戴璐・藤陰雜記：卷 6・上海：上海古籍出版社，1985：70・

也。」[1]

萬柳堂後改為拈花寺，晚清震鈞感歎說：「京師園亭，自國初至今未廢者，其萬柳堂乎，然正藉拈花寺而存耳。此園馮益都相國臨去贈與石都統天柱，石後改為拈花寺。」[2]而馮溥告老還鄉之後，又在居地之南闢建園林，築假山，樹奇石，環以竹樹，名曰「偶園」，優遊著述其中達十餘年之久。

○ 寄園

寄園，原名「李園」，是康熙朝大學士李霨的別業。李霨（1625—1684），字景霱，號坦園，直隸高陽人，明大學士李國𣏌子。李霨弱冠登第，大拜時年僅三十有四，風度端重，內介外和，久居相位。其後，此園歸給事中趙吉士。有記載曰：

寄園為高陽李文勤公別墅，其西墅又名李園，狄立人億於此設宴。見姜西溟詩。其後歸趙恆夫給諫吉士，改名寄園。

寄園的地址在廣安門南的教子胡同，所謂「教子胡同一宅，略有樹木，亦指為寄園故址」。乾隆時軍機處章京王昶寓居於此，有蒲褐山房，勒詩於石。趙翼比鄰而居，亦有詩曰：「寄園本是吾家地。」[3]稍後，王昶與翁方綱、諸桐嶼三人結屋比鄰，居於寄園，所謂「國初趙氏寄園舊址，在今給孤寺鄰近。乾隆庚辰、辛巳間（乾隆二十五至二十六年），王述庵侍郎、翁覃溪學士、諸桐嶼太史，結屋比鄰，時有『三家村』之目」[4]。可見，文人官僚多居於此。

1 錢泳‧履園叢話：卷 20‧北京：中華書局，1979：520‧
2 震鈞‧天咫偶聞：卷 5‧北京：北京古籍出版社，1982：136‧
3 戴璐‧藤陰雜記：卷 7‧上海：上海古籍出版社，1985：83-84‧
4 陳康祺‧郎潛紀聞：卷 8// 郎潛紀聞初筆二筆三筆‧北京：中華書局，1984：163‧

有關寄園的描述，見康熙時文人查慎行的《九日遊》詩：

縈成曲磴疊成岡，高著樓台短著牆。

花氣清如初過雨，樹陰濃愛未經霜。[1]

　　與怡園、萬柳堂不同，寄園的園主趙吉士是個普通的小京官，先是由知縣擢升為戶部主事，康熙二十五年（1686 年），升任戶科給事中，卻因事黜罷。此後即居於宣武門外之寄園。有記載曰：趙吉士，「休寧人，子占浙籍，中式，被某劾之，謫官助教，久住京師」。也就是說，這座園林成為趙吉士被罷官之後寄語情懷的場所。寄園之所以有名，是因為它是士大夫的集會地，在康熙二十三年（1684 年），趙吉士與「會辛卯（順治八年）同年在朝者於寄園，鄭山公、王阮亭、沈繹堂、李奉倩等二十九人」[2]。

　　然寄園的興盛僅限於康熙朝，康熙四十五年，趙吉士卒後，以寄園捐作全浙會館，後被豪強侵佔。雍正十二年（1734 年），是園重修，有李衛、陳元龍二碑記其修葺諸事。

○ 澄懷園

　　澄懷園（又稱翰林花園），是尚書房暨南書房諸臣的寓齋，皇帝也不時臨幸是園，「每年夏月，車駕幸園」[3]。張廷玉、朱軾等都曾寓居是園。因此，澄懷園是清朝最為特別的園林。

　　澄懷園位於海淀，即在今圓明園東南隅、頤和園附近。由於它是翰林文士最為集中的地方，所以也是留下詩畫最多的地方。

1　查慎行·敬業堂詩集：卷 8// 查慎行集：第 3 冊·張玉亮，辜豔紅，校點·杭州：浙江古籍出版社，
　2014：179·

2　戴璐·藤陰雜記：卷 7·上海：上海古籍出版社，1985：84·

3　錢泳·履園叢話：卷 20·北京：中華書局，1979：519·

乾隆二十一年（1756年），侍郎蔡新在此園中繪《澄懷八友圖》，此圖記下了八人同直上書房，為諸皇子皇孫師傅的故事，並留有汪由敦為之作的序，曰：「澄懷園在圓明園東南隅半里許，館舍數十楹，岩壑蔽虧，陂池演迤，雜樹檜柏榆柳，清陰襲人，稱消暑勝地。」而且，汪由敦明確說，澄懷園起自雍正朝，「憲宗皇帝恩賜內廷侍直，諸臣分寓其中，予以直南書房來寓。至庚午，賜居麗景軒」，居是園中。[1] 而有關「澄懷園」的記載，也多見於文人的筆記詩文中。

乾嘉時文人錢泳稱：

澄懷園在圓明園東南隅，每年夏月，車駕幸園，尚書房暨南書房諸臣侍直之所。芳塘若鏡，紅藕如船，傑閣參差，綠槐夾道，真仙境也。余嘗於嘉慶十四年七月，相國英公有筆墨事見囑，小寓於此。[2]

乾嘉時禮親王昭槤曰：

京師西北隅近海淀，有勺園，為明米萬鍾所造。結構幽雅，今改集賢院，為六曹卿貳寓直之所。其他多諸王公所築，以和相十笏園為最，近為成邸所居。又右安門外有尺五莊，為祖氏園亭，近為某部曹所售。一泓清池，茅簷數椽，水木明瑟，地頗雅潔，又名小有餘芳，春夏間多為遊人宴賞。其南王氏園亭，向頗爽塏，多池館林木之盛。嘉慶辛酉為水所沖圮，後明太守保售之，力為構葺，修繕未終而太守遽卒。故今池館尚未黝堊，半委於荒煙蔓草之中，殊可惜也。[3]

戴璐記載，內閣中書蔣士銓有詩讚「澄懷園」之美，詩云：

水木清華退食同，直疑樓閣在虛空。

地鄰海淀兼三島，人異淮南正八公。

1　汪由敦·澄懷八友圖記 // 余來明，潘金英，校點·翰林掌故五種·武漢：武漢大學出版社，2009·

2　錢泳·履園叢話：卷 20·北京：中華書局，1979：519·

3　昭槤·嘯亭雜錄：卷 9·北京：中華書局，1980：295·

春滿雲邊天尺五，畫聞花外漏丁東。

仙源小聚群仙影，照取鬢眉一鑒中。[1]

晚清震鈞則記載了澄懷園的衰落情景，他說：

海甸，大鎮也。自康熙以後，御駕歲歲幸園，而此地益富。王公大臣亦均有園，翰林有澄懷園，六部司員各賃寺院。清晨趨朝者，雲集德勝、西直二門外，車馬絡驛。公事畢，或食公廚，或就食肆。其肆多臨河，舉網得魚，付之酒家，致足樂也。……自庚申秋御園被毀，翠輦不來。湖上諸園及甸鎮長街，日就零落。舊日士夫居第，多在燈籠庫一帶。朱門碧瓦，累棟連甍，與城中無異。後漸見頹廢，無復舊時王謝燕矣。……乙酉冬，有詔：天下今已太平，可重修清漪園，以備臨幸，改名頤和園，於是輪蹄復集。然官民窘乏，無復當年歡趣矣。[2]

澄懷園作為南書房和上書房翰林的寓居之地，必然成為漢人文化的交流薈萃之地，而它的出現，在一定程度上體現了滿族皇帝對漢人文化精英的禮遇。咸豐皇帝曾有詩云：「牆西柳密花繁處，雅集應知有翰林。」[3]

○ 半畝園

半畝園位於內城東城的弓弦胡同內，是當時被譽為京城之冠的名園，清初為兵部尚書賈漢復的宅邸，出自造園名家李漁之手。李漁係明末清初的畫家，又是造園理論家，而且在戲劇、小說、書法上也很有造詣，別號笠翁。李漁年輕時曾遊歷名山大川，康熙初年，李漁為賈漢復幕僚，遂有斯園之構建。園內疊石成山，引水作沼，平台曲廊，陳設簡潔古雅，奧如

1 戴璐．藤陰雜記：卷 12．上海：上海古籍出版社，1985：141．
2 震鈞．天咫偶聞：卷 9．北京：北京古籍出版社，1982：200-201．
3 清文宗御製詩集：卷 8// 故宮珍本叢刊：第 583 冊．海口：三環出版社，2000：207．

曠如，富麗而不失書卷氣。而後是園雖轉易多人之手，卻未改其雅。道光年間此園為江南河道總督麟慶所得，麟慶將其命名為「半畝園」。

麟慶，字伯餘，號見亭，嘉慶朝進士，姓完顏氏。完顏氏為滿洲官宦世家，簪笏相承，隸滿洲鑲黃旗。其先世以金世宗之後裔，早在清朝入關前就已有顯仕者。順治中，完顏阿什坦任學士，以理學聞名，被康熙皇帝稱為清朝大儒，即麟慶之曾祖。乾隆時麟慶的叔高祖完顏偉官河道總督。至麟慶，仍以河督有名。道光年間，麟慶官江南河道總督十年。父庭鏴官至泰安知府，母惲珠乃清初常州畫派代表人物惲格之後，陽湖才女。麟慶之向文，多得其母的濡染。故而，麟慶性喜山水，稱「最大海水，最好家山。持節防堵，著屐遊觀。撫三尺劍以寄志，披一品衣而息肩」[1]。麟慶曾周遊大江南北，欲「探二水三山之名勝，搜六朝五季之遺聞」[2]。而麟慶之知名，尤以半畝園而躋身文雅之域。

震鈞在《天咫偶聞》中記載：

完顏氏半畝園，在弓弦胡同內牛排子胡同。國初為李笠翁所創，賈膠侯中丞居之。後改為會館，又改為戲園。道光初，麟見亭河帥得之，大為改葺，其名遂著。純以結構曲折，鋪陳古雅見長。富麗而有書卷氣，故不易得。

園中大池盈畝，池中水亭矗立，往來雙橋通之，又有樓、廊、榭、軒、館、室諸景點染。尤為典雅者，為「每處專陳一物」以彰顯其文質古樸之味。

每處專陳一物，如永保尊彝之室專棄鼎彝；琅環妙境專藏書；退思齋專收古琴；拜石軒專陳怪石，供大理石屏，有極精者。端硯、印章纍纍，甚至楹聯亦磨石為之。佛寮所供亦唐銅魏石。正室為雲蔭堂，中設流雲

1 　完顏麟慶．鴻雪因緣圖記：第三集．汪春泉，等繪．杭州：浙江人民美術出版社，2011：685．

2 　汪士鐸．鴻雪因緣圖記序 // 續修四庫全書：第 1531 冊，上海：上海古籍出版社，2002：664．

槎，為康對山物，乃木根天然，臥榻寬長皆及丈，儼然一朵紫雲垂地。左方有趙寒山草篆「流雲」二字，思翁、眉公皆有題字。此物本在康山，阮文達以贈見亭先生者，信鴻寶也。雲蔭堂南，大池盈畝，池中水亭，雙橋通之，是名流波華館。又有近光樓、曝畫廊、先月榭、知止軒、水木清華之館、伽藍瓶室諸名。先生故，已近六十年。完顏氏門庭日盛，此園亦堂構日新。[1]

麟慶生平涉歷之事，喜為記，且記必有圖，故留有《鴻雪因緣圖記》，又有《黃運河口古今圖說》、《河工器具圖說》、《凝香室集》等，並留下《鴻雪因緣圖記》，以圖文記述其身世與遊歷，為別具一格之年譜。是圖記由麟慶親自撰文，幕僚汪春泉和畫家陳朗齋作畫。麟慶之後繼任園主為其長子崇實。崇實係道光朝進士，由翰林漸躋卿貳，歷官駐藏大臣、成都將軍、刑部尚書等職，光緒時出任盛京將軍等職，工書法，以為官勤慎恪恭，死後諡文勤。

半畝園在今日雖僅存遺跡，但是，其園中無處不體現著主人追逐詩情畫意的「書卷氣」的風格，傳遞出的信息是，完顏氏這一簪笏相承的滿洲大族已經完全融入到中原的傳統文化中。

而在震鈞所輯的八旗詩文集中，以「園」命名者不乏其人，諸如《在園雜志》（劉廷璣）、《韞園遺詩》（高其位）、《竹園詩集》（張廷弼）、《宜園集》《溯源堂集》（賽音布）、《兆園集》（貴昌）、《野園詩集》（介福）、《西園集》（羅泰）、《行園集》（柏格）、《坦園初稿》《二稿》《焚餘草》（富森泰）、《瞻園詩鈔》（托庸）、《適園詩錄》（阿林保）、《怡園詩草》（盛元）、《西園詩鈔》（兆佳氏）。可以想象，「園」與「園居」在時人生活中的重要程度，在文化認同上已不分滿漢。

1　震鈞·天咫偶聞：卷 3·北京：北京古籍出版社，1982：63-64·

「園癡」與園林之勝

清人錢泳曾講到三類酷愛園林的「園癡」。第一類為「烏有園者」。曰：「吳石林癖好園亭，而家奇貧，未能構築，因撰《無是園記》，有《桃花源記》、《小園賦》風格。江片石題其後云：『萬想何難幻作真，區區邱壑豈堪論。那知心亦為形役，憐爾飢軀畫餅人。』」錢泳把吳石林這樣的身為貧寒士子無力構園卻又對構園如癡如狂者，稱作「畫餅充飢之人」。第二類為「園亭必自用者」。曰：「有友人購一園，經營構造，日夜不遑。余忽發議論曰：『園亭不必自造，凡人之園亭，有一花一石者，吾來嘯歌其中，即吾之園亭矣，不亦便哉！』友人曰：『不然，譬如積貨巨萬，買妾數人，吾自用之，豈可與他人同樂耶！』」[1] 這一種人不僅自己必須有自家園林，而且對園林的營造也達到一種瘋狂的程度。第三類為「徒擁園亭卻未曾一至者」。如江南嘉善縣有二十五峰園，「本海昌查氏舊園，有春風第一軒、八方亭、清夢軒、平遠樓諸勝，園多湖石，洞壑玲瓏。今歸蘇州汪厚齋氏，終年關鎖，命僕守之。三十年來，園主人未嘗一至也」[2]。似這種園主終生未得踏足其園，徒有園主之名的情況並非個別，一些為官京城、出任封疆的官僚往往樂於在鄉里構置園林。如順治初年，官居內弘文院大學士的陳之遴於蘇州購拙政園，但「陳宦於京十載未歸，圖繪詠歌，目未

1 錢泳‧履園叢話：卷 20‧北京：中華書局，1979：546‧

2 錢泳‧履園叢話：卷 20‧北京：中華書局，1979：544‧

睹園中一樹一石」[1]。無獨有偶，畢沅也是如此。畢沅為江蘇鎮洋人，屢任疆臣，但他仍於家鄉蘇州構置了靈岩山館，結果終其卒於總督任上，亦未曾踏足一步。所謂「先生自鎮撫陝西、河南、山東，總制兩廣，計二十餘年，平泉草木，終未一見。余前遊詩云：『靈岩亭館出煙霞，佔盡中吳景物嘉。聞說主人不曾到，邱山華屋可勝嗟！』蓋記其實也」[2]。

此外，還有癡迷於為人造園者。造園名家李漁說過：「即使赤貧之家，卓錐無地，欲藝時花而不能者，亦當乞諸名園，購之擔上，即使日費幾文錢，不過少飲一杯酒，既悅婦人之心，復娛男子之目，便宜不亦多乎！」[3]乾隆時人趙翼亦曰：「古來構園林者，多壘石為嵌空險峭之勢。自崇禎時有張南垣，創意為假山，以營邱、北苑、大癡、黃鶴畫法為之，峰壑湍瀨，曲折平遠，巧奪化工。南垣死，其子然號陶庵者繼之，今京師瀛台、玉泉、暢春苑皆其所佈置也。楊惠之變畫而為塑，此更變為平遠山水，尤奇矣。」[4]

正因有如許之多的「園癡」，才出現了清朝城市園林發展的盛景。諸如，「揚州仕宦人家，無不有園者。郡人即以其姓名之，如張姓則呼張園，李姓則呼為李園」[5]。即使在北方的一些中小城市中，縉紳官宦之家也多爭構園亭。如鄭廉在《豫變紀略‧自序二》中稱河南中州「士大夫家居者，率為樓台、園囿、池沼，以相娛樂，近水則為河亭遊舫」[6]。且有些文人官僚不但必欲構園，且不以一園為足。乾隆年間的狀元、官至湖廣總督的畢沅，即以一人之力先後構置三園，為樂園、靈岩山館、水木明瑟園，皆為

1 徐珂‧清稗類鈔：第 1 冊‧北京：中華書局，1984：203‧

2 梁章鉅‧浪跡續談：卷 1// 梁章鉅‧浪跡叢談續談三談‧北京：中華書局，1981：230‧

3 李漁‧閒情偶寄‧北京：人民文學出版社，2013：55‧

4 趙翼‧簷曝雜記：卷 5‧北京：中華書局，1982：82‧

5 梁章鉅‧歸田瑣記：卷 1‧北京：中華書局，1981：3‧

6 鄭廉‧自序二 // 豫變紀略‧杭州：浙江古籍出版社，1984：7‧

當時之名園。

構園雖說以江南為盛，京城作為文人士子的聚居之地，其構園與園居之風也堪表時代之風氣，特別是那些寓居京城的高層官僚。

如康熙初年的三大京城名園，即怡園、萬柳堂、寄園，其園主分別三位大學士王熙、馮溥、李霨。此外，尚書徐乾學於騾馬市大街以南的神仙胡同構建了碧山堂。雍正年間，大學士陳元龍「邸在（外城）繩匠胡同北，有聖祖御書愛日堂額。西有園亭，通北半截胡同」[1]。「世宗朝，張文和公（張廷玉）在政府，十數年間，六賜帑金，每賜輒以萬計。公懇辭，上諭云：『汝父清白傳家，汝遵守家訓，屏絕饋遺，朕不忍令汝以家事縈心也。』公歸，以『賜金』名其園。」[2]「（乾隆朝）傅忠勇公（恆）第，在二條胡同，當時園亭落成，高宗曾臨幸之，賜名春和園。忠勇初建此園，其正聽事用楠木，高大逾制。及聞將臨幸，亟易以它材，其原材遂別修一寺。今其後人尚居此。」[3]軍機大臣汪由敦，府邸在東四北十三巷，後改稱汪家胡同。宅在路北，園在路南。在平則門二條胡同，有大學士劉倫的府第，劉倫任軍機大臣時，「在樞廷園居，與于文襄公（于敏中）同院，喧寂懸殊」[4]。滿洲大學士尹繼善「第有絢春園，又名晚香」[5]。嘉道時期的官僚梁章鉅說：「余三徙宅，而東偏俱有小園。」並有詩曰：「架石疏池並雜花，尋常書畫客偏誇。居然吾亦吾廬愛，南北東園又一家。」[6]

可見，居住在京的高級官僚們，無論滿人還是漢人都選擇了造園與園居的居家方式，這其中有著他們個人的生活理念。對此，康熙朝文人朱彝

1　吳長元·宸垣識略：卷 10，北京：北京古籍出版社，1981：205·

2　陳康祺·郎潛紀聞：卷 13// 郎潛紀聞初筆二筆三筆·北京：中華書局，1984：277·

3　震鈞·天咫偶聞：卷 3·北京：北京古籍出版社，1982：60·

4　震鈞·天咫偶聞：卷 5·北京：北京古籍出版社，1982：122·

5　戴璐·藤陰雜記：卷 4·上海：上海古籍出版社，1985：52·

6　梁章鉅·浪跡續談：卷 11// 梁章鉅·浪跡叢談續談三談·北京：中華書局，1981：216·

尊有過這樣的認識，他說：「古大臣秉國政，往往治園圃於都下，蓋身任
天下之重，則慮無不周，慮周則勞，勞則宜有以逸之緩其心，葆其力，以
應事機之無窮。非僅資遊覽燕嬉之適而已。」[1]也即是說，園居可以讓那些
在官場中處於「緊張」狀態的官僚們舒展心力。

除了達官們多有園居外，還有一些園主不見經傳的園林，諸如馮園、
查園、可園、曦園、祝家園等，數不勝收。震鈞有曰：「城西花事，近來
以馮園為盛。園在廣寧門外小屯，春月之牡丹、芍藥，秋季之鞠為最。城
中士夫聯鑣接軫。」[2]「崇文門外三條胡同有查氏園，施培叔朝幹賃住時，頻
訪。林木蔥茜，池館清幽。未幾，以無妄被議，移寓城西，牽復。嗣是遂
無京官居住，恐鞠為茂草久矣。」[3]「阜成門外可園，予於癸未年曾一往遊，
亭台花木，半已無存。惟古藤一株，真數百年物。此外秋水一潭，為斯園
當日勝概，近則修葺為宸遊臨幸地矣。」「肅邸曦園，有臥柳一株，百餘
年物也。有詩詠之：『太液池邊人字柳，當年濯濯好風姿。分來枝派河間
邸，可有三眠三起時？』」[4]「安定門西有祝家園，關左祝御史別業也。春
末，京朝官多休沐其地。梁蕉林《桂枝香》詞首句云：『賞心樂事，祝家
園裏。』曼殊亦為詩云：『階草銜虛檻，亭榴接斷垣。酒闌攜錦瑟，請唱
祝家園。』」[5]

在京城，甚至連一些小吏也以造園為時尚，追求構園以居。諸如，
「城南諸園，零落殆盡，竟無一存。惟小有餘芳遺址，為一吏胥所得，改
建全類人家住房式。荷池半畝，砌為正方。又造屋三間，支以葦棚，環以

1 朱彝尊·萬柳堂記 // 于敏中，等·日下舊聞考·卷56·北京：北京古籍出版社，1985：913·
2 震鈞·天咫偶聞·卷9·北京：北京古籍出版社，1982：195·
3 戴璐·藤陰雜記·卷6·上海：上海古籍出版社，1985：72·
4 繼昌·行素齋雜記·卷上·上海：上海書店出版社，1984：6·
5 戴璐·藤陰雜記·卷4·上海：上海古籍出版社，1985：53·

土塋，仿村茶社式為之，過客不禁動憑弔之慨矣」[1]。

當時，修造園林的費用往往要高於住宅建築，造一座園林，少則需要花費白銀千兩，多則要耗費萬金。明朝官僚文人謝肇淛曾說過，即使園中的假山一項，若請名家疊造，其所需材料及人工之費，也「非千金不可」[2]。進入清代，隨著私家園林構築的勃興，造園之價必然有增無減。勾稽時人的筆記可知，江南儀徵的樸園，曾被譽為「較吳閭之獅子林尤有過之，實淮南第一名園也」。其營構所需，「費白金二十餘萬兩，五年始成」[3]。再有，蘇州的靈岩山館，「營造之工，亭台之侈，凡四、五年而始竣，計購值及工費不下十萬金」[4]。揚州的「尉氏之園，湖石亦最勝，聞移植時費二十餘萬金」[5]。所以，即便是殷實之家也往往要「拮据數年，粗成小築」[6]。

由於構園所費甚鉅，達官貴人之家也不能人盡有園。如道光年間官至兩廣、雲貴總督，體仁閣大學士的阮元，當其弟子梁章鉅向其詢問「吾師府中之園如何」時，阮元笑答曰：「我本無買園之力。……若我有園，則亦必被呼為阮園，是誠不可以已乎。」[7]阮元身歷乾嘉道三朝，不僅地位顯赫，且「身歷乾、嘉文物鼎盛之時，主持風會數十年，海內學者奉為山斗焉」[8]，然卻也自稱無力買園，可見園林的構築非相當之財力不可。而換一個角度，我們又不難得出這樣一個結論，即清代園林的發展，從一定意義上反映出這一時期社會經濟發展的狀況。誠如禮親王昭槤說：「本朝輕薄徭稅，休養生息百有餘年，故海內殷富，素封之家，比戶相望，實有勝於前

1 震鈞．天咫偶聞：卷9．北京：北京古籍出版社，1982：193．

2 謝肇淛．五雜組：卷3．上海：上海書店出版社，2001：56．

3 錢泳．履園叢話：卷20．北京：中華書局，1979：534．

4 梁章鉅．浪跡續談：卷1// 梁章鉅．浪跡叢談續談三談．北京：中華書局，1981：219．

5 歐陽兆熊，金安清．水窗春囈：卷下．謝興堯，點校．北京：中華書局，1984：72．

6 同治蘇州府志：卷46// 中國地方志集成．江蘇府縣志輯：第8冊．南京：江蘇古籍出版社，1991：368．

7 梁章鉅．歸田瑣記：卷1．北京：中華書局，1981：3-4．

8 趙爾巽，等．清史稿：卷364．北京：中華書局，1977：11424．

代。京師如米賈祝氏，自明代起家，富逾王侯。其家屋宇至千餘間，園亭瑰麗，人遊十日，未竟其居。」[1]

在土地山林可以自由買賣的前提下，闢地構園成為文人官僚等社會上層創造生存空間環境的一種行為選擇，它完全是個人意志與喜好的反映。從整體上看，私有園林以一種無序狀態消長於城市空間，但就個別而言，園林同土地房屋一樣，反映出私有財產在各種政治因素的影響下所出現的頻繁轉移與有序流動。它在一定程度上也表現出在清代商品經濟迅速發展、社會生活趨於繁榮的背景下，社會上層依據新的經濟實力和社會地位進行財產再分配的一個側面。而園林作為私有財產，其構建是以經濟實力為基礎的，園林的大小與精美程度則取決於園主的社會地位與財富，這也是構園者只有那些官僚、士紳、商人的原因所在。

但是，值得注意的是，儘管清代園林的發展總體上進入了我國歷史上的極盛時期，具體到每個園林而言，卻極少有歷經百年以上而經久不衰的名園。進入清朝後期，且不說明朝的古園，即使是清初的許多名園，也大多「已如阿房、金谷，不可復問」[2]。

園林的荒頹傾圮，固然有其自然損壞的部分，但在這裏我們所關注的是其非自然的因素。即園林的興衰不但與園主本身的政治生涯有著直接的關係，更與國勢的盛衰緊密相連。清初文人葉夢珠說：「昔人謂苑囿之廢興，洛陽盛衰之侯也。」[3]即從一定意義上說明了園林與政治的關係。對此，震鈞更是舉出了實際的例證，他說：至清末「世家自減俸已來，日見貧窘，多至售屋。能依舊宇者，極少。以余所見，如續順公沈氏、靖海侯

1 昭槤‧嘯亭續錄：卷 2//嘯亭雜錄‧北京：中華書局，1980：434‧
2 震鈞‧天咫偶聞‧卷 7‧北京：北京古籍出版社，1982：159‧
3 葉夢珠‧閱世編：卷 10‧上海：上海古籍出版社，1981：208‧

施氏，皆數易其居，賃屋以處。至今未易者，惟佟府福文襄後人，果毅公後人，張靖逆後人尚是舊第耳。佟府有野園，介受茲先生（福）自號野園，即此，至今尚在」[1]。

園林既是一種凝聚人文之美的物化文明，也是社會政治經濟發展到一定歷史階段的產物，故園林的興衰在直接折射出這一歷史時期的社會生活片段的同時，也從另一角度說明了當時社會生產力發展的水平。有清一代自康乾進入盛世，至乾嘉由盛轉衰的發展脈絡，由園林的興衰即可略見一二。

1　震鈞．天咫偶聞：卷 3．北京：北京古籍出版社，1982：60．

園林的人格化、立言與寄情

　　明清時期私家園林的發展，使時人的家居生活呈現出個性化和人格化。在我國傳統社會，以四合院為代表的築房手法，曾規範著社會上各個不同的階級和階層，其嚴格遵循的中軸對稱、前堂後寢等儒家禮法已被模式化，但私家園林卻能表現出園居者的個性品格。由於個人思想和旨趣的不同，文化層次與文化追求必然有別。清朝構園名家李漁認為：「創造園亭，因地制宜，不拘成見，一榱一桷，必令出自己裁，使經其地、入其室者，如讀湖上笠翁之書，雖乏高才，頗饒別致，豈非聖明之世，文物之邦，一點綴太平之具哉？」[1] 特別是當士大夫在追求一種精神境界中構築自己的生存環境時，其在疊山理水、鑿池壘石的過程中，便自然地融入了個性化的思想。從這一意義上說，園林中所佈設的山石、花木、亭閣、廊榭、流水以及額匾和楹聯，即是主人人格化的作品。

　　如明朝嘉靖萬曆年間的冉駙馬宜園，「在石大人胡同，其堂三楹，階墀朗朗，老樹森立，堂後有台，而堂與樹，交蔽其望。台前有池，仰泉於樹杪堂溜也，積潦則水津津，晴定則土。客來，高會張樂，竟日卜夜去」。雖有堂有台，有水有樹，又有「高會張樂，竟日卜夜去」之客人，但是是園的獨特在於它的可稱為「萬年聚」的石山，所謂「入垣一方，假

1　李漁．閒情偶寄．北京：人民文學出版社，2013：122．

山一座滿之，如器承餐，如巾紗中所影頂髻。山前一石，數百萬碎石結成也。風所結，實為石；鹵所結，礪為石；波所結，浮為石；火所結，灰為石；石復凝石，其劫代先後，思之杳杳。園創自正德中咸寧侯仇鸞，後歸成國公朱，今庚歸冉。石有名曰『萬年聚』，不知何主人時所命名也」[1]。「石」的堅韌、堅硬品格與「萬年聚」是園主表達的無聲語言。

明萬曆年間的惠安伯園則以花取勝。惠安伯張昇性喜牡丹，牡丹的富貴寓意表達了主人的意願。是園建在嘉興觀西二里，其堂室一大宅的後面植牡丹數百畝，每當牡丹花開之日，主人乘一小竹轎子在花中穿行，竟日乃遍。其時，京城牡丹花開時，人無不往觀惠安園者。劉侗、于奕正在《帝京景物略》中說：「余時蕩然槁畦耳。花之候，暉暉如，目不可極，步不勝也。客多乘竹兜，周行塍間，遞而覽觀，日移晡乃竟。蜂蝶群亦亂相失，有迷歸逕，暮宿花中者。花名品雜族，有標識之，而色蕊數變。間著芍藥一分，以後先之。」[2]是書作於崇禎年間，說明至明末，惠安伯園的牡丹仍在盛開。據孫承澤的《天府廣記》記載：明朝公安學派代表人物「袁宏道遊牡丹園記：……主人自言，經營四十餘年，精神筋力強半疲於此花，每見人間花實，即採而歸之」[3]。

相比牡丹，古人更愛蓮花，蓮花象徵高潔的品格，多是構園者在鑿池後的必選之花。清代還有人在園林中盆養蓮花。如趙吉士最初看到的寄園，園主「艾司寇（刑部尚書艾元徵——引者注）方宴客寄園中，盛夏新鑿一池」，須來年方能植荷，而艾司寇竟以盆養荷花，置入池中，「則

1　劉侗，于奕正．帝京景物略：卷 2．北京：北京古籍出版社，1980：56．

2　劉侗，于奕正．帝京景物略：卷 5．北京：北京古籍出版社，1980：199．

3　孫承澤．春明夢餘錄．北京：北京古籍出版社，1992：1266．

絳雲千朵，清香搖曳」[1]。蓮花被宋代理學家周敦頤讚為君子之花，對蓮的鍾愛，正是其對蓮之出於污泥而不染的品格之愛。因此，蓮花幾乎成為園林水榭中不可或缺的一類水木花草。所謂「西苑。初入苑門，即臨太液池，蒲葦盈水際，如劍戟叢立，芰荷翠潔，清目可愛。循池東岸北行，榆柳杏桃，草色鋪岸如茵，花香襲人。行百步許，至椒園，松檜蒼翠，果樹分羅，中有圓殿，金碧掩映，四面豁敞，曰崇智。南有小池，金魚作陣，游戲其中。西有小亭臨水，芳木匝之，曰『玩芳』」[2]。

即便是在翰林諸臣共居的澄懷園內，也可看到居者的不同玩賞與志向。翰林們往往「各就園中寓廬，移花種竹，疊石疏泉，隨意自命所居，題之戶冊，以志雪泥鴻爪，亦佳話也」。如「食筍齋」為黃鉞手闢，「樂泉西舫」則程恩澤所題，「樂泉」蓋張泰開所鑿，張芾自營一室曰「鑿翠山房」，戴熙舊廬名曰「矩室」。[3]

對園林的熱衷往往被視為漢人的附庸風雅，因此京城的園林所處之地也以外城居多。但是，隨著滿人對漢人文化的深度認同，滿人中追逐園居者也大有人在。據康熙年間文人官僚王士禎記載，有「色侍衛者，滿洲人，少曾駐防東粵，性嗜花卉，凡南方草木異種皆致以歸。老而退閒，深諳栽植之法。所居精舍數椽，佛桑、末麗、建蘭之屬，環繞其中，更不凋謝。又多取蝶蛋養之奩中，每冬月梅花盛開，輒下簾放蝶。千百為群，飛舞花間，忘風雪之寒沍。客至則瀹茗治具，極歡，亦一高士也」[4]。可見，色侍衛的園林以花草與引蝶為其風格。

此外，康熙年間官刑部尚書的滿人介山亦喜園居，但園林風格屬意於

1　趙吉士．寄園寄所寄：卷 1，合肥：黃山書社，2008：54．

2　趙吉士．寄園寄所寄：卷 3，合肥：黃山書社，2008：130．

3　陳康祺．郎潛紀聞：卷 11// 郎潛紀聞初筆二筆三筆，北京：中華書局，1984：245．

4　王士禎．古夫于亭雜錄 // 震鈞．天咫偶聞：卷 5，北京：北京古籍出版社，1982：128．不見今本《古夫于亭雜錄》。

樓台亭閣的書卷氣息。「介（山）少宗伯師第在燈市口，有野園。汪文端（汪由敦）《題野園》詩：「『數竿修竹靜生香，猶記開軒六月涼。多少樓台圖畫裏，吟情不較野園長。』庚辰晉謁，尚見池亭佳勝。師於壬午捐館，遂不復至。」[1]與之風格相類的還有漢軍旗人恩齡的迆園，「恩楚湘先生（齡）宅阜城門內巡捕廳胡同」，「慕隨園景物，歸而繞屋築園。有可青軒、綠澄堂、澄碧山莊、晚翠樓、玉華境、杏雨軒、紅蘭舫、雲霞市、湘亭、罨畫窗十景，總名迆園。吟箋歌管，送日忘年，收藏亦最富，宋元名跡極多。元夕放鐙於園，自撰《玉華觀鐙詞》，命家姬習歌之」[2]。

可見，園林中的每一造物都是園林主人心中的寄語，而賦詩歌詠更可視為其內心深處的宣泄，甚或是立言的表達。也正因如此，幾乎每一處名園都有文人相邀唱和的歷史。

在清代，南方園林以享譽一時的揚州尤為時人樂往，所謂「揚州為南北之衝，四方賢士大夫無不至此。……有遊跡數至而無專主之家，以虹橋為文酒聚會之地」[3]。當時的一些名士，如梅文鼎、袁枚、閻若璩、朱彝尊等都多次往來揚州、泛虹橋，一些官員也多在此搜訪績學能文之士，或集之著書，或與之歌詠賦詩。在北方，京城諸名園自然成為文人官僚的流連之所。除了澄懷園之外，在怡園、萬柳園以及寄園等處都有他們的足跡與文墨。康熙年間的陳廷敬、毛奇齡、喬萊、陳維嵩、朱彝尊等都曾邀詩連句於萬柳堂，查嗣瑮輯《公孫枚孫景曾庚辰招同年飲怡園》，以及乾隆年間蔡新的《澄懷八友圖》等都是其中之佳作。

寫詩作畫是中國傳統文化的必修課，但是詩文又不同於反映儒家經典學說的四書五經，詩文中可以相對自由地寄寓他們內心的感情，而園林本

---

1 戴璐 · 藤陰雜記：卷 4 · 上海：上海古籍出版社，1985：53 ·

2 震鈞 · 天咫偶聞：卷 5 · 北京：北京古籍出版社，1982：123 ·

3 李斗 · 揚州畫舫錄：卷 10 · 北京：中華書局，1960：241 ·

身亦詩亦畫的環境也可使那些疲於官場、歷經塵世之滄桑的人得到心理上的最大撫慰，是其所擁有的最愜意的自由空間。他們更願意在園中表達自己的心志。寄園主人趙吉士說：「予自少至壯，凡見聞新異，輒筆之於冊。積之既久，分類成帙，用作座側之玩。因京園以寄其所寄，故以『寄』名園。」[1] 也就是說，在清代，幾乎每一個有文人聚居或生活過的園林，都會留下詩賦詠頌的故事。

如順治年間給事中張惟赤（字螺浮），有新園在棗林街。合肥尚書龔鼎孳過園，遂有詩云：「柳市城闉百尺居，棗林街裏一囊書。」螺浮有「十年霜雪老黃門」之句，一時名流爭和。[2] 逢年節佳日更是園林中邀集士人，賦詩連句之時。趙吉士記載：「康熙甲戌（三十三年，即 1694 年）元旦，集寄園者海寧張昆詒、寧波胡鹿亭、金壇于樗鄉、鐵嶺王宛先、代州馮敬南、烏程夏酉山、休寧汪紫滄與余聯吟元旦詩，詩成質之隱者，隱者批曰：『諸公詩佳甚』。」[3] 是年清明，趙吉士「偕門生子弟共十六人，步行出石安門，過目耕園踏青，賦春遊六疊韻詩二十四首。時少長困憊，恆夫（趙吉士）興酣，落筆愈唱愈高，同人斂手推服。見《林臥遙集》」[4]。可見，聚集寄園的大都為小京官之屬。

此外，城南刺梅園、祖園等處也是這些小京官們休沐餘暇的聚會場所，他們大都會攜壺暢飲其間，觸詠間作。這往往就是士大夫最為愜意的時光。朱彝尊的《同何侍御元英欽松下》詩，就是作於刺梅園古松樹下。詩中有「禁煙高柳遍龍潭，未得同遊只自慚。小檟春風攜最好，又騎驄馬到城南」之句。又《刺梅園餞陸進》詩：「刺梅園裏青松樹，笑我重來竟

---

1 趙吉士·凡例 // 寄園寄所寄·合肥：黃山書社，2008：1·
2 戴璐·藤陰雜記：卷 8·上海：上海古籍出版社，1985：98-99·
3 趙吉士·寄園寄所寄：卷 4·合肥：黃山書社，2008：263·
4 戴璐·藤陰雜記：卷 11·上海：上海古籍出版社，1985：132·

白頭。」孫松坪致彌詩：「好覓南鄰朱檢討，典衣還醉刺梅園。」[1]

由於京城士大夫樂往，祖園同樣是留有大量詩文的園林。但據戴璐考證，「今祖園名已莫考。環萬泉荷花尚盛。園主屢易。王樓村式丹有《城南褚氏園亭宴集》詩：『祖』、『褚』、『祝』三字，都人音不分明。俟考。」但詩文尚在。康熙年間有王橫雲《夏日同人祖園宴集》，王士禎《過祖氏園亭》詩，陳廷敬《重遊祖氏園》詩，宋犖《遊祖園》詩等。嚴我斯《遊祖氏園》詩曰：「出郭不數里，名園傍水涯。蘆花圍野岸，楊柳幾人家。小閣臨池回，疏籬抱徑斜。到來幽興極，竟日許停車。」說明是園在城外，但不甚遠。又有《祖園觀荷至萬泉寺》七古[2]，又說明是園有泉水與荷花竟美。

園中不僅可論詩作畫，且可受業其中，這就使得一些名園也兼具書院的功能。選擇棄官悠遊，並將大半生都置於園林中的袁枚曾說道，他的隨園就有授業的功能，所謂「青陽秀才陳蔚，字豹章，能文、愛客，受業隨園」[3]。同樣，在園林中成長的士大夫也會在園林中發佈其人生的理想與志向，即所謂「立言」也。

例如，滿人宜垕的且園中留下的《日下聯吟集》中就有「立言」之感慨。

同治初，京師士夫結探驪吟社。扶大雅之輪，遵正始之軌，倡而和者，一時稱盛。伯敦乃擇其尤者刻之，名《日下聯吟集》，今錄其序云：太上立德、立功，其次立言。吾儕不得志，不能獻可替否，致君澤民。不得已發為歌詩，雖不足以當立言之事，然亦未必非立言之一端也。或陶寫性情，以抒抑鬱；或有所寄託，以備採風。要之不失風人之旨，即可當立

1　戴璐．藤陰雜記：卷 10．上海：上海古籍出版社，1985：118．

2　戴璐．藤陰雜記：卷 11．上海：上海古籍出版社，1985：120．

3　袁枚．隨園詩話：卷 2．王英志，校點．南京，江蘇古籍出版社，2006：32．

言之事。[1]

且園，建在東城帥府園胡同，為「宜伯敦茂才所構。有小樓二楹，可望西山。花畦竹徑，別饒逸趣。伯敦名㫤，滿洲人。生有俊才，寄懷山水。性復好事，風雅叢中，時出奇致」[2]。然且園園主雖為滿人，但其對漢文化不僅十分喜好且深度認同。而對於包括滿人在內的中國士大夫而言，修身齊家治國平天下是儒家賦予每個人為之奮鬥的目標，而立言是其實現自身價值的一部分。

在清代，以園會友已在士大夫中形成風氣。園林，特別是一些名園往往是士人官僚們論詩抒懷的寄情之地，也是文人官僚政治生活以外的不可缺少的文化生活空間。園林中的一山一石，都激發了文人們吟詩作畫的靈感，我國古代文學藝術的精髓也正是在這一吟一誦一題一詠中得以積累起來，這從梁章鉅所編著的《楹聯三話》大都取材於園林之中即可得到證實。而園林被視為中國封建文學和藝術的集萃之地，應為當之無愧。

1　震鈞‧天咫偶聞：卷 3，北京：北京古籍出版社，1982：56-57‧

2　戴璐‧藤陰雜記：卷 10，上海：上海古籍出版社，1985：56‧

「歸田」：與大自然的交流

我國傳統園林藝術，秉承了崇尚自然、效法自然的理念，融入古代文人寄情於山水之間的浪漫情懷，是一種獨特的人工造園設計理念和方法。在幾畝的私家園林中濃縮大千景象，盡把秀麗山川、江河湖海納入方寸之地。而園中錯落有致的亭台樓閣，水榭池塘，也是為了滿足主人的旨趣與追求。「一花一世界，一葉一如來。」「春有百花秋有月，夏有涼風冬有雪。」同時，這也是古人淡泊名利，清心寡欲，物我兩忘，柔弱守中的意境寫照。欲在無爭、無為、無欲中修身養性，清淨如空，追逐的是回歸自然的享受，實現人與自然的交流。

清朝文學家張潮在其《幽夢影》中有這樣的說法：「藝花可以邀蝶，壘石可以邀雲，栽松可以邀風，儲水可以邀萍，築台可以邀月，種蕉可以邀雨，植柳可以邀蟬。」[1]於此，張潮將人造園林的自然之美作了最為形象的描述，即小池浮萍、高台明月、芭蕉晚雨、柳樹蟬鳴、松林風聲的自然景致以及藝花賞蝶、壘石觀山、鑿池戲水、築台覽月。他把這一過程中人的行為看作是回歸自然的行為，人與自然於園居中達到了統一。而在實際中，北京的名園，大都體現出上述原則，在疊山理水、鑿池壘石上表現出一種合乎自然的景觀組合。在以適應自然為原則的過程中，將園林的佈局以樸實、自然、含蓄、淡雅的格調表現出來，它成為士人官僚們普遍追求

1　張潮 · 幽夢影：卷上 · 海口：三環出版社，1991：9 ·

的一種境界。園中山石、花木、澗泉、樓台，渾然天成，幽邃、古樸而富於山野的自然氣息。士人官僚一旦置身於園林中，便會有回歸自然的感受。所以，園居對於高層官僚來說是一個放鬆心境的場所，而對於大多數官僚而言，就是遠離世俗紛爭、尋求世外桃源的寧靜的一種選擇，也是諸多官僚歸田的場所。

在明末，有侍郎王心一構園蘇州，即將其園名為「歸田園」。進入清代，園林仍為那些退隱官場的士子們所首選。如以詩文譽滿天下的袁枚，雖有進士出身，有庶吉士的名號，二十五歲便出任知縣，但他在而立之年未幾便選擇了「歸田」。所謂「越十年，乃致仕，築隨園於石頭城下，擁書萬卷，種竹澆花，享清福者四十餘年。著作如山，名聞四裔，年八十二而卒」[1]。袁枚致仕之年不過三十五歲，而後即以其大半生伴於園林之中，表明了他與常人不同的情趣與志向。且袁枚並非仕途不暢，其為知縣時，兩江總督尹繼善「知枚才，枚亦遇事盡其能」。「枚不以吏能自喜，既而引疾家居。再起發陝西，丁父憂歸，遂牒請養母。卜築江寧小倉山，號隨園，崇飾池館，自是優遊其中者五十年，時出遊佳山水，終不復仕，盡其才以為文辭詩歌，名流造請無虛日，詼諧詼蕩，人人意滿。」[2]可以說，袁枚在園林的山野風光中，完全領略到人間的快樂，尋求到了自己認同的生活價值。

像袁枚這樣在棄官後選擇棲居園林以求世外桃源之樂的官僚並不多見，但喜歡園居生活中的自然與寧靜者卻不乏其人。即使是一些在官場上頗為自得之人，他們也樂於在晚年歸老園林，畢沅即為其一。錢泳說：「畢秋帆尚書為陝西巡撫時，嘗買得宋朱伯原樂圃舊地，引泉壘石，種竹栽

1　錢泳．履園叢話．卷6．北京：中華書局，1979：145．
2　趙爾巽，等．清史稿．卷485．北京：中華書局，1977：13383．

花，擬為老年退息之所。」[1]

園林的寧靜超俗吸引著士人官僚踐行歸田的追求。康熙年間內閣學士沈函於李園賦詩云：

> 大隱金門侶，名園休沐宜。
>
> 輞川摩詰畫，杜曲牧之詩。
>
> 簾亞文禽入，花陰碧蘚滋。
>
> 家傳清獻鶴，夜靜獨知詩。[2]

朱彝尊《王尚書招同人宴集豐台藥圃》詩云：

> 上苑尋幽少，東山載酒行。
>
> 發函初病起，出郭始心清。
>
> 元老風流獨，群賢少長並。
>
> 甘從布衣飲，真得古人情。[3]

乾嘉時文人錢泳在談到寓居京城的澄懷園時，也有這樣的感慨，他說，園中「芳塘若鏡，紅藕如船，傑閣參差，綠槐夾道，真仙境也」，於內「讀畫評書，徵歌度曲，殊不知有春明門外十丈紅塵也」[4]。因賦七律有云：

> 樓前車馬響如雷，人在青山紫禁隈。
>
> 百頃池台因地起，千年雲木傍天開。
>
> 久欽二妙同民部，恰見雙星列上台。
>
> 惟我清閒無一事，獨隨野鶴步蒼苔。[5]

道光時官至大學士的阮元在其蝶夢園中有記云：

---

1 錢泳·履園叢話·卷 20·北京：中華書局，1979：522·
2 戴璐·藤陰雜記·卷 7·上海：上海古籍出版社，1985：83-84·
3 戴璐·藤陰雜記·卷 11·上海：上海古籍出版社，1985：128·
4 錢泳·履園叢話·卷 20·北京：中華書局，1979：519·
5 錢泳·履園叢話·卷 20·北京：中華書局，1979：519·

辛未、壬申間，余在京師賃屋於西城阜城門內之上岡。有通溝自北而南，至岡折而東。岡臨溝上，門多古槐。屋後小園，不足十畝。而亭館花木之勝，在城中為佳境矣。松、柏、桑、榆、槐、柳、棠、梨、桃、杏、棗、柰、丁香、荼蘼、藤蘿之屬，交柯接蔭。玲峰石井，嵌崎其間。有一軒二亭一台，花晨月夕，不知門外有緇塵也。余舊藏董思翁自書詩扇，有「名園蝶夢，散綺看花」之句，常懸軒壁，雅與園合。辛未秋，有異蝶來園中，識者知為太常仙蝶。繼而復見之於瓜爾佳氏園中，客有呼之入匣，奉歸余園者。及至園啟之，則空匣也。壬申春，蝶復見於余園，畫者祝曰：苟近我，我當圖之。蝶落其袖，審視良久，得其形色，乃從容鼓翅而去。園故無名也，於是始以思翁詩及蝶意名之。秋半，余奉使出都，是園又屬他人。回憶芳叢，真如夢境矣。[1]

園林中的自然景致可以淨化塵世的喧囂，所以園居還是士人官僚們於自然中修身養性、陶冶情操、培養情趣的地域空間。孫承澤《題章氏家園王進修同遊》：

城市誰言無洞天？茂先宅內有琅環；回廊曲曲通幽徑，邃閣深深儲暝煙。一抹岡巒高樹外，數灣池沼小橋邊；兩翁策杖登臨偏，都下明朝恐畫傳。[2]

但園居更能滿足士人官僚們對世外桃源的精神生活的嚮往，是許多在官場中失意或涉險後選擇隱退的官僚們的棲居之地。

例如，《天府廣記》的作者孫承澤就是其一。孫承澤，字耳北，一作耳伯，號北海，又號退谷，一號退谷逸叟、退谷老人、退翁、退道人。原籍山東益都，實際久居北京。明崇禎進士，官給事中。入清，官至吏部左侍郎。富收藏，精鑒別書畫，然坎坷仕途。退出官場的孫承澤，居住在宣

---

1 震鈞・天咫偶聞・卷 5・北京：北京古籍出版社，1982：103-104・
2 孫承澤・天府廣記・卷 44・北京：北京古籍出版社，1982：763・

武門外，建有孫公園，是園藏書豐富，建有「萬卷樓」，萬卷樓的對面，越過花木扶疏的庭院，有一大廳，即「研山堂」。後有孫公園胡同之稱。清順治十一年（1654 年），他又在西山櫻桃溝築造別墅，修造「退翁亭」，自號退翁，自此不問政事，吟詩賞畫，以文會友，開始了山林隱逸的文人學者生活。

康熙年間，寄園的主人趙吉士是在罷官後選擇園居。戴璐記載：「趙恆夫吉士謫官，居寄園。」[1]又說：「趙恆夫吉士以給事勘河，與熊尚書一瀟同罷。自寄園卜築西岩，詩稱渾河秋漲，不能北渡。來京則在盧溝橋西宅，有見一軒、來爽閣、蓼莊，恆偕吳古逸、毛香令對弈吹簫。附近萬安禪院，時往止宿，罕山、延壽、澄果、龍廣、圓通諸佛寺，俱有題壁留別詩。西山口趙蓼天有自怡園，恆夫題壁有『峰頂泉來天抱甕，松根影過月移樽』句。牽復尚住西岩，姜西溟、朱竹垞、何屺瞻焯過訪，贈詩有『月岸一竿尋釣伴，煙汀半棹隱蘆人』句。」[2]而他人為趙吉士撰寫的《寄園十二月（並序）》更是直接表達了趙吉士的隱退心境。

寄園者，黃門趙公退食之園也，地非偏僻，境隔塵囂，有台有亭，有橋有池，有山有林，有竹有石，裴晉公之綠野，李文饒之平泉，不是過也。四時之興不窮，九州之客常集，看花、玩月、飲酒、賦詩、琴尊不輟，嘯詠繼之。知皇都京宮之外，別有清涼閒曠之地。只覺蓬萊、方丈去人不遠，而一時從遊者，亦胥忘其為何處也。夫居山林之下者，不問功名之事，而處朝廷之上者，又少煙霞之趣。於是或仕或隱，各不相伴而兼之者為難。惟公以特達之姿，超時獨立，退無長往之譏，進無沉溺之戀。故束髮立朝，名動當世，而沉抑梧垣，悠遊數載。門無犖戟，車少八騶，不幾令鄧禹笑人哉！人方共為公惜，而公淡如也。乃於園中蒔花、疊石、編

---

1 戴璐·藤陰雜記：卷 11·上海：上海古籍出版社，1985：132·

2 戴璐·藤陰雜記：卷 12·上海：上海古籍出版社，1985：143·

竹籬、引清泉，補前人所未備，日與賓客詞人吟詠其中。[1]

與前者不同，乾隆年間的江蘇陽湖人孫星衍選擇了辭官不做，「引疾歸」。孫星衍出身進士、翰林，乾嘉時期任刑部郎中、山東兗沂漕濟道、按察使、布政使等職，饒有幹才，官刑部時，「大學士阿桂、尚書胡季堂悉器重之」。且孫星衍博極群書，「深究經、史、文字、音訓之學，旁及諸子百家」[2]。袁枚品其詩，讚為「天下奇才」，與其結為忘年之交。然在嘉慶十六年（1811 年）孫星衍「引疾歸」，「後不復出，買屋金陵，築五松園，將為終老計」[3]。原來，官場險惡使孫星衍選擇了歸田。據記載，孫星衍以乾隆五十二年（1787 年）一甲進士，授翰林院編修，充三通館校理，五十四年（1789 年）散館考試，在「厲志賦」一卷中，孫星衍使用了《史記》中的「軥軥如畏」，大學士和珅疑為別字，將其列為三等改部。「故事，一甲進士改部，或奏請留館，又編修改官可得員外，前此吳文煥有成案。珅示意欲使（孫星衍）往見，星衍不肯屈節，曰：『主事終擢員外，何汲汲求人為？』自是編修改主事遂為成例。」[4]孫星衍不阿權貴的個性，促使他選擇尋求世外桃源的生活環境來規避官場。

此外，晚清時震鈞也記載了一位科場失意的旗人選擇了園居的故事。園主為漢軍旗人劉氏，居於內城西城的大丞相胡同的一畝園，震鈞稱其為「先師榮吉甫先生（棣）」。「劉氏居家無恆產，性耿介，不妄取予。尤工詩古文，以優行生屢試不中，第授經餬口。曾一入楊子和學使（霽）幕，一言不合，攜一童子徑歸，視萬里猶戶庭。身後遺詩一卷，門人刊之。」也就是說，劉氏雖工古詩文，卻屢屢於科場中敗北，又因性格耿直

1 趙吉士・寄園寄所寄：卷 4・合肥：黃山書社，2008：265-266・
2 趙爾巽，等・清史稿：卷 481・北京：中華書局，1977：13224・
3 錢泳・履園叢話：卷 6・北京：中華書局，1979：159・
4 趙爾巽，等・清史稿：卷 481・北京：中華書局，1977：13224・

為楊學政做幕僚時與之不和辭歸，唯以講學授經餬口，其在一畝園中的生活可想而知。其友人志剛曾為其詩文作序記其曰：「吉甫榮先生為予同學友，……以太學優生屢試不售，益忿激。往往讀太史公文輒慷慨悲壯，有不可一世之概。交遊中，稍顯達，即苛求不少貸。其為人與所為文辭，幾如《陽阿》、《薤露》，國中屬而和者，蓋寡矣。」[1] 科場的不得志已致劉氏性情偏執。

與劉氏科場失意寄居一畝園不同的是，其友人志剛是因官場失意選擇了園居。志剛是滿洲鑲藍旗人，號（或字）克庵，曾任貴州石阡府知府，記名海關道道員。作為一個中級官僚，志剛在官書中沒有傳記，他一生最重要的一件事情就是在同治六年，擔任清政府時期的中國首批派出的外交使臣之一。志剛以總理各國事務衙門章京的身份與孫家谷等走出國門，是為中國遣專使之始，回國後作《初使泰西記》（1872 年）。[2] 震鈞說，志剛「沈潛理學，宗陸、王而不漸其流弊。以經濟自期，初以部郎使西洋」，「時使事肇端，人不願往，先生毅然請行」。但是，由於歸國後志剛「卒以不肯事當道，竟不得大其用。遂出為庫倫辦事大臣，以風節著。未幾，乞歸。築陶穴三間於昆明湖之北塢，屏家人獨往居之。面對澄湖，荷花十頃，與田夫野老相過從。有往訪者，欣然酬接，竟日不倦，或止宿焉。甲申以後，又棄此，北之昌平州之峋峋崖山寺中，遂卒」[3]。

可見，在世人的眼中，園林中的自然景致可以淨化塵世中的一切。園居使士子感受到了歸田從而擺脫世俗之後的超脫與輕鬆，他們追求的是安貧樂道，是歸隱之後的心理寧靜。以故，清人漲潮才有「胸藏丘壑，城市

1　震鈞 · 天咫偶聞 · 卷 5 · 北京：北京古籍出版社，1982：127 ·

2　張德彝 · 歐美環遊記 · 長沙：湖南人民出版社，1981 ·

3　震鈞 · 天咫偶聞 · 卷 5 · 北京：北京古籍出版社，1982：128 ·

不異山林，興寄煙霞，閬浮有如蓬島」[1] 的名句，即園林代表著毫無人世紛繁的仙境，是所謂蓬島也，也即指隱士的心胸。

園居以「回歸自然」為時尚，表現出士人官僚追求以自然為本的價值觀念。在構園的過程中，時人最先強調的是與自然的和諧並順乎自然。明代園林藝術家計成在其《園冶》一書中說：凡興造，要「量其廣狹，隨曲合方」，「架屋隨基」，「格式隨宜」，「能妙於得體合宜，未可拘率。假如基地偏缺，鄰嵌何必欲求其齊，其屋架何必拘三、五間，為進多少？半門一廣，自然雅稱」。又曰：「如方如圓，似偏似曲，如長彎而環壁，似偏闊以鋪雲。高方欲就亭台，似凹可開池沼。」[2] 其中，始終強調了因地制宜、隨勢賦形的園林建築理念與建築原則。清代園林，在構園手法及旨趣上仍是我國古代園林藝術包括山野園林藝術的延續，即以追求自然美為目標，將大自然的無限風光移入城市園林的咫尺空間中來。但任何物質的創造都伴有精神上的也即文化方面的思索。所以，當人們在創造疊山理水、鑿池壘石的園林景觀組合時，必然表現出主人的情趣與思想，從這一意義上可以說，園林即是主人人格化的自然作品。這種情況在南方的園林中十分普遍。

古代傳統文化注重的是人與自然的和諧統一，追求的是人在自然中返璞歸真的精神享受，以及充分感受自然與人的物我難分、從而達到合二而一的理想境界，最終形成一種淡泊、高遠、幽雅而又古樸的文化風格。這種文化風格應該被視為古人的人文精神。

---

1 張潮．幽夢影：卷下．海口：三環出版社，1991：47．

2 計成．園冶圖說．趙農，注釋．濟南：山東畫報出版社，2003：33，43，49，60．

參考文獻

一、古籍史料

（光緒）清會典·北京：中華書局，1991·

（光緒）清會典事例·北京：中華書局，1991·

大清會典則例//景印文淵閣四庫全書（第620～625冊）·台北：商務印書館，1986·

福州府志·台北：成文出版社，1967·

明會典·北京：中華書局，1988·

白居易集·北京：中華書局，1979·

斌良·抱衝齋詩集//續修四庫全書：第1508冊·上海：上海古籍出版社，2002·

蔡世遠·二希堂文集//故宮珍本叢刊：第592冊·海口：海南出版社，2000·

陳繼儒·小窗幽記·陳橋生，評注·北京：中華書局，2008·

陳康祺·郎潛紀聞初筆二筆三筆·北京：中華書局，1984·

陳夔龍全集·貴陽：貴州民族出版社，2013·

陳其元·庸閒齋筆記·北京：中華書局，1989·

陳廷敬·午亭文編//景印文淵閣四庫全書：第1316冊·台北：商務印書館，1986·

陳維崧集·上海：上海古籍出版社，2010·

陳宗蕃·燕都叢考·北京：北京古籍出版社，1991·

陳作霖·可園文存 // 續修四庫全書：第 1569 冊·上海：上海古籍出版社，2002·

程顥，程頤·二程集·周易程氏傳·北京：中華書局，1981·

崇彝·道咸以來朝野雜記·北京：北京古籍出版社，1983·

戴璐·藤陰雜記·上海：上海古籍出版社，1985·

戴震全書·合肥：黃山書社，1995·

杜佑·通典·北京：中華書局，1988·

蘇輿·春秋繁露義證·北京：中華書局，1992·

鄂爾泰，等·詞林典故·瀋陽：遼寧教育出版社，2003·

鄂爾泰，等·國朝宮史·北京：北京古籍出版社，1987·

鄂爾泰，等·八旗通志初集·長春：東北師範大學出版社，1985·

鄂容安，等·鄂爾泰年譜·北京：中華書局，1993·

法式善·陶廬雜錄·北京：中華書局，1959·

樊增祥·樊山續集 // 續修四庫全書：第 1574 冊·上海：上海古籍出版社，2002·

法式善詩文集·北京：人民文學出版社，2012·

方濬師·蕉軒隨錄·北京：中華書局，1995·

富察敦崇·燕京歲時記·北京：北京古籍出版社，1981·

高濂·遵生八箋（重訂全本）·王大淳，校點·成都：巴蜀書社，1992·

高士奇·苑西集 // 四庫未收書輯刊：第 7 輯，26 冊·北京：北京出版社，1997·

高士奇·金鼇退食筆記·北京：北京古籍出版社，1980·

顧汧·鳳池園詩文集·詩集 // 四庫未收書輯刊：第 7 輯，第 26 冊·北京：北京出版社，1997·

顧炎武·京東考古錄 // 昌平山水記·京東考古錄·北京：北京出版社，1962·

顧宗泰·月滿樓詩集 // 續修四庫全書：第 1459 冊·上海：上海古籍出版社，2002·

國家檔案局明清檔案館·戊戌變法檔案史料·北京：中華書局，1958·

賀長齡，魏源·清經世文編·北京：中華書局，1992·

弘晝·稽古齋全集 // 四庫未收書輯刊：第 9 輯，第 21 冊·北京：北京出版社，1997·

胡思敬·國聞備乘·北京：中華書局，2007·

黃淳耀·陶菴全集 // 景印文淵閣四庫全書：第 1297 冊·台北：商務印書館，1986·

繼昌·行素齋雜記·上海：上海書店出版社，1984·

紀曉嵐文集·石家莊：河北教育出版社，1991·

計成·園冶圖說·趙農，注釋·濟南：山東畫報出版社，2003·

江少虞·宋朝事實類苑·上海：上海古籍出版社，1980·

蔣一葵·長安客話·北京：北京古籍出版社，1982·

蔣士銓·忠雅堂集校箋·邵海清，校·李夢生，箋·上海：上海古籍出版社，1993·

雷夢水·北京風俗雜詠續編·北京：北京古籍出版社，1987·

梁紹壬·兩般秋雨盦隨筆·上海：上海古籍出版社，1982·

梁章鉅·歸田瑣記·北京：中華書局，1981·

梁章鉅·浪跡叢談續談三談·北京：中華書局，1981·

李斗·揚州畫舫錄·北京：中華書局，1960·

李昉·太平御覽·北京：中華書局，1960·

李若虹·朝市叢載·北京：北京古籍出版社，1995·

李衛·畿輔通志 // 景印文淵閣四庫全書：第 505 冊·台北：商務印書館，1986·

李希聖·庚子國變記·上海：上海書店，1982·

黎清德．朱子語類．王星賢，點校．北京：中華書局，1986．

黎翔鳳．管子集注．梁運華，整理．北京：中華書局，2004．

李元度．國朝先正事略．長沙：岳麓書社，2008．

李贄．藏書．北京：中華書局，1959．

李贄．焚書．續焚書校釋．陳其仁，校釋．長沙：岳麓書社，2011．

李贄．李贄文集．張建業，整理．北京：社會科學文獻出版社，2000．

勵宗萬．京城古跡考．北京：北京古籍出版社，1981．

李漁．閒情偶寄．北京：人民文學出版社，2013．

劉侗，于奕正．帝京景物略．北京：北京古籍出版社，1980．

盧秉鈞．紅杏山房聞見隨筆 // 四庫未收書輯刊，第 9 輯，第 15 冊．北京：北京出版社，1997．

陸以湉．冷廬雜識．北京：中華書局，1984．

孟元老，鄧之誠．東京夢華錄注．北京：中華書局，1982．

明神宗實錄．台北：「中央研究院」歷史語言研究所，1962．

繆荃孫．藝風藏書記．上海：上海古籍出版社，2007．

逆旅過客．都市叢談．北京：北京古籍出版社，1995．

歐陽兆熊，金安清．水窗春囈．北京：中華書局，1984．

潘榮陞．帝京歲時紀勝．北京：北京古籍出版社，1981．

平步青．霞外捃屑．北京：中華書局，1959．

錢大昕．潛研堂集．上海：上海古籍出版社，1989．

錢泳．履園叢話．北京：中華書局，1979．

錢載．籜石齋詩集 // 嘉興文獻叢刊：第 5 冊．上海：上海古籍出版社，2011．

慶桂，等．國朝宮史續編．北京：北京古籍出版社，1987．

清朝通典．上海：商務印書館，1935．

清高宗御製文初集 // 故宮珍本叢刊：第 569 冊．海口：三環出版社，2000．

清史列傳．北京：中華書局，1987．

清實錄．北京：中華書局，1987．

阮葵生．茶餘客話．上海：上海古籍出版社，2012．

宋濂，等．元史．北京：中華書局，1976．

沈榜．宛署雜記．北京：北京古籍出版社，1980．

沈德符．萬曆野獲編．上海：上海古籍出版社，2012．

沈德潛．沈德潛詩文集．潘務正，李言，校點．北京：人民文學出版社，2011．

史玄．舊京遺事．北京：北京古籍出版社，1986．

宋犖．西陂類稿 // 景印文淵閣四庫全書：第 1323 冊．台北：商務印書館，1986．

孫承澤．春明夢餘錄．北京：北京古籍出版社，1992．

孫承澤．天府廣記．北京：北京古籍出版社，1982．

孫殿起．琉璃廠小志．上海：上海書店出版社，2010．

孫星衍．漢官六種．北京：中華書局，1990．

孫詒讓．周禮正義．王文錦，陳玉霞，點校．北京：中華書局，1987．

湯用彬，等．舊都文物略．北京：書目文獻出版社，1986．

湯右曾．懷清堂集 // 景印文淵閣四庫全書：第 1325 冊．台北：商務印書館，1986．

陶宗儀．南村輟耕錄．北京：中華書局，1959．

童士愷．庭園術．北京：中華書局，1935．

脫脫，等．金史．北京：中華書局，1975．

脫脫，等．遼史．北京：中華書局，1974．

王弼，孔穎達．周易正義．北京：北京大學出版社，1999．

王鴻緒．橫雲山人集 // 續修四庫全書：第 1416 冊．上海：上海古籍出版社，2002．

汪啟淑 · 水曹清暇錄 · 北京：北京古籍出版社，1998 ·

王慶雲 · 石渠餘紀 · 北京：北京古籍出版社，1985 ·

王士禎 · 池北偶談 · 北京：中華書局，1982 ·

王士禎 · 古夫于亭雜錄 · 北京：中華書局，1988 ·

王士禎 · 居易錄炎 // 叢書集成初編：第 2824 冊 · 上海：商務印書館，1936 ·

王士禎 · 居易續談 // 叢書集成初編：第 2824 冊 · 上海：商務印書館，1936 ·

王士禎 · 香祖筆記 · 上海：上海古籍出版社，1981 ·

王士禎 · 漁陽精華錄集釋 · 李毓芙，等，整理 · 上海：上海古籍出版社，1999 ·

王維 · 王維詩集箋注 · 楊文生，整理 · 成都：四川人民出版社，2003 ·

汪學金 · 婁東詩派 // 四庫未收書輯刊：第 30 冊 · 北京：北京出版社，1997 ·

魏裔介 · 兼濟堂文集 · 北京：中華書局，2007 ·

文廷式 · 文廷式集 · 汪叔子，編 · 北京：中華書局，1993 ·

翁同龢 · 翁同龢日記 · 陳義傑，整理 · 北京：中華書局，1997 ·

吳長元 · 宸垣識略 · 北京：北京古籍出版社，1981 ·

吳慶坻 · 蕉廊脞錄 · 北京：中華書局，1990 ·

吳廷燮，等 · 北京市志稿 · 北京：燕山出版社，1997 ·

夏仁虎 · 舊京瑣記 · 北京：北京古籍出版社，1986 ·

熊夢祥 · 析津志輯佚 · 北京圖書館善本組，輯 · 北京：北京古籍出版社，1983 ·

徐鼐 · 小腆紀年附考 · 北京：中華書局，1957 ·

徐珂 · 清稗類鈔 · 北京：中華書局，1984 ·

徐夢莘 · 三朝北盟彙編 · 上海：上海古籍出版社，1987 ·

葉觀國 · 綠筠書屋詩鈔 // 四庫未收書輯刊：第 10 輯，第 15 冊 · 北京：北京出版社，1997 ·

葉隆禮 · 契丹國志 · 北京：中華書局，2014 ·

葉夢珠．閱世編．上海：上海古籍出版社，1981．

雍正朝漢文諭旨彙編．桂林：廣西師範大學出版社，1999．

于敏中，等．日下舊聞考．北京：北京古籍出版社，1985．

袁枚．小倉山房文集．南京：江蘇古籍出版社，1993．

姚元之．竹葉亭雜記．北京：中華書局，1982．

查慎行集．杭州：浙江古籍出版社，2014．

張潮．幽夢影．海口：三環出版社，1991．

張瀚．松窗夢語．北京：中華書局，1985．

張集馨．道咸宦海見聞錄．北京：中華書局，1981．

張爵．京師五城坊巷胡同集．北京：北京古籍出版社，1982．

張廷玉，等．明史．北京：中華書局，1974．

張廷玉．皇清文穎 // 故宮珍本叢刊：第 646～650 冊．海口：海南出版社，2000．

張學顏．萬曆會計錄．萬明，徐英凱，整理．北京：中國社會科學出版社，2015．

張宗法．三農紀校釋．鄒介正，等，校釋．北京：農業出版社，1989．

趙爾巽，等．清史稿．北京：中華書局，1977．

昭槤．嘯亭雜錄．北京：中華書局，1980．

趙翼．甌北集．上海：上海古籍出版社，1997．

趙翼．簷曝雜記．李解民，點校．北京：中華書局，1982．

震鈞．天咫偶聞．北京：北京古籍出版社，1982．

李翰章．曾文正公全集．長春：吉林人民出版社，1995．

鄭玄，孔穎達．尚書正義．廖名春，陳明，整理．北京：北京大學出版社，2000．

中國第一歷史檔案館．光緒朝上諭檔．桂林：廣西師範大學出版社，1996．

中國第一歷史檔案館．康熙起居注．北京：中華書局，1994．

周長發‧賜書堂詩鈔 // 四庫全書存目叢書（集部）：第 274 冊‧濟南：齊魯書社，
1997‧

周廣業筆記四種‧上海：上海古籍出版社，2013‧

周家楣、繆荃孫，等‧光緒順天府志‧北京：北京古籍出版社，1987‧

朱熹‧四書章句集注‧北京：中華書局，1987‧

朱一新‧京師坊巷志稿‧北京：北京古籍出版社，1982‧

朱彝尊‧曝書亭全集‧長春：吉林文史出版社，2009‧

朴趾源‧熱河日記‧上海：上海書店出版社，1997‧

林基中‧燕行錄全集‧首爾：韓國東國大學校出版部，2001‧

利瑪竇，金尼閣‧利瑪竇中國劄記‧桂林：廣西師範大學出版社，2001‧

馬可波羅‧馬可波羅行紀‧馮承鈞，譯‧上海：上海書店出版社，1999‧

亨利‧埃利斯‧阿美士德使團出使中國日志‧北京：商務印書館，2013‧

斯當東‧英使謁見乾隆紀實‧北京：群言出版社，2014‧

二、今人著作

北京文史資料研究會‧北京往事談‧北京：北京出版社，1986‧

舊京人物與風情‧北京：北京燕山出版社，1996‧

冰心‧冰心精選集‧冰心自傳‧北京：北京燕山出版社，2005‧

蔡豐明‧城市廟會：人性本質的釋放與張揚‧學術月刊，2011（6）：94-106‧

鄧雲鄉‧北京四合院‧北京：人民日報出版社，1990‧

韓大成‧明代城市研究‧北京：中國人民大學出版社，1991‧

韓光輝‧宋遼金元建制城市研究‧北京：北京大學出版社，2011‧

韓星‧儒家人文精神‧西安：陝西人民出版社，2012‧

侯仁之‧北京城的生命印記‧北京：生活‧讀書‧新知三聯書店，2009‧

胡春煥，白鶴群‧北京的會館‧北京：中國經濟出版社，1994‧

胡玉遠‧春明敍舊‧北京：北京燕山出版社，1999‧

蔣寅‧王漁洋事跡徵略‧北京：人民文學出版社，2001‧

金寄水，周沙塵‧王府生活實錄‧北京：中國青年出版社，1988‧

姜德明‧夢回北京：現代作家筆下的北京：1919—1949‧北京：生活‧讀書‧新知三聯書店，2009‧

李建平‧魅力北京中軸線‧北京：文化藝術出版社，2008‧

李震‧人與上帝 —— 中西無神主義探討‧台北：輔仁大學出版社，1997‧

林海音‧林海音文集‧南京：江蘇文藝出版社，2011‧

林語堂‧生活的藝術‧西安：陝西師範大學出版社，2003‧

林語堂‧京華煙雲（上）‧張振玉，譯‧長春：東北師範大學出版社，1994‧

林語堂‧吾國與吾民‧長春：陝西師範大學出版社，2002‧

梁啟超‧清代學術概論‧上海：上海古籍出版社，1998‧

劉浦江‧金朝初葉的國都問題 —— 從部族體制向帝制王朝轉型中的特殊政治生態‧中國社會科學，2013（3）‧

劉小萌‧清代北京旗人社會‧北京：中國社會科學出版社，2008‧

魯西奇‧中國古代歷史的結構‧桂林：廣西師範大學出版社，2014‧

羅崗，倪文尖‧90 年代思想文選‧南寧：廣西人民出版社，2000‧

穆鴻利‧大金國走向盛世的歷史搖籃 —— 金中都 // 朱明德，梅寧華‧薊門集‧北京：燕山出版社，2005‧

孫英剛‧神文時代‧上海：上海古籍出版社，2013‧

魏泉‧士林交遊與風氣變遷 —— 19 世紀宣南的文人群體研究‧北京：北京大學出版社，2008‧

翁立‧北京的胡同（增訂本）‧北京：北京燕山出版社，1992‧

邢義田，等．台灣學者中國史研究論叢．城市與鄉村．北京：中國大百科全書出版社，2005．

徐復觀．中國人文主義精神之闡揚．北京：中國廣播電視出版社，1996．

俞孔堅．理想景觀探源 —— 風水的文化意義．北京：商務印書館，1998．

余棨昌．故都變遷記略．北京：北京燕山出版社，2000．

余英時．中國知識人之史的考察．桂林：廣西師範大學出版社，2004．

張德昌．清季一個京官的生活．香港：香港中文大學出版社，1970．

張恨水．啼笑因緣．北京：北京出版社，1981．

張馭寰．我國民間居住房屋之一瞥 // 中國古建築學術講座論文集．北京：中國展望出版社，1986．

趙洛．京城偶記．北京：北京出版社，2000．

趙正之．元大都平面規劃復原的研究 // 科技史文集（2 輯）：建築史專輯．上海：上海科學技術出版社，1979．

趙志忠．北京的王府與文化．北京：北京燕山出版社，1998．

中國科學院考古研究所，北京市文物管理處元大都考古隊．北京西緊胡同和後桃園的元代居住遺址．考古，1973（5）．

中國科學院考古研究所，北京市文物管理處元大都考古隊．元大都的勘查和發掘．考古，1972（1）．

朱靜．洋教士看中國朝廷．上海：上海人民出版社，1995．

亨利・皮雷納・中世紀的城市．北京：商務印書館，2006．

米歇爾・福柯・知識考古學．北京：生活・讀書・新知三聯書店，1998．

愛德華・格萊澤・城市的勝利：城市如何讓我們變得更加富有、智慧、綠色、健康和幸福．上海：上海社會科學出版社，2013．

本尼迪克特・安德森・想象的共同體．上海：上海人民出版社，2007．

理查德・桑內特・肉體與石頭：西方文明中的身體與城市．上海：上海譯文出版社，2006．

劉易斯‧芒福德‧城市發展史：起源、演變和前景‧北京：中國建築工業出版社，1989‧

施堅雅‧中國封建社會晚期城市研究 —— 施堅雅模式‧長春：吉林教育出版社，1991‧

施堅雅‧中華帝國晚期的城市‧北京：中華書局，2000‧

斯皮羅‧科斯托夫‧城市的形成：歷史進程中的城市模式和城市意義‧北京：中國建築工業出版社，2005‧

斯波義信‧中國都市史‧北京：北京大學出版社，2013‧

奧斯伍爾德‧喜仁龍‧北京的城牆和城門‧北京：北京燕山出版社，1985‧

崔瑞德‧晚唐的商人、貿易和政府‧大亞細亞（新版），1968（1）‧

D. F. Rennie. Peking and the pekingese during the first year of the british embassy at Peking: Volume 1. London: John Murray, 1865.

V. Turner. Dramas, fields, and metaphors: symbolic action in human society. Newyork: Cornell University Press, 1975.

後記

　　這本書的寫作最初緣於中國人民大學人文北京研究中心的系列研究，隨後申報北京市社科項目獲得了批准。三年的時間，我們完成了這本小書。

　　如何在中國傳統文化中尋找思想的發展及傳承脈絡，是我們在寫作本書的過程中反復思考的問題。中國歷史悠久綿延，文化博大厚重，對其人文思想與精神的發掘與弘揚是我們義不容辭的責任。寫作中，我們緊緊圍繞北京城市的空間場域，對北京城遺留下來乃至已經消逝的物質特性，給予了具有人文特點的關懷和詮釋，把這些遺跡的自然性與人工雕琢疊加去重構一個空間的結構，進而把中國傳統文化中的人與自然和諧的觀念以及社會不同階層在精神層面的文化追求貫穿於城市空間中。在關注傳統學術研究中一般性的城市建築、街道、商區、廟宇、園林等空間要素的同時，本書也關注了作為權力中心的宮城建築以及城市中的市井環境，努力在僵硬的城市空間架構中填進了實實在在的人類活動氣息，增加和凸顯人文要素。儘管我們對中國文化的理解還很稚嫩，但我們願意做一些努力與嘗試。寫作中我們還對重點遺跡遺存影像資料加以搜集和整理，使本書圖文並茂，更具可讀性。

　　此外，我們使用「人文」一詞去表述在北京城發生的歷史故事，只是要把「人文」概念作為一種思想資源。因此我們對「人

文」話語的把握主要偏重於對中國傳統文化在現實應用中的考察，重在對歷史的敘事。雖然這是一部小書，但我們仍懷著對學術的敬畏之心，不敢草草落筆，並將寫作建立在對有關北京城市發展的史料和已有研究成果研讀的基礎上，儘管我們仍有對自身能力與水準的擔憂，但我們更抱有得到學術價值與大眾品味雙項認同的期待。

　　本書是我與兩名博士生共同完成的。前言和第一、第六章由我執筆，第二、第五章由江曉成執筆，第三、第四章由張一弛執筆。本書的插圖，大都由江曉成收錄提供。編輯宋義平、盛傑為本書付出了辛勤的勞動，在此表示誠摯的感謝！並感謝所有為本項研究提供幫助的朋友。

劉鳳雲

2017 年春書於北京頤源居

責任編輯　　　　林冕　李斌

書籍設計　　　　道轍

書　　名　　人文之蘊：北京城的空間記憶

著　　者　　劉鳳雲　江曉成　張一弛

出　　版　　三聯書店（香港）有限公司

　　　　　　香港北角英皇道 499 號北角工業大廈 20 樓

　　　　　　Joint Publishing (H.K.) Co., Ltd.

　　　　　　20/F., North Point Industrial Building,

　　　　　　499 King's Road, North Point, Hong Kong

發　　行　　香港聯合書刊物流有限公司

　　　　　　香港新界荃灣德士古道 220-248 號 16 樓

印　　刷　　美雅印刷製本有限公司

　　　　　　香港九龍觀塘榮業街 6 號 4 樓 A 室

版　　次　　2020 年 12 月香港第一版第一次印刷

規　　格　　16 開（170mm×238mm）312 面

國際書號　　ISBN 978-962-04-4563-7

人文之蘊：北京城的空間記憶 by 劉鳳雲 江曉成 張一弛

©2018 China Renmin University Press